古代中国的传说与崇祀

〔瑞典〕高本汉 著
赵丙祥 译

大地译丛
主编 渠敬东 赵丙祥

商务印书馆
创于1897
The Commercial Press

B. Karlgren

LEGENDS AND CULTS IN ANCIENT CHINA

Bulletin of the Museum of Far Eastern Antiquities, 1946, No. 18: 199-365.

根据《远东文物博物馆馆刊》第 18 卷（1946）译出

“大地译丛”出版说明

译事之重要，在打破我执，在怀远烛幽，自不必说。所谓“系科之争”不仅没有成为过去，反而越来越成为当今学界面临的重大问题。各种知识的专门化固然是应有之义，而拆除学科藩篱也早已成为有识之士的共见。为了更好地前瞻，时时需要后顾。“大地译丛”旨在译介一个多世纪以来的重要学术成果，主要包括以下几个方面：

首先，译丛的部分选目围绕着“社会”主题。对于“社会”的发现，是整个现代社会及其学术体系建设的重要源头。自 20 世纪 80 年代以来，这方面的译介取得了巨大进展，并且成为重建社会学等学科的起点之一。但毋庸讳言，相关译介除了存在质量良莠不齐的缺陷，更重要的是在代表性成果的系统性方面远远不够。因此，我们在社会学等社会科学相关门类的基础上，希望能够选取一些重要领域中的代表性著作。

其次，第二类选目围绕着“民族”，以及相应的“文化”等主题。这些主题也构成了现代学术体系的重要基础，由此建立了人类学、民族学、民俗学等学科，极大地改变了传统的知识格局。随着世界时代的开始，这不仅体现在发现了异域“民族”，也体现在对自身内部的“异文化”的审视。向外和向下的眼光是同时发生的。当然，这不等于说它们纯粹是一个现代的“发明”，每个文明都有自古至今的传统。此外，对于现代意义上的“国家”，“民族”也是一块重要的基石，至少在很大程度上构成了西方方案的重要源头。

再次，“文明”是本译丛选目的重要内容。文明是超越社会的，也是超越民族的；或者也可以说，无论哪个社会或民族，都必然是不止一种文明的载体。更何况，每一种文明的成立也必然是以与其他文明的交流和包容为前提的。文明互鉴早已是学人的共识，其重要性毋庸多说。鉴于目前学界对于文明研究成果的译介已经全面开花，尤其是在西方古典文明方面可谓成就斐然，故本译丛主要选择一些古典文明研究与社会科学相互交融的代表性成果，这是我们的界石。

最后，在本译丛中，中国研究也是一个必不可少的组成部分。海外中国学自从摆脱了业余性质后，同样具有综合研究的色彩。如法国沙畹等人的中国文明研究，足以与学界对古希腊罗马、印度、埃及、凯尔特等各大文明的研究并立且无所逊色，也激发、推动了几代中国学人的学术雄心与成就。更不用说日本学界数百年来持之以恒的中国研究，有许多专题性和综合性的研究值得进一步推进。每一个现代学科当然各有自身的悠久传统与内在理路。只有对其他文明有了充分而深入的综合理解，才能真正建立起对于我们自身文明的自信与尊敬，而不是一厢情愿地推重哪一种类型。

有一位睿智的拉丁诗人曾说：“书自有命。”（*Habent sua fata libelli.*）随着时代、思潮甚至个人的喜恶的变换，大多数书籍都遭到了无情的沙汰。这是大势所趋，我们希望借此译丛推出一些已有共识的成果。然而，学术并不总是一往无前的，它总会在某些关键时刻转身回望。尽管有一些书籍（及其创作者）暂时为人忽略，但这终归不是其宿命——在历史筛落的糠秕中，它们像麦穗一样静待后人拣拾。自古迄今，这种例子可谓不胜枚举。我们也希望能够借助众力，重新检视某些多少已被遗忘，却仍有重要价值的著作。在反思、推进今日之学术思想方面，或亦不无裨益。

一个世纪之前，鲁迅先生曾从古典神话中寻出一位女神，称之为“仁厚黑暗的地母”。在几乎所有伟大文明中，地母总会向人类敞开温暖的胸怀。在挣脱了原始的时代后，即使她已经多少失落了原本的神话学角色，中国的士人们仍然以一种宇宙论方式，记起了这个容载万物的形象，并在她的身上寄托了知识分子的理想：“地势坤，君子以厚德载物。”本译丛也取名于这个伟大的乳母形象。地不爱宝，愿与同道者共同促成这一志业。

渠敬东　赵丙祥

目录

导　论

过去五十年间，就汉代以前的中国古代历史、社会及宗教，西方汉学家已撰成之专书及论文，堪称可观，至可积成一藏书阁矣。然而缺乏考订材料的良法，是可见之缺陷，良可叹也。研究者若择定某一主题，必先由汉前经籍如《书经》《左传》《孟子》《墨子》翻检材料。鉴于从这些文献中所获甚微，研究者不得已乃在汉初文献中寻求琐碎证据，若《史记》《淮南子》之属，继而求之于《论衡》《汉书》诸种后汉文献。盖此等材料尚不足以凑成完整而系统的论文，研究者又以公元二世纪及随后数世纪直至唐宋间注疏家为对象，于是中国后世学者对于人物及地点之考订、仪式之描写，皆被视为与早期汉前文献同可信赖的材料。借此方法的运用，遂拼成完整而详尽的描述——然则对于以前已得确立的科学描述，则不啻是莫大之讽刺。此种方法大行于今，颇似依借希腊化时代之传说与中古学人之臆见，而填充罗马诸王治下之早期文献空白，此种驳杂“材料”俨然若为整齐之物，用以重建罗马文化最古老时期的历史、习俗、信仰及仪式。

本帙欲以全不相同之方法，处理中国早期传统及文化问题。几种文献类型必得分门别类，使各安其位，乃可知悉诸种信仰如何缓慢变化，后来之增饰及由异域输借成分如何窜入，又如何借整齐的解释，而得到果断的整饬。

主要分别有二，是不可不知者。

（一）首要之事在于考虑时间问题。先是汉前经籍，写定于中国之封建时代，当时之制度及信仰所适存的社会阶段肇始于商殷，
200 终于秦始皇帝之一统大业。及至公元前三世纪，此种社会系统虽已快速崩坏，封建诸侯宫廷的传统尚活跃未熄，系于贵族阶级的宗庙、世系、祀祖，自古绵延未绝，诸般崇祀亦忠实存留了早期周礼的根本特征。当封建时代行将终结之时，异域影响开始隐约显露，至公元前三世纪时尤为显著，惟尚不能推倒古老的传统与祭祀体系。

然迨至公元前二〇〇年这一关键时期，即发生前所未有之巨变矣。千年封建侯国体系一旦而告崩溃。诸文化重镇不复有政治及经济之壁垒，新筑驰道贯通中国四方，市民阶层、农夫与商人皆迎来与封建时代截然不同的生活状况，一言以蔽之，至于此时，独立侯国联盟已让位于一个强盛的集权帝国，平等迅速蔓延，消弭地方差异，摧毁古老的地方习俗与信仰。封建诸侯之宗庙不复为祭祀与文化中心，士人脱离封建诸侯而成为独立社会阶层，有周典籍更在公元前二一三年后成秦火之余。封建侯国的传统及崇祀不复是活的现实，已成惘然追忆，仅有少数士人宝而重之，如今又遭在位者、即帝都宫廷任命的平民官员遗忘、鄙薄。在公元前二五〇年，作者仍可将亲历之崇祀作为活的现实笔之于书，而至公元前一〇〇年，言及公元前二二一年公元前二一一年劫前情状，乃不得已付诸口传。（至此一时代，崇祀实是一种新造的混合体，秉承帝国之命的新创成分甚多。）与此同时，异域影响愈渐增多。时人对西亚之事所知愈多，然最可注意者，当为汉人开始密切接触北方、西北游牧民及

今日中国南方之地，诸般思想与习俗往还交通，于数世纪间，汉人在长江以南之开拓有深远进步。职是之故，有汉一代之知识实为一种混杂体系，非复周代知识那般齐整，亦非复纯粹汉人之知识。

汉初与公元二世纪状况之间，又隔有另一鸿沟。自汉开基立国，三百载恍然已过，中国人之生活与思想早已发生彻底变化。另有一种重要差别，亦不可忽视。当汉初之际，经师尚去封建时代未
远：其前辈隔代之师生活于彼时代的最后阶段，习俗与祭礼虽已受 201
严重冲击，且多遭废除，然而在汉初经师群体内，习俗与祭礼之知识尚多有保存。迨至数世纪后，即郑众、服虔、许慎、贾逵、马融、郑玄、高诱及其他著名经师在世之时，此种知识迭经逐代传递，不复基于晚近记忆，已成古传知识矣。

（二）其次，尚有一种要紧的、迄今无视的文献类型之别，其归旨各异，不啻天渊。一为《书经》及《诗经》,《左传》及《国语》《战国策》,《论语》及《孟子》,《墨子》及《庄子》,《离骚》及《天问》诸种文献——此即我所称的汉前时代之“散篇文献”（free text）。此种文献仅顺带述及古人、事件与祭礼，或于纪事中偶有所录，或杂见于政客及哲人之说辞，于铺衍道德或政治主题时，偶然语及当日之传统。一为所谓“整饬文献”（systematizing text）之作，其性质则全然相异，或出自文士之手，意在制订法度，或梳理古说及礼制思想。此种文献旨意在爬梳、汇编散见驳杂之材料，而创成一种有序的系统。可归于此类者，首推《礼记》之大部，及《仪礼》《周礼》之全部。察诸书范围之所及，不惟记录古说与习俗，亦代表儒家学派之决心，依据儒家哲学与原则，确定信仰与仪式的应然形貌。至于《左传》《战国策》诸书所记说辞，显

然颇有教义风格；然而又与前类典籍有根本的区别，皆依场合而发议论，若提及某种传统或祭礼，其意在训导某位王侯在具体场合下应持的合礼举止，并非为整个礼仪生活领域制订总体教义。《礼记》或《仪礼》学说不能如《国语》说辞那般，教给吾人实际活着的传统与礼仪，因其所述礼仪已经铺于儒家士人的普罗克鲁斯忒之床[①]，士人一向不惮于改写、缘饰，以使之合乎儒家礼制，此种证据在在皆是。在某种程度上，此种考虑与时间考虑同等重要。《礼记》《大戴礼记》之篇章，或有作成于汉初者（关于《礼记·王制》之传统说法，虽晚至卢植［公元 192 年卒］之时方有此说），而其他篇章无疑作成于汉前（如《檀弓》）。然则整饬者之作书于公元
202 前 250 年乎，抑公元前 150 年乎，固不如其意在使所述仪式符合于本派学说更为重要。[②]

司马迁撰《史记》，凡涉汉前时代之诸篇，亦有相当的整饬性质。司马迁既为史家，博采汉前文献，旨在调和众说，故多取不相抵牾之事实，或舍弃其余而不取，或参以己意而订改，俾使合于其

---

① 据公元前一世纪古希腊史学家狄奥多（Diodoros）《历史丛书》：普罗克鲁斯忒是黑店主，店内设长、短两床，有客投宿，则迫矮者睡于长床，而强拉其身使与床齐；迫高者睡于短床，而以利斧截短伸出床外之腿脚。其义同于汉语“削足适履”。——译者

② 无人确信《周礼》准确描述了周室职官制度。它的特点是重建，以显示它应该是怎样的，这是非常明显的。然吾人亦无须怀疑《周礼》为汉前文献。若比较其所规定之官员制度与散篇文献，尤其是《书经》《诗经》《左传》及《国语》所见职官制度，我们就可以看出这一点。其间差别甚大，以至于没有汉代伪造者敢于如此广泛地偏离神圣典籍。尤为重要者，那些坚持认为《左传》和《周礼》都是刘歆伪造的学者应该注意到两种文献之明显差异——如果一个人伪造了两个在许多基本问题上不可调和的文件，那确实很奇怪。

他文献。彼所取为依据者，实已不乏此种整饬文献，尤以《大戴礼记·帝系章》为最著，该章之旨在于重建上古帝王之次序，确定诸帝间之家族关系。《书经》(《书序》)及《世本》(已佚，尚可由早期引文钩沉[①])亦属此类，盖无可疑者。

据儒家学说、早期史家的整饬文献，已可窥见对古老传统与习俗之原材料的刻意编纂状况，而东汉、六朝及唐代注疏家又尤有过之。至其人所处时代，不唯关于原始材料的第一手知识荡然无存，即如师徒迭代传承的第二、三手知识，亦丧失大半，严重失真。仪礼注疏家如郑众与郑玄二人之歧异，足以表明其学说多为重造式推测，并非立足于活的传统，实是基于对古代文献所做的缀补工作，且以章句训诂而求义。余先前所作《国风》(BMFEA, 14)、《小雅》(BMFEA, 16)、《大雅》及《颂》(BMFEA, 18)诠注，已质证郑玄《颂》诗之笺释有多大差距。而郑玄《仪礼》笺注关于古代传统和仪礼之学说，亦无甚价值可言：郑氏之说，可谓正误参半，多 203
有出于错误的猜想及臆测。此种做法又何止于郑氏一人，所有著名注疏家无不如此。故若辈之论，吾人须视为对于早期事件、信仰及崇祀的学术重建，绝非本真文献。

本卷考察各种原始人物的传说及有关崇拜，首在严格区分为汉

---

① 相当不同的是《竹书纪年》，非理雅各所译伪作，在 Ch. Cl. Ⅲ，而是王国维《海宁王忠悫公遗书》据早期引文钩沉的《古本竹书纪年》(每当我引用《竹书纪年》时，我总会提到该版本。其中包含引文的来源被仔细记录)。这是一部《春秋》类型的编年史，以早期的封建法庭记录为基础，关于早期时期，显然是以与宗庙崇祀有关的族谱为基础。

前散篇文献，其次为整饬文献、汉初文献，再次为东汉及后世文献。吾人不以完整为目标，尤其是最后一类文献，不能悉数予以考量。若将东汉学者所作推论皆纳入研究的范围，则本卷篇幅势必倍增，殊无必要，故本卷所择材料，已足以说明古代传统如何遭到窜改、缘饰。又者，若将六朝及唐宋所有编造之文纳入本卷，如《拾遗记》《搜神记》《述异记》《神异经》《列仙传》《三皇本纪》，及唐人所作诸家史注，宋人所作《路史》之属，则将洋洋数百页，非本文范围之所欲及耳。

前述第一点，意在对汉前文献、汉时（及后世）文献作根本的分别。此处就数种文献之性质，略作补说，以澄清作成之时代。

《列子》 现代中国学者有一种强烈的倾向，将《列子》定为汉后之伪书。然而，其理由既笼统，又含混，未可为定谳。今有一事实，可证此说之不能成立。亦如早期诸家文献，《列子》诸篇之行文多有押韵、韵母，而考其韵母皆属古代类型。今可试举几例，《天瑞篇》：覆 **p'i̯ôg*：载 **tsəg*[1]，化 **xwa*：宜 **ngia*[2]，始 *śiəg*：久 **ki̯ŭg*[3]。《黄帝篇》：盱 **xi̯wo*：居 **ki̯o*[4]。《说符篇》：和 **g'wâ*：随 **dzwia*[5]。《力命篇》：汝 **ńi̯o*：巫 **mi̯wo*[6]，知 **ti̯ĕg*：之 **ti̯əg*[7]，等

---

① 《天瑞篇》："天职生覆，地职形载。"——译者

② 《天瑞篇》："圣职教化，物职所宜。"——译者

③ 《天瑞篇》："道终乎本无始，进乎本不久。"——译者

④ 《黄帝篇》："而睢睢，而盱盱，而谁与居？"——译者

⑤ 《说符篇》："慎尔言，将有和之；慎尔行，将有随之。"——译者

⑥ 《力命篇》："我乎汝乎！其弗知乎！医乎巫乎！其知之乎？"——译者

⑦ 《力命篇》："我乎汝乎！其弗知乎！医乎巫乎！其知之乎？"——译者

等。此类声韵绝非汉后时代之所有。故吾人可据以断定，今见《列子》之书即是刘向所著录者（见《汉书·艺文志》）。然则此又非谓《列子》必是汉前之作也。盖此类韵母仍有可能延续至汉初之时。此外，尚有一种极重要的事实，可据以断定该书作成于汉初之时。由汉前典籍所见，代词“吾”只以主格及属格（“我［I］、我的［my］”）出现[①]。此种常规用法几乎从未间断，不见于鲁国著作（《论语》《孟子》及《礼记》部分内容），且见于汉前数百年间所有文献（《左传》《国语》《战国策》《墨子》《庄子》《荀子》《韩非子》《吕氏春秋》等），表明此乃汉前诸方言的通常语法特征。然而吾人又可于《列子》诸篇中检出多例新的用法，即“吾”作固定宾语在动词之后，如《黄帝篇》——“视吾”（1）；同上——“引吾”
（2）;《仲尼篇》——“易吾”（3）；同上——“事吾”（4）；同上—— 204
“视吾”（1）;《汤问篇》——“犹吾”（5）;《说符篇》——“与吾”（6）；同上——“追吾”（7）；同上——“教吾”（8）。在汉初及中期文献，“吾”作主格及属格代词之角色绝未丢弃，然而此类文献亦先后出现新的迹象，即逐渐失去“吾”不能作宾语之感（与格及受格：me）。试举几例，可说明此点。《史记》卷七十《张仪列传》——“为吾”（9）；卷九十七《郦生陆贾列传》——“不如吾”（10）；卷一百二十八《龟策列传》——“杀吾”（11）;《新书·连语》——“为吾”（9）；同上《春秋》——“从吾”（12）;《说苑·臣术》——“事吾”（4）；同上《立节》——“与吾”（6）；同上《政

① 然“不吾知”类型的特殊结构，由于否定，人称代词-宾语置于动词前，通常为主语（名词）之位置。

理》——“犹吾”（5）；同上《善说》——“善吾”（13）；同上——“为吾”（9）；同上《权谋》——“遗吾”（14）；《论衡·感虚篇》——“害吾”（15）。[①] 此种结构，“吾”作紧接在前动词之宾语（有时有介词功能）几乎从未见于汉前文献。然如前述，《列子》亦显出同样的系统：“吾”意为“我，我的”（I，my），是为通常用法。然亦偶有例外：“吾”或可用作宾格（me）。

此可证《列子》成书于汉初无疑。《列子》某些章节之内容、风格，极似《淮南子》某些篇章，故有理由归于同样的环境及时间（公元前二世纪，下同）。

《淮南子》 关于《淮南子》，依马伯乐（Henri Maspero）之见：“本书乃古代短篇之汇编……诸篇多可溯至周末、秦时，即公元前四世纪末或公元三世纪之作。”（J. As. 1924, p. 12）马氏之说，甚为武断，殊无根据。据《汉书》卷四十四《淮南衡山济北王传第十四》，刘安（《淮南子》，公元前一二二年卒）招致宾客、方术之士，分别作书而集成《淮南子》，班固去刘安之时尚近，于其人其书之事所知甚详。高诱（公元二世纪）撰《淮南子》序，具列刘安延揽著书之儒生、方士。以诸篇为汉前之作，乃马伯乐一己之见，未有证据可予支持。马伯乐著述有一种常见特点，何为既有之事实，何为个人之观点，其行文言辞之间常不作分别，故往往诱使读者轻信马氏论断是总结一种已经科学证明的事实，而不知实是马氏一家主观之说耳。前引马氏之语，或可作：“依我之

---

① 1. shï wu 视吾 2. yin wu 引吾 3. yi wu 易吾 4. shï wu 事吾 5. ju wu 如吾 6. yü wu 与吾 7. chuei wu 追吾 8. kiao wu 教吾 9. wei wu 为吾 10. pu ju wu 不如吾 11. sha wu 杀吾 12. ts'ung wu 从吾 13. shan wu 善吾 14. yi wu 遗吾 15. hai wu 害吾

见，本书首先是一种汇编……。”简言之，《淮南子》是公元前二世纪中期刘安门客所著文集。

《山海经》《山海经》乃一种奇异文献，多以为成书于周代。
若对其内容略作了解，即可知必是汉时之作，有些篇章甚至非汉初
之作。前五经历数汉时所知“中国”之四方山丘，山有怪兽、奇树
或异草（偶有妖怪），多有奇效，人食之则得疾，或又有异兽，见 205
则天下大旱、大水或有兵，诸如此类，不一而足。如基山，“有鸟
焉，其状如鸡而三首、六目、六足、三翼，其名曰鵸鵌，食之无
卧”。计前五经所载，至少有一百八十六种怪兽、四十八种奇树异
草，几乎全不见于汉前文献。此类经章无疑含有汉代民俗知识，然
而严肃读者不可视为真正流行于民俗信仰的真实代表。此种超凡现
象之涌现，不能不使吾人感到，作书者实际仅了解与少数地区有
关的有限民间信仰，为了完整系统，平衡四方，于是发挥恢诞之想
象，而发明其他信仰：为完善系统，四方之山皆应有怪兽奇树。吾
人无法确定，《山海经》所载奇谈怪说，究竟有多少——五分之一，
抑或三分之一？——真正符合汉时之活态民俗。后面诸经（第六篇
至第十八篇）包含更多汉前人物传说，显系写定于汉代，甚至非汉
初之时，因其所涉地理范围表明，对于公元前三世纪汉人尚未知之
地，作书者已有详细了解，不惟有闽（今福建省）（《海内东经》）、
番禺（在今广东）（《海内东经》），又有月支之国（《海内东经》），
甚至天毒之国（即印度）（《海内经》）。《山海经》后面诸经已由
海芬（O. Mänchen-Helfen）作彻底而胜任之研究，见《亚洲学刊》
（*Asia Major*, 1924）。

《归藏》 此书存在于周代，可证于《周礼·大卜》：“三易之

法，一曰连山，二曰归藏，三曰周易。”故《归藏》应是类似《周易》（即《易经》）之书。郭璞注《山海经》常引《启筮》之书，且《西山经》郭注又引《归藏·启筮》，故有学者认为，郭注引自汉前佚书《归藏》，《启筮》当为其中佚篇。马伯乐《〈书经〉之神话》（J. As., 1924）多引此篇，以为属“汉前文献”。然此是一种绝大的误会。《归藏·启筮》义即“归藏卦象之解说”，非《归藏》本篇，其为晚出之作明矣，实乃作者借《归藏》占法，发挥己意作成。此由摘录之研究可以看出：其文殊不合于《易经》，文风亦不相类，而有似于汉时流行《易纬》（见《古经解汇函》），据《易经》发挥著成。即有时（如《文选》卷十三注引）引作“《归藏》曰”，实亦不涉《归藏》本书，而为汉时或更晚出之作，由引文可知，绝非占筮之书。汉时必多有此类阐发占筮的著述；郭璞又曾引另一部《归藏郑母经》（《山海经·海外西经》郭璞注引）。汉时学者多取经典为题名，如《春秋元命包》者是也。《归藏》佚于汉代
206 中期之前，设使当日尚存于世，则刘向不能不有著录（《汉书·艺文志》）；《归藏·启筮》不见于著录，或为东汉时人所作。对于了解周代文献，几无价值可言。

第一章

一

（一）伏羲、神农及黄帝（见后文）前上古之世，其说既少，又含糊。《韩非子·五蠹》有此类观念，推测人类生活之最早状况：上古之世，人民“构木为巢，以避群害”，为“有巢氏”之时；“民食果蓏蚌蛤，腥臊恶臭，而伤害腹胃，民多疾病，有圣人作，钻燧取火，以化腥臊”，为“燧人氏”之世。然而韩非之说，殊非个别作者凭空之论，而代表更普遍认可的说法，因《逸周书·史记》亦言及“有巢氏”为古帝王；《庄子·至乐》又语及“燧人、神农之言”，故是以燧人、神农并为古之圣人，且以燧人在神农以前。《管子·揆度》载，燧人为天下大势之始，其后依次为共工、黄帝、尧、舜。《尸子》又载，“燧人……下察五木以为火”，“燧人之世，天下多水，故教人以渔”。尚无迹象证实，上古诸“帝王”有巢氏、燧人氏曾受崇祀，其在汉前文献中，尚是无足轻重之角色。

至于伏羲前之古帝王，又有其他诸家，其残余之说可见后文（五）（见第220页）*。

---

* 文中此类括注，均指原文页码，即本书边码。——编者

（二）自夏禹以下，中国即有足够连贯的传统，而有半历史的外观；而自商汤以下，今已幸有河南出土甲骨卜辞，在判定基本事实方面，遂有可靠的历史依据。夏、商二代问题，稍后重启讨论。

太平之世的三帝次序，尧、舜、禹，是汉前文献诸家之共识。《书经》实为最基本文献，前数篇详述三帝前后继位，然而同样次序亦见诸《论语·泰伯》《孟子·滕文公上》《国语·鲁语上》《管子·桓公问》《吕氏春秋·谨听》《礼记·礼器》等。尧又称陶唐氏（陶唐）或唐，而舜又称有虞氏（有虞）或虞。这些说法（尧即
207 唐，舜即虞）是正确的，可证于《论语·泰伯》《庄子·缮性》《庄子·列御寇》。关于尧前诸帝之说法，乍看殊为繁复，然而若遵从汉前散篇文献，诸家之说实则相去不远。诸家文献皆有所列举，或为完整之叙述，或举其中之大者：

《易·系辞》：庖牺氏 =（伏羲）—神农—黄帝—尧—舜。

《战国策·赵策二》：伏羲—神农—黄帝—尧—舜。

《管子·封禅》：伏羲—神农—炎帝—黄帝—颛顼—喾—尧—舜—禹。

《国语·鲁语上》《周语下》《楚语下》：黄帝—少皞—颛顼—喾—尧—舜—禹。

《古本竹书纪年》：黄帝—X—颛顼（“黄帝死七年，其臣左彻乃立颛顼”，可知黄帝与颛顼尚有间隔，据前引《国语》，当即少皞）。

《庄子·大宗师》《胠箧》《田子方》：伏羲—神农—黄帝。

可转如下表：

	逸周书 战国策	管子	吕氏春秋	国语	竹书纪年	庄子
1. 伏羲	—	—				—
2. 神农	—	—	—			—
3. 炎帝		—				
4. 黄帝	—	—	—	—	—	—
5. 少皞				—	X	
6. 颛顼		—	—	—	—	
7. 喾		—	—	—		
8. 尧	—	—	—	—		
9. 舜	—	—	—	—		
10. 禹		—	—	—		

据此可知，诸家之说大体皆同：虽各家所述内容相异，其中心及派别又各不同，然皆不以 7（喾）置诸 5（少皞）、6（颛顼）之前。

除此处所举，上述帝王又常见于先秦经籍之散篇文献，详尽梳理见后。然而尚有数条可注意者，在此略为点出。

1. 黄帝与颛顼之间，当有少皞在焉，可直接取证于《国语》， 208
而间接求证于《竹书纪年》（见前引）。又有据可证者，少皞，一名挚（《左传·昭公十七年》），号金天氏（《尸子》），居穷桑（同上），故又称穷桑（《左传·昭公二十九年》）。其后任颛顼“生自若水，实处空桑”，“空桑”乃“穷桑”之异写（《吕氏春秋·古乐》）。此处又有可补充者，据《竹书纪年》之说，黄帝与颛顼之间隔（即少皞氏在位）很短（七载），可证于《吕氏春秋·序意》，“黄帝之所以诲颛顼”，可知黄帝与颛顼曾有会面。最后，吾人应提及《古本竹书纪年》所载，“昌意降居弱水，产帝乾荒”，故颛顼是昌意之子，一名乾荒。

“穷桑”或“空桑”之地，在此可略作解说。杜预（公元三世纪）《左传·昭公二十九年》注云：“穷桑，地在鲁北。”高诱（公元二世纪）《淮南子·本经训》注亦云：“空桑，地名，在鲁也。”干宝（公元四世纪）曰：“空桑之地，今名孔窦，在鲁南山之穴。”此三说皆合于《山海经·东山经》“空桑之山”条。然而《山海经·北山经》又说“空桑之山”在北（晋北之地）。此种古地名之确认，实则无甚价值可言。吾人读最早文献的西方译本（其地名无虑以千计），定当为之讶异不已，盖其所载地名无一不明，无一不有定位（如理雅各氏译《中国经典》、沙畹氏译《史记》、伏尔克氏译《墨子》）。此种惊人精确之奥秘，实则至为简单。西方译者无不按正统“标准”注解作品。然此种地点之考定，又有何价值可言？

《书经·禹贡》乃汉前文献仅见的地理志，记名山大川所在，然而仅载大概方位（按禹行经路线穿过“九州”）。西汉文献也是如此，《山海经》之山川记载同于《禹贡》，亦是就其大体而言。司马迁《史记》未专设地理志。迨至东汉，始有地志之学，而以班固《汉书·地理志》为基本文献，本志亦为历史地理学肇始之作，因班固多将汉代地名对照汉前经籍所载地名（大多名称迥异）。当此之时，章句训诂之学首开风气而得大兴，周代文献之注疏家亦常对历史地志各加注解，意欲考定早期文献所载地名。东汉及三国学者，如许慎、马融、郑玄、高诱、韦昭、杜预之辈，无不致力于此，各有丰富的成果。诸家多有相合之说，然其间歧异，亦不鲜见，往往有难以调和者。嗣后乃有综合地志之学，如郦道元《水经注》（公元六世纪）及《括地志》（公元七世纪）。《史记》《汉书》 209
注疏家（裴骃［公元五世纪］、司马贞、张守节、颜师古［唐时］）察考汉前地名之方位，其本意通常不在汉前之条目（汉前文献难以据以定位），而实在于《汉书·地理志》及东汉、六朝注解之判断。迨至有清一代，硕儒宿学多有致力于考订汉前之历史地志——如《皇清经解》及《皇清经解续编》所集地志条目，清代新出经籍注疏所见丰富注解，及王先谦所著《汉书补注》——然察有清学者之所为，皆不能越出东汉、六朝及唐时作者而翻造新说，惟于诸家众说之中，择取其一二善者，仅止此耳。吾人若阅读此类繁琐论著、注疏，定会发现，“通行”注疏所见汉前地名之确定，实则歧见频出，终究难有满意结果。即如严肃的西方译本，此种情况亦屡见不鲜（如 Chavannes, Mém. Hist. I, pp. 26, 31, 52, 72, 128ff.）。吾人不应忽视一个简单事实，即使《左传》《国语》《墨子》《吕氏春秋》《战国策》诸书已有充分叙述的春秋、战国时期，其地名尚且难以确定。此类文献确有一种基本地名范围，其坐落所在，确属无疑，如鲁（尽管四至仍难于确定）。若以此种基本地点为准，其他许多地名之大概方位可据周代文献而定，然亦仅止于此耳；若吾人持开放而严肃的心态读《左传》，则可予确定之方位必定少之又少，亦是无可奈何之事。

故惟就基本范围而论，东汉及后世学者的论断才可放心接受：对于主要侯国及其京畿的方位，及经籍中常见的著名地方，吾人可予承认，此类说法可由春秋、战国，而下迄于东汉，其间必多有历数百载而保持不变者。然而一旦涉及周代文献所载小地名，没有一种旧说可延续至公元一二世纪。班固侪辈所作地名考定，实为猜测，质言之，其为一种重建性估计，仅此而已[①]。

早期历史（殷、周）之地名多不能确定其方位，固有诸多缘
210 由，而其中有两种原因，是至为重要者。一者，某地之名常从此地转移至于彼地，如商殷之“亳”，尚有其他数十地名，亦是如此[②]。一者，有数地常用一名者，“空桐”即是一例，据《史记·五帝本纪》载黄帝征战所至，有“空桐”，当在极西之地，而《左传·哀公二十六年[③]》所载亦是含混之辞，以“空桐”在宋地（今河南）。吾人尚可举出者，又有二“嶓冢”（一在今甘肃，一在今陕西，见 Chavannes, Mém. Hist. Ⅰ, p. 127），二“葵丘”（一在今河南，一在今山东，见 Mém. Hist. Ⅱ, p. 29; Ⅳ, p. 44）。凡此种种，无虑数十处。

即使公元前八世纪至公元前三世纪之地理，尽管同时代文献不

---

① 《春秋·桓公七年》（公元前 705 年）载：“谷伯绥来朝（于鲁）。”《左传》云：称谷伯以其名“绥”，“贱之也”。谷，不见于《春秋》《左传》他处记载，故当为小“国”。然班固（《汉书·地理志》，杜预仍之）曰：“筑阳（今湖北襄阳府谷城县），故谷伯国。”吾人是否当信班固之考订？自公元前 700 年讫于公元一世纪，《春秋》所载谷伯之“国”始终在今谷城县之地，此事是否可能？显系班氏猜测耳。然因班固之权威，唐时改称“谷城”，清修官方地理（《一统志》）亦云，谷城县西北谷山有“谷伯墓”（！）。此例可使吾人略知中国历史地理学之价值也。

② 某些权威确定的三“亳”之确切位置，可见 Chavannes, Mém. Hist. Ⅰ, p. 176。然焦循《孟子正义·滕文公下》用几页篇幅回顾东汉、六朝及唐代学者对于三亳之纷纭歧说，如班固、刘向、郑玄、薛瓒、刘昭、杜预、皇甫谧、司马彪、郦道元、颜师古、张守节，以及清代学者如阎若璩、王鸣盛对此复杂问题之讨论，又各参以己见。王先谦（《汉书补注·地理志》“偃师”条）亦有后续讨论。质言之，因缺乏足够的关键汉前文献，三（或二？）亳的确切位置问题永远无法解决。

③ 原引作“哀公十二年”，然该年并无“空桐”，当为误引，应即“哀公二十六年”：“宋大尹兴空泽之士千甲，奉公自空桐入如沃宫。”——译者

乏相关材料，吾人亦不得不承认知之甚少，公元前后学者对地名的认定，往往相与抵牾，实不可据信（即使无有抵牾，也往往出于猜度），故若欲确定上古及周前传说地名的方位，终必无功而返。名之为名，仅止此耳，欲将之系于准确地点，戛戛乎其难哉。或有以为不然者，东汉及后世学者所作考辨，若有彼时代的本地说法为依据，即可信以为真，若典籍载有传说“甲帝”葬于乙地，注家又考订乙地（名）即实际之丙地，因丙地在汉时自云有“甲帝墓”，则吾人不妨同意此种考订结果。殊不知，此种方法断不可取，盖因两地争夺“某墓”荣誉之现象，可谓史不绝书。汉时及后世学者笔下时见此种事例，颇堪玩味，正可说明“本地说法”的价值。如司马迁（《史记·封禅书》）云，“蚩尤墓”[1]在山东“东平陆监乡”——蚩尤是传说与黄帝相争之叛酋（见第 283 页）；又云（《史记·伯夷列传》），“余登箕山，其上盖有（尧欲让王位之）许由冢云”（见第 292 页）。故更有可能者，即使记录上古传说的周代文献作者，也仅知穷桑、轩辕或阪泉古地之大概所在；在有周以前，此类地名对于时人的真实意味，今已不可得而知矣。

质言之，此类地名多承自前代旧说，实是早期传说讲述者所留存，反复见于诸种神话，如神光洞然，神话亦因之而颎颎。如“鸣条”之为地名，即是一种绝好的例证。自古迄今，中国学者一直欲将“鸣条”落实于某地，然而诸说纷纭，无所措手，故不得已推论，有数地以“鸣条”为名者，皆为有周以前大事发生之地。其西方门 211

① “蚩尤墓”，当为误引。《史记·封禅书》载，始皇“行礼祠……八神”，即八主，“三曰‘兵主’，祠蚩尤。蚩尤在东平陆监乡”。据此，应称蚩尤祠、兵主祠。高本汉或以为祠、墓合一。然高祖起兵，亦从秦时之俗，在沛“祀蚩尤”，后又复“令祝官立蚩尤之祠于长安”，可知其祠非墓。——译者

生亦全心袭用中国先生之旧论陈说。若论劳心而无功之事，何以竟至如此！吾人不妨试想，“天国”[①]究竟坐落于德意志境内之何郡，何县？若明了此间道理，则“鸣条”之事，亦可知矣：陈室（舜之后）有古老传说，言圣王（舜）卒于鸣条（见第298页）。鸣条于是竟成神圣而荣耀之地。宋室（汤之后）亦取此圣地，而作成本族之主要传说，乃是顺理成章之事：汤建商殷王朝，始自鸣条之战！

2. 古代文献时见二帝，一名高阳，一名高辛。高阳（如《楚辞·离骚》《左传·文公十八年》），学者历来以为即是颛顼，高辛（如《左传·文公十八年》）即是帝喾。高辛可证之于汉前散篇文献，而高阳亦或有据可依。

《诗经·商颂·玄鸟》曰：“天命玄鸟，降而生商。”《商颂·长发》载，有娀氏之女生商人始祖（契）。这种传说详载于《吕氏春秋·音初》：“有娀氏有二佚女，为之九成之台，饮食必以鼓；帝令燕往视之，鸣若谥隘。二女爱而争搏之，覆以玉筐。少选，发而视之，燕遗二卵，北飞，遂不反。”（二女吞卵，简狄遂有孕）《楚辞·天问》亦言及同样的传说：“简狄在台，喾何宜！玄鸟致贻，女何喜！”故有娀氏之女简狄是帝喾之妃。吾人读《楚辞·离骚》，可见诗人心驰神越，周流乎天，欲见“有娀之佚女”，而惜乎高辛已“先我”。故知高辛即是喾。高辛在世，接近于尧，其为帝喾，可证于《左传·昭公元年》：“昔高辛氏有二子，伯曰阏伯，季曰实沈”，而阏伯迁于商丘；《左传·襄公九年》又载：“陶唐氏［即尧］之火正阏伯居商丘。”故《管子·侈靡》亦云“俈［“喾”之异写］、尧之时”。然则喾又在颛顼之后，可证于《国语·周语下》。

---

① 原词为德语，Schlaraffenland，尤指童话所言“天国”、极乐世界。——译者

高阳即颛顼之考定，并无特别可靠的文献记载，不过亦有相当
的合理性。《墨子·非攻下》载：高阳命禹征有苗（见第 252 页）。
此是说高阳与舜为一人。然而《左传·文公十八年》云：“昔高阳
氏有才子八人……，世济其美［德］……，以至于尧。”此是说高 212
阳在尧前。可知前引《墨子》之说表明，舜以高阳为帝号，因舜
乃高阳之后。舜之唯一祖先既是帝颛顼（世系：颛顼—幕—X—瞽
瞍—舜，见《左传·昭公八年》），故颛顼必是高阳。沙畹（Mém.
Hist. I, p. 76）则持相反之说，因《左传·文公十八年》，分别计算
高阳、颛顼二人之后：“高阳氏有才子八人，……高辛氏有才子八
人，……帝鸿氏有不才子，……少皞氏有不才子，……颛顼氏有不
才子，……缙云氏有不才子……”（诸人皆在尧前。）然某帝既称高
阳，又称颛顼，实则不妨于事。《左传》亦称帝少皞（《左传·文
公十八年》）为金天氏（《左传·昭公元年》）——如前述（《尸
子》），金天氏乃少皞之号。故考定颛顼即是高阳，亦不为无据。

3. 前引文献唯一明确区分神农和炎帝者，当属《管子》。历来学者多以《管子》为汉后之伪书。《远东博物馆馆刊》第一卷（BMFEA, 1929）所刊拙作，对于此说已有辩驳。吾人已有有力证据，可证《管子·封禅》实为古书，因计数古帝王之语，又见于《春秋繁露》“尧舜不擅移、汤武不专杀第二十五”，而《春秋繁露》乃汉初之作。尚有其他汉前文献，可以在此基点上证实《管子》之说。《国语·晋语四》云：“昔少典娶于有蟜氏，生黄帝、炎帝。黄帝以姬水成，炎帝以姜水成。成而异德，故黄帝为姬，炎帝为姜，二帝用师以相济也。”故黄帝战胜同体之炎帝，而终于称帝。（此可解释《国语·周语下》《吕氏春秋·荡兵》皆言及黄、炎，即

黄、炎二帝；此非谓黄帝为长，炎帝为幼，而是先言胜出之黄帝，后言败衄之炎帝）。神农氏既与炎帝为一人，则神农氏是少典之子，黄帝之兄弟也。然细察《吕氏春秋》之意，神农氏并非某帝之名，而是世代之名："神农氏十七世有天下。"此语非谓神农氏之个人寿命超过十七世之人寿，因《尸子》亦云"神农氏七十世有天下"，又云，"岂每世［即帝王］贤哉？牧民易也"。（故神农氏之
213 世可持续如此之久。）据此类文献可知，早期说法并未以为神农氏即是炎帝，也即黄帝之兄弟（同为少典之子）。

与此相类，汉前之说表明黄帝并非一人之名，而是一"代"（王朝）之名。《古本竹书纪年》云："黄帝至禹，为世三十。"此语揭示一种说法，即黄帝死后七年（即少皞在位之期）而颛顼立，故此一"黄帝"只是最后一个"黄帝"，是一"代"之最后一帝。有关《竹书》之说法又以变形方式而重现于《五帝德》，《五帝德》又关联于整饬文献《帝系》（分别为《大戴礼记》第六十二篇、第六十三篇）。文献整饬者希望古帝王皆为个人帝王，如宰我以"黄帝三百年"之旧说请问于孔子，孔子答曰："生而民得其利百年，死而民畏其神百年，亡而民用其教百年。"

如吾人所见，汉前时代之散篇文献所见古"帝"系，诸家之说皆小异而大同：伏羲—神农氏（一个王朝）—炎帝—黄帝（一个王朝）—少皞—颛顼—喾—尧—舜—禹。不过，吾人不必相信诸"帝"乃历史实有之人物；如后所述，古帝王多有神话特征，可证皆为传说人物。然而此种说法之大同，又揭出另一种至为重要的事实：迨至有周中晚期，仍存有一种有力而完善的崇祀系统。惟因诸王族皆

将本族之始溯至传说英雄[1]，且又各有其祀，乃是诸家作者熟知之事实，故皆指向同一种传说帝王的系统。古帝王之说实乃有周贵族的共有财富。

然而，吾人更可指出，周时之说法显示，自炎、黄而至于禹，诸帝王彼此皆有亲属之关系。

当此世系之始，炎、黄为兄弟。而至此世系之末，舜、禹皆为颛顼之后。

禹之身世，见《竹书纪年》："颛顼产伯鲧，是维若阳。"《墨
子·尚贤中》亦说伯鲧乃"帝之元子"。鲧是大禹之父（《书 214
经·洪范》《左传·僖公三十三年》《吕氏春秋·行论》）。舜之身世，《左传·昭公八年》所载可为线索，史赵述陈氏之肇始曰："陈，颛顼之族也；……自幕至于瞽瞍，无违命。舜重之以明德，置德于遂，遂世守之。……故周赐之姓，使祀虞帝［即舜］。"瞽瞍是舜之父（《孟子·离娄上》），而幕显是颛顼之子，幕与瞽瞍相隔数代[2]。见《国语·鲁语上》："幕，能帅颛顼（之脚步）者也，有虞氏报焉。"墨子以舜为颛顼（高阳）之后裔（故以高阳之名称舜，见第 211 页）。

---

① 日本天皇亦将血统溯至天照大神。此可证实一种古老崇拜，然并非历史之真实起源。

② 舜系和禹系之世代差异甚大：一为颛顼—幕—X—（X）—瞽瞍—舜，一为颛顼—鲧—禹。尽管如此，很难相信舜至少在第四代，可能在第五代或第十代为颛顼之后代，而其后任禹则是颛顼之孙。我们将在下面看到班固《汉书》结论，即这些传统是错误的，鲧非颛顼之子，而为玄孙。但所有这些努力都是徒劳的，是试图从传说中创造历史。舜的长谱是禹族之传统（陈），禹之短谱是舜族之传统（杞、鄫）；这些传统属于不同的古代文化圈，既然是传说而不是历史，则无须一致；事实上，正是这种差异清楚地表明，尧前之古圣王故事是神话。

黄帝与禹之亲属关系，须参考《国语·鲁语上》所载之文，又见于《礼记·祭法》，然有两处不同（以下皆以括号补引）。此关乎四种祭法：褅、祖、郊、宗。郊行于郊外之坛，其他则行于宗庙：

> 有虞氏禘黄帝而祖颛顼，郊尧（《祭法》作“喾”）而宗舜（《祭法》作“尧”）。
>
> 夏后氏禘黄帝而祖颛顼，郊鲧而宗禹。
>
> 商人禘舜（《祭法》作“喾”）而祖契，郊冥而宗汤。
>
> 周人禘喾而郊稷，祖文王而宗武王。

215 在每一行，主角皆为先祖，分属有虞、夏后、商及周诸族，因神“不歆非类”之故也（《左传·僖公十年》《左传·僖公三十二年》）。[①]

“宗”，祀本世系功业最著之“王”——周武、商汤、夏禹及虞舜。故在第一行，《国语》之说为正，而《礼记》之说为误——在虞舜之族，自不可如《礼记·祭法》将舜排除在外。在虞舜之族，舜之角色恰如后世之禹、汤、武王，亦是主要人物。

“郊”，比较驳杂。周人祀尧时之先祖后稷（证于《左传·襄公七年》）；商人祀冥，即汤前早期商王之一；夏人祀禹之父鲧

---

① 此原则在《左传·僖公三十一年》有进一步说明。卫成公（周之姬姓）欲祀夏王相（因梦兆），宁武子以为不可，惟杞、鄫，因其为夏之后，可祀夏之先王，卫人献祭乃无用之举。

（证于《左传·昭公七年》）；而有虞之族祀尧①。既如此，则尧亦是有虞氏之亲属。尧号陶唐氏，仅指其为“帝”前之封邑，不妨尧为有虞之亲属。尧受有虞氏之祀，或不无可能，因尧乃是舜的岳父（《书经·尧典》），故亦是后世有虞一族的祖先。然而将尧纳入互为亲属之帝系，其中尚有他种缘故在也（见后第217、218页）。

“祖”，周人祀文王，因文王为第一位周王之父；商人祀契，契在尧之时；夏人祀颛顼，因颛顼为鲧之父、禹之祖；有虞氏亦祀颛顼，因经由“幕—X—瞽瞍—舜”之次序，颛顼乃为该系之主要祖先。

“禘”，祀远祖。周人禘祀帝喾，颇可玩味。《诗经·大雅·生民》载，后稷之母姜嫄履帝之迹，已而有娠，“帝”即“天”——汉初仍作此解（见《春秋繁露·三代改制质文第二十三》②）。然而后世注家以为，姜嫄履迹之“帝”，实为其夫“帝”喾。③此说实 216
是对于原初神话的曲解，绝非正解。姜嫄以其夫帝喾为后稷之父，此可明确证于前述《国语》《礼记》之祀典：否则周人不会禘祀帝喾。然而与此同时，上帝（天）又确以“武敏”感姜嫄而有娠：此种感生不妨碍其夫喾为后稷之正式、合法的父亲。

商人亦禘祀帝喾（此处《礼记》之说优于《国语》之说，因舜不是商人的嫡系祖先）。吾人已察考商人始祖契的诞生传说（见前第211页）。喾（即高辛），姜嫄之为正妃，次妃名曰简狄，“简狄

---

① 据《礼记》版本，此为祀喾，然绝无可能，因喾并非该族之直系祖先；然在任何版本，尧皆在有虞氏所祀之列。在周代，夏之后杞，以禹代喾而郊祀之；而商之后宋，以契代冥而郊祀之——皆据《礼记·礼运》。

② 后稷母姜嫄，履天之迹，而生后稷。——译者

③ 王充《论衡·吉验篇》云：“后稷之母，履大人迹，或言衣帝喾之服，坐息帝喾之处，妊身。”

在台，喾何宜”，有玄鸟“贻”卵，简狄吞之而有孕。[①]然而简狄之夫帝喾仍为契之父，而受商人之禘祀。又者，夏及有虞氏亦皆禘祀黄帝为远祖。因夏、有虞氏皆是颛顼之后，故又知颛顼乃黄帝之后。

最后，周人乃黄帝之亲属。如前所述，黄帝为姬姓，周亦为姬姓。故知周人（禘祀之）“远祖”帝喾乃黄帝之后。周人所行“禘”祀，并不溯至帝喾之前。然不妨碍周人之世系溯至更远，即姬姓之始祖黄帝。

于此方面，有一种颇具意味的事实。据《礼记·乐记》载（又见《吕氏春秋·慎大》，其说稍有不同）：周武王克殷反商，未及下车，封黄帝之后于蓟（《吕氏春秋·慎大》：“于铸”），封帝尧之后于祝（《吕氏春秋·慎大》：“于黎”），封帝舜之后于陈；下车乃封夏后氏（即禹）之后于杞，投殷之后于宋。在此，武王尤其注重笼络大族的宗支：殷、周皆为帝喾之后，以黄帝为始祖（黄帝与
217 周皆为姬姓）；而舜族与夏（禹）族皆为颛顼之后。此处可证“黄帝—颛顼—鲧”的亲属关系。又者，尧族亦受封，可证尧氏为诸姓之亲属。尤为重要者，即使有周之时，亦有诸侯王室祀黄帝、尧及舜，以为本族的嫡系祖先；此必是借助本族之谱系，方能保留早期帝王的传统说法，而得流传于后世。

至此，惟有少皞存而未论，又不列在祀典。不知其为他姓之亲族乎？今有两条，可援以为证据。其一见《国语·郑语》：楚之先王，“重、黎之后也”。（此语不当读作“重黎［一人］之后”，因

---

① 此是据《楚辞·天问》之说。——译者

随后即语及“黎”，且《国语·楚语》以重、黎为二人。）据《左传·昭公二十九年》可知，重为少皞之弟，黎为颛顼之子。若楚人的先王乃是重、黎之后，则少皞与颛顼必有亲属之关系。（关于《国语》之说，更多讨论见第235页）。其一见《逸周书·考德》（已佚，《汉书·律历志》引）：“少昊曰清。清者，黄帝之子清阳也。”（青阳为黄帝之子，可证于《国语·晋语四》）故少皞乃是黄帝之子。《逸周书》以少皞与青阳为一人，也以简略形式见于《尝麦》，即“少皞清”。

据此确定，早期说法可认证诸帝间的亲属关系：炎帝—黄帝—少皞—颛顼—喾—尧—舜—禹（及夏、殷、周），虽然诸家文献未列出诸帝间之详细血统。

后世常以“三代”称夏、商、周，夏以前无“代”。然而此说殊不合于最早的传统说法，因早期传统常列四代：虞、夏、商、周。《礼记·名堂位》即说“四代之乐器也”，而“虞、夏、商、周”之次序常见于汉前文献：《左传·庄公三十二年》、《左传·成公十三年》、《礼记·檀弓》（凡二见）、《礼记·文王世子》、《礼记·郊特牲》、《礼记·内则》（凡二见）、《诗经·缁衣》、《国语·郑语》、《墨子·明鬼下》、《吕氏春秋·审应》。据多数文献之上下文可知，“虞”不止是舜在位之时，而指一“代”，一个自有其礼制及习俗的时代。即使在夏兴之后，有虞氏仍然有其国（夏早
期王相之后“逃奔有虞”，事见《左传·哀公元年》），然而前引言 218
及夏前之四代，则以为夏之前即是有虞之代。何谓也？

由《国语·郑语》观之，《国语》所谓“虞、夏、商、周”之“虞”仅指（颛顼之）嫡系：幕—X—瞽瞍—舜。然而此说不能合

于前引所有文献，诸篇皆语及夏前之“虞”代礼制及习俗：故知作者心目中，必有一条连绵不绝的帝王世系，前后人物皆相为亲属，而可成一代。“虞”代可溯至多远，今已不可知矣，然必可至舜之直系祖先颛顼，而虞代必当为颛顼—喾—尧—舜一系：由前引祀典可知，颛顼、喾及舜为前后之亲属，尧亦或为亲属。此种推测可证于此处：设若尧不在祀典，仅为异族之人，而非诸帝之亲属，则舜为最后一帝之连续“虞”代，亦必不得而有也，如前引文献所述，“虞”乃一自有其礼制及习俗之代。

（三）太皞亦是一帝，至少一种汉前文献称之为“帝”：据整饬文献《礼记·月令》(《吕氏春秋·十二纪》)，太皞是主春之帝（炎帝，夏；黄帝，季夏；少皞，秋；颛顼，冬)。《左传·僖公二十一年》云：“任、宿、须句、颛臾，风姓也，实司太皞……之祀。”（诸风姓皆是太皞之后）《左传·昭公七十年》云，太皞氏以龙为职官名（“为龙师而龙名”)，后文第四章仍有言及之必要。不止于此，据典籍所载，有星象及其相应之地，亦可冠以古老英雄之名（《左传·昭公十七年》)：太皞之虚、祝融之虚、少皞之虚、颛顼之虚[①]。然无汉前文献可考定太皞即诸“帝”名单中之某帝（据前引文献可知，太皞并非炎帝、黄帝、少皞或颛顼)，亦未曾将其置于此种帝王次序之内。《荀子·正论》语云，“自太皞、燧人莫不有也”，可知太皞不惟早于伏羲，且又在燧人氏之前，见第206页。

（四）在此又须稍为解说另一重要人物，即共工，据典籍载，共工为“伯”，或亦有“帝”号。在汉前文献，共工见于两种关系。

---

① 《左传·昭公十七年》所列四虚，并无“少皞之虚”，而是“大辰之虚”。——译者

1. 共工是洪水主题的主角，有似于后来鲧禹神话的主题（见第250、301页）。又有以共工当在黄帝之前者，《管子·揆度》曰：“燧人［见第206页］以来，……共工之王，水处什之七，陆处 219
什之三，乘天势以隘制天下。至于黄帝之王，……至于尧、舜之王……”《国语·鲁语上》亦云：“共工氏之伯九有也……；黄帝能……；颛顼能……；帝喾能……；尧能……；舜能……”[①]显然是诸帝先后次序，共工又在黄帝之前。《国语·周语下》又据此主题，更作发挥：“欲壅防百川，堕高堙庳，以害天下。皇天弗福，庶民弗助，祸乱并兴，共工用灭。”《左传·昭公十七年》又载诸帝各设职官之名：“昔者黄帝氏以云纪，故为云师而云名。炎帝氏以火纪，故为火师而火名。共工氏以水纪，故为水师而水名。太皞氏以龙纪，故为龙师而龙名。我高祖少皞……纪于鸟，为鸟师而鸟名。”如班固（《汉书·律历志》）倒叙前四王之年表云：“黄帝受炎帝，炎帝受共工，共工受太皞。”此亦可证（如前引《管子》及《国语》），共工当在炎、黄二帝之前。

2. 另一方面，共工又见于《书经》。在《尧典》，先是帝尧之勋臣，而同篇（今在《舜典》）又云，共工列在四凶，舜流之于幽州。据注家之论，共工非人名，而是职官名。《尧典》之作者或亦持此说，于其笔下，舜命垂曰：“汝共工，……往哉！汝谐。”而注家又有议论云，尧时之共工，与最初之共工，本为二人，实不相干。若此种言论，荒诞尤甚，可一语道破也。《书经》之作成，当大概如下：作者写定于周代早期，以尧、舜、禹时为太平之世，而

① 《礼记·祭法》亦云：“共工氏之霸九州。”

举此三帝以为上古至圣；以《尧典》为肇始之端，而截断三帝以前之众流（《书经》全书惟见一条，语及尧前之事：据《吕刑》之说，蚩尤“惟始作乱”，或暗示一种关乎黄帝的神话）。如前所述，鉴于共工为“始乱”霸主的传说早已广泛流布，《书经》作者于是
220 攫取共工形象，借以颂扬帝尧功德：共工先为重臣，受命于第一个太平之帝尧，而有功绩甚大，继因失职而终遭流放。故以共工在尧时，实是《书经》作者有意所为的手法，乃是以尧之时代为世事之作始也。类似内容，见第236页。

（五）除上述显赫“帝王”，汉前文献又载诸多传说古帝王之名，然仅能存其名耳，其事则罕有流传，至有湮没无闻者。

《管子·封禅》载祀泰山帝王名录，首列无怀氏（次为伏羲、神农、炎帝等，见前第14页）。《庄子·胠箧》云“至德之世”，有“容成氏、大庭氏（亦见《左传·昭公十八年》）、伯皇氏、中央氏、栗陆氏、骊畜氏、轩辕氏、赫胥氏、尊卢氏、祝融氏、伏戏氏、神农氏”。当可注意者，最后二帝伏羲、神农列在正统名录（见《易经·系辞下》“包牺氏”“神农氏”）。二帝以前，则为祝融氏——与祝融之神同名；此问题甚为有趣，见第240页。轩辕氏比伏羲及神农靠前几位。此轩辕氏亦见于《韩非子·解老》，为神人，与天地四时及天人赤松，并为得道者。容成氏在《庄子》名录中居于首位，见《庄子·则阳》，为“调历”圣人，又见于《吕氏春秋·勿躬》，谓“容成作历”。赫胥氏又见《庄子·马蹄》，为上古帝王，其民居于上古至德之世。《庄子·大宗师》尚有豨韦氏，早于伏羲及黄帝，亦“得道”，“以挈天地”；据《庄子·知北游》，豨韦氏与黄帝皆有苑囿。《左传·昭公二十九年》云，“有烈山氏

之子曰柱，为稷（谷神）”；《礼记·祭法》则称“厉山氏”（音转：
烈 **liat*，厉 **liad*），“厉山氏之有天下也，其子曰（神）农，能殖
百穀”，为稷（谷神）。汉前文献不以其在帝王系列。《左传·文
公十八年》云，“帝鸿氏有不才子”，“缙云氏有不才子”，此二帝
见第 247 页，然于汉前文献，皆无可考。伊耆氏亦是如此，《礼
记·郊特牲》云，“伊耆氏始为蜡”，而在《礼记·明堂位》，伊
耆氏始作简单乐器。最后，《吕氏春秋·古乐》云，“朱襄氏之治
天下”，又记有葛天氏、尹康氏，皆为古帝王，《庄子·则阳》有 221
“冉相氏”，《商子·画策》有“昊英”，皆不见于汉前其他文献。
虽则此类名字今已似无意义，然吾人仍可知一种极其重要的事实：
有周之时，必有许多上古英雄神话，惟有少数有详细描述，仍可于
汉前文献之中，得见片言只语。

二

由记载古帝王之汉前散篇文献传统，转向整饬文献及汉代文士之文献，以探究他们如何处理尧前帝王诸说，且据此杜撰详实的血统。其臆测推论有一种倾向，凭借合并二名或多名为一人的手法，减少古“帝”数量。一人多名，确有其事，如高阳即颛顼，高辛即喾，少皞即金天（见第 211 页），此亦于无形中助长汉时学者之风气矣。

（一）首先，以太皞、伏羲为一人，以神农、炎帝为一人：《易·系辞》所载包牺（伏羲）—神农—黄帝，即等同于另一种次序：太皞—炎帝—黄帝。

神农即是炎帝，据第212页可知，此说显然大谬，殊不合于汉前文献。据汉前文献之说，神农乃神农氏之世之作始古帝，炎帝则是后来败于其兄黄帝之古帝。虽然如此，炎帝即神农氏之说已见于汉初。《列子·说符》云："神农氏有炎之德"，即火德有天下，可与《左传·哀公九年》互证："炎帝为火师。"炎帝又称"赤帝"[①]，见《春秋繁露》"三代改制质文第二十三"[②]，即谓"以神农为赤帝"。

司马迁（《史记·五帝本纪》）意欲调和两种抵牾的成说。司马迁既知神农氏之为"世"（如第212页所证），仍将炎帝归于神农氏，以其为"神农氏世"之末帝："轩辕之时，神农氏世衰。……
222 炎帝欲侵陵诸侯，诸侯咸归轩辕。……轩辕与炎帝战于阪泉之野。……诸侯咸尊轩辕为天子，代神农氏，是为黄帝。"司马氏的手法殊为巧妙，然考诸汉前文献，并无迹象可证炎帝属神农氏一族。就事实论，前引《礼记·乐记》及《吕氏春秋·慎大》，即持相反之说。武王克殷反商，封黄帝、尧、舜、禹之后，因其皆属同一大族，周人亦在此族：设若神农氏为炎帝及其兄黄帝之始祖，武王必封神农之后，以祀神农氏。司马迁已知其间之差讹，遂施以手法而解决此中难题：《史记·周本纪》补记云，武王"褒封神农之后于焦"——然而此条于汉前文献无考，且与前述《礼记》《吕氏春秋》之说相悖。

---

① 《大戴礼记·五帝德》云："黄帝与赤帝战于阪泉之野。"《国语·晋语四》亦云：黄帝与炎帝为兄弟，"二帝用师相济"。

② 高本汉作"第二十二"，原书作"第二十三"，今据改。——译者

太皞即是伏羲，此当属更晚出之说——据吾人所知，最早见于《汉书·律历志》。据《左传·昭公十七年》《左传·定公四年》，太皞确与炎帝、黄帝、少皞及颛顼不同，而汉前或汉初文献皆不能证实太皞与伏羲为一人。然则此说从何而起？

最有可能者，其说乃据整饬文献《礼记·月令》（又载于《吕氏春秋》）。据此，上古帝王各应四时及神祇；诸神又应《左传·昭公二十九年》之“五行”，据《淮南子·天文》所载整饬文献（类似于《月令》），又各应五方：

春：其帝太皞，其神句芒（木德，东方）；
夏：其帝炎帝，其神祝融（火德，南方）；
季夏：其帝黄帝，其神后土（土德，中央）；
秋：其帝少皞，其神蓐收（金德，西方）；
冬：其帝颛顼，其神玄冥（水德，北方）。

此说全然是一种宇宙论推测，于当前问题殊无价值，除非吾人证实，伏羲—神农—黄帝之次序亦是宇宙论之次序，乃基于五行及其固定顺序而作成。然而实情往往难如人意。夫五行者，乃古老之说，于《书经·洪范》已可见其重要地位。而考诸汉前文献，五行次序尚多驳杂，未有定说：

《书经·洪范》：水、火、木、金、土。
《左传·昭公二十九年》：木、火、金、水、土。
《左传·文公七年》：水、火、金、木、土。

《国语·郑语》:(土)、金、木、水、火。

223 《礼记·月令》:木、火、土、金、水。

《吕氏春秋·应同》[1]:土、木、金、火、水。[2]

又者，黄帝之应五行，亦不固定。据《礼记·月令》，黄帝为土德，而据《吕氏春秋·荡兵》，黄帝为水德。

某帝应某行之说，不可谓不古远，然在汉前散篇文献，则尚未形成固定的系统；相反，相应观念殊为混乱、抵牾。炎帝确应火德（如《礼记·月令》），见《左传·昭公十七年》《左传·哀公九年》；然水德或在黄帝（如前引《吕氏春秋·荡兵》），或在共工（《左传·昭公十七年》），或在颛顼（同上）。五行相胜观念亦相当古老（《左传·昭公九年》等），然帝王因五德终始、相代而兴之说，直至汉时方有充分阐述。最相近者，首推《吕氏春秋·应同》，而彼处所载五行之帝，又大不同于《礼记·月令》，且只列四帝，第五帝（应水气）将兴于后世（在周之后）[3]。

除此而外，据《左传·昭公二十九年》，蔡史墨欲将五行说施于一系列英雄神祇，然终以有趣方式而告失败（见第240页）。

---

① 原引作《去尤》，应为《应同》，今据改。——译者

② 汉时五行相胜之说又另有次序（《淮南子·坠形训》）：木胜土，土胜水，水胜火，火胜金，金胜木。

③ 黄帝之时，天先见大螾大蝼。黄帝曰："土气胜。"土气胜，故其色尚黄，其事则土。及禹之时，天先见草木秋冬不杀。禹曰："木气胜。"木气胜，故其色尚青（此说不同于《礼记·檀弓上》之说："夏后氏尚黑"），其事则木。及汤之时，天先见金刃生於水。汤曰："金气胜。"金气胜，故其色尚白，其事则金。及文王之时，天先见火赤乌衔丹书集于周社。文王曰："火气胜。"火气胜，故其色尚赤，其事则火。代火者必将水，……故其色尚黑（即将代周者为水德，其色尚黑）。

若说因五德终始，帝王亦相代而兴，此说全不见诸汉前散篇文献，首见于前引整饬文献《月令》，即使在有汉一代，亦非诸家皆予认可的系统。司马迁所列次序为：土＝黄帝；木＝颛顼；金＝喾；火＝尧；水＝舜（与《月令》系统有很大出入，只有一处相同）（见 Chavannes, Mém. Hist. Ⅰ, p. CXCI, CXCⅡ）。班固（《汉书·律历志》，或据刘向、刘歆推论）所列次序为：木＝太皞（庖牺，即伏羲）；火＝炎帝（神农），土＝黄帝；金＝少皞；水＝颛 224
顼；木＝喾；火＝唐（尧）；土＝虞（舜）——此处采用《月令》系统，以炎帝即是神农，（首次）以太昊（太皞）即是伏羲，又于后面增加一个兴替周期。质言之，若说汉前帝王传说取决于诸帝依“五行”相替之宇宙论，无疑大谬。

至此可稍作总结：伏羲即太皞、神农即炎帝之说，可能依据（如班固之）《月令》之宇宙论，然整饬论者所作此种猜测，实为谬说，盖因“伏羲—神农—黄帝”之次序实无“太皞—炎帝—黄帝”之次序所依据的宇宙论根基。神农即炎帝之说已证为误（见第 212 页）；而太皞即伏羲之说，乃起于东汉时代，亦无丝毫证据可予证成之。[1]

此外，伏羲—神农—黄帝之次序，虽已得确立于汉前文献，然并无证据证明其为包罗无遗的系统（可能仅提及最显赫的人物，如《易经·系辞下》所列“伏羲—神农—黄帝—尧—舜”）：帝（《月令》）太皞或在诸帝间有其位：或在伏羲之前，如有巢氏、燧人

① 班固《汉书·律历志》引《左传·昭公十七年》所载序“黄帝—炎帝—共工—太皞（见第 219 页）”，谓为相受之行序，故太皞（即伏羲）为最早（“上及太皞”）。既然太皞只在炎帝、黄帝之前，炎帝又必非神农，如此则太皞既是神农，又是伏羲矣。

氏——事实上，如前述（见第 218 页），《荀子·正论》即以太皞在燧人之前。

（二）汉前散篇文献所见诸家之古帝名录，自黄帝始：

黄帝—少皞（挚）—颛顼—喾—尧—舜—禹，皆为亲属，然前五帝的亲疏远近尚不能明确。而整理者对于这种次序所做的加工，分述如下。

《大戴礼记》。吾人可从《大戴礼记》“帝系”及密切相关的《五帝德》（该书第六十二、第六十三）着手。无论其成文于汉初或公元三世纪，实属无足轻重，而其为一种典型的整饬化例证，乃是关键之处，即有意借早期诸说的驳杂材料而作成一种谱系的努力。《帝系》所作谱系如下：

225

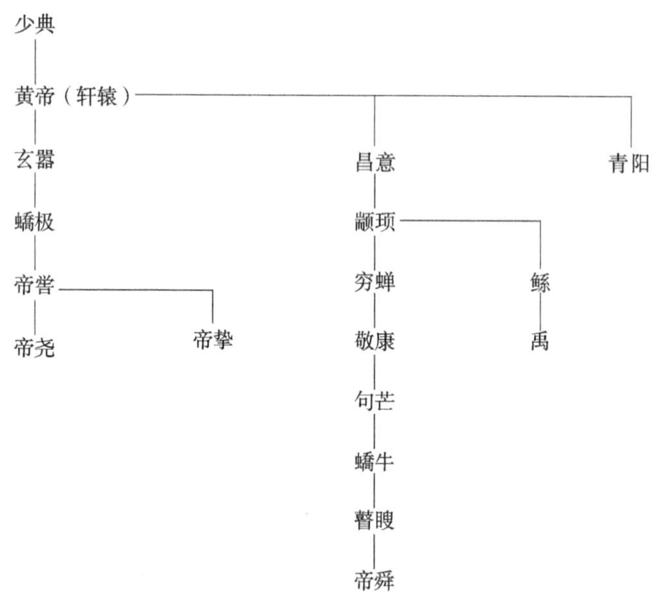

此处有数处，当可注意，除《帝系》具列之亲疏，散篇文献则多未言明：

1. 少皞之名不见于《帝系》名录。据散篇文献，少皞名“挚”，号“青阳”。然《帝系》未言青阳是“帝”（凡为“帝”者，如黄帝、颛顼、喾、尧、舜、禹之属，《帝系》皆冠以“帝”字）。而其间又有“帝挚”者，是帝喾之子。故《帝系》有两处偏离汉前散篇文献，既不以青阳为帝，又移少皞之名“挚”于后，以挚为帝喾之子。

2. 以黄帝即轩辕，如前所述（见第220页），此种等同全不见于散篇文献（《庄子·胠箧》以轩辕氏在伏羲、神农前）。自《帝系》始，后世全盘接受黄帝即轩辕之说而不疑。然而非无例外，如《越绝书·宝剑》（多以为东汉袁康所作，或为更晚之作）云：“轩辕、神农、赫胥之时，以石为兵”，此处所谓轩辕氏，如《庄子》 226
所言，仍是远早于黄帝之古帝王。

3. 自颛顼至舜的绵绵世系，颛顼的第一代苗裔，即幕，可证于汉前文献（见第214页），今已不见于《帝系》矣。

4. 句芒，楚之神名，《左传·昭公二十九年》以为是少皞之名（见第239页），在《帝系》则是颛顼曾孙之名，《史记·三代世表》作“句望”。

5. 在《帝系》之谱系，凡非“帝”之成员，如玄嚣、蟜极、昌意、穷蝉、敬康、蟜牛之属，惟昌意见载于汉前散篇文献（《竹书纪年》，见第208页，以其为乾荒之父，乾荒当是颛顼之号）。

简言之，文献整饬者所作成之谱系，在数个重要方面，全然不同于汉前散篇文献所见证据，又具列汉前文献未载诸名。

司马迁（《史记·五帝本纪》）沿用《帝系》，而又添补新的细节。黄帝姓公孙（此说甚属荒诞），又号有熊（见《三代世表》）。帝喾崩，子挚立，而为政“不善”，及挚死，弟尧继立；故挚在帝王名录本有确定的位置，而《帝系》却非如此（司马迁亦同于《帝系》作者，忽略挚即少皞的本事）。至汉代中期，卫宏（见《史记索隐》引）有说云，“挚立九年”（《帝王世纪》等亦采此说）。然而在一关键之处，司马迁又偏离于《帝系》之说，以黄帝之子玄嚣即是青阳——《帝系》明确以元嚣、青阳为二人（属不同世系）。然而正如《帝系》不以青阳为“帝”，司马迁亦确定青阳未登帝位。不止如此，司马迁之说法，前后多有不一致处，《五帝本纪》以高辛即是喾，而《三代世表》又以喾（写作“俈”）乃高辛之子。在帝喾次妃即契母简狄传说，司马迁之说亦偏离汉前神话：据汉前传说，简狄在台，因玄鸟致贻而有孕；司马迁则云，简狄与同伴二人行浴，而见玄鸟堕卵。

《世本》实是公元前二世纪，或为公元前三世纪之整饬文献，已佚无存，惟据后世引文，可知部分内容（诸种引文歧异纷出，多有牴牾，或竟令人误以为汉初有数部《世本》）。《世本》系统与
227《帝系》《史记》皆有大不相同之处。在一个重要问题上，《世本》比二书更尊重汉前文献：其以少皞（金天氏）即青阳，故以青阳为帝，此是《世本》确当之处（与《帝系》《史记》相反）；此外，在另一则引文，《世本》又云，“少皞名挚”（遵从《左传·昭公十七年》之说）（然在另一处引文，又云“少皞名契”）。总之，《世本》未言喾之子“帝挚”（同《帝系》《史记》）。

《山海经·大荒东经》云，“少皞孺帝颛顼”，即以少皞是颛顼

之父，可证前文第217页假设的亲属关系。而在另外两个重要问题，则又偏离于早期文献、《帝系》及《史记》。一者，《山海经》所记禹之父鲧，与他书所载世系大有不同。如前所述，此类文献所记皆同：黄帝生昌意，昌意生颛顼，颛顼生鲧，鲧生禹。而《山海经·海内经》云："黄帝生骆明，骆明生白马，白马即鲧。"又者，《山海经》所云帝俊，颇为玄奥，不见于其他文献。据其两处所载，帝俊当与喾为一人：《大荒南经》云"帝俊生季厘"（可参见《左传·文公十八年》："高辛氏有才子八人……季狸"）；《大荒西经》云"帝俊生后稷"，而《大荒东经》又云"帝俊生帝鸿"。而帝鸿（氏）（见第220页）又见于《左传·文公十八年》，帝鸿（氏）乃少皞、颛顼前之帝，且早于颛顼，故此处之俊，可知必非颛顼。《大荒南经》又云，"帝俊妻娥皇"；而据《史记》（见第296页），娥皇实为尧之女，舜之妻；故此处"俊"应指舜。总言之，《山海经》所见"帝俊"及有关神话，多有不能合于汉前之传说者。

（三）共工。如前所述（第218页），共工本为"伯"或"王"，在黄帝（及其兄弟炎帝）之前，是洪水主题的主角人物。《书经》又有数篇，将共工转移至于尧的时代。而汉初文献所载，俱有不同，谓共工神话发生于颛顼在位之时。最典型者，如《列子·汤问》云："共工氏与颛顼争为帝，怒而触不周之山，折天柱，绝地维；故天倾西北，日月辰星就焉；地不满东南，故百川水潦归焉。"

至于此时，共工神话的最初洪水主题已然混合于宇宙论主题，以解释何以百川水潦归东（《淮南子·天文训》几乎逐字挪用同一

228 故事），遂有《淮南子·兵略训》所载综合说法，其文曰："共工为水害，故颛顼诛之。"[1]

然而此种混乱尚未结束。同书《淮南子》(《原道训》）又载，共工与高辛争帝而被杀身死："昔共工之力，触不周之山，使地东南倾；与高辛争为帝，遂潜于渊。宗族残灭，继嗣绝祀。"（此种差异实因《淮南子》乃集体作成之书；见第 201 页）。不过，司马迁意欲调和两种异说："颛顼有共工之陈，以平水害"（《史记·律书》）；后当帝喾在位，共工又复作乱，"帝喾使重黎诛之而不尽"（《史记·楚世家》）。最后一种讲法煞是有趣。司马迁于此择取最后一种异说，将共工由黄帝前上古之世移至颛顼、帝喾之时，如此即可弥合最初之大洪水主题与《书经》所言之洪水主题（帝尧之时）的鸿沟：设若共工当颛顼在位之时，即始作乱，与帝喾相争为帝，虽遭平服而仍然"不尽"，故至尧、舜二帝之时，共工仍可作乱，而终遭尧、舜流放！

如前所述，《淮南子》实有两个关乎共工的时代，一为颛顼在位（颛顼诛之），一为帝喾在位。然尚有第三个时代在焉，即《书经》所言，将共工置于尧、舜之时。惜乎《书经》未能讲述共工之行事如何——仅言共工先任有功之"官"，后为遭流放"四罪"之一——然在《淮南子·本经训》所载，庶几可补此种遗憾，本篇置上古大洪水故事在虞舜之时，言共工"振滔洪水"。

《山海经》尚有另一故事，全不见于汉前文献所载谱系："炎

---

① 此种宇宙论主题已见于汉前文献《楚辞·天问》，然颇为含混，未具时代："康回冯怒，墬何故以东南倾？"注家据前引《列子》《淮南子》，谓康回即共工之名（又以"康回"即"庸回""庸违"之讹写），然此说甚为武断。

帝……，生炎居，炎居生节并，节并生戏器，戏器生祝融，祝融（参见下文第三章）……，生共工。”（《海内经》）然而，因该处随即讲述鲧（帝尧之时）如何为祝融杀于羽山，此处共工的血统或许旨在调和共工神话与《书经》故事（舜奉尧命而流共工）。

共工神话在时代上之不确定性，或起因于《淮南子·原道训》229
所云“绝祀”：若在有周之时，共工已不复为大族所祀的英雄祖先，则必由于谱系传统未曾将共工神话定于某一时间[①]。然此种不确定性亦不能阻止共工由此而变为更为广泛（不是祖先崇祀）的受祀之神：《春秋繁露·求雨》（作于汉初）即详述为祈雨而祀祝共工。

（四）女娲，最早文献从未用作“帝”名。其名在汉前文献仅两见。《楚辞·天问》云：“女娲有体，孰制匠之”，然此语仅言女娲有奇异之体。《礼记·明堂位》亦仅说有“垂之和钟，叔之离磬，女娲之笙簧”。惟至有汉之时，女娲方始有显赫的地位。女娲见于《列子》、《淮南子》所载世界重建神话，密切关联于共工神话（见第三章）。《淮南子·览冥训》云：“往古之时，……天不兼覆，地不周载；火爁炎而不灭，水浩洋而不息。……于是女祸炼五色石以补苍天，断鳌足以立四极，杀黑龙以济冀州，积芦灰以止淫水。”此处故事有一种更简洁的讲法，见于《列子·汤问》，“共工氏与颛顼争为帝……”（见第227页），此是将女娲置于共工神话以前的时代。细察此类文献可知，女娲始获与“帝”同等之地位。如《淮南子·览冥训》并列“伏戏、女娲”，《列子·黄帝》亦具

① 《国语·周语下》载，四岳佐禹治水，故得复其祖炎帝之姜姓，称“共之从孙”，韦昭注云“共氏，共工氏之后”。此谓共工为姜姓。然韦昭之说为未定论。

列“庖牺氏（即伏羲）、女娲氏、神农氏、夏后氏（即禹）”，皆为“蛇身人面，牛首虎鼻”。吾人当注意者，所有此类文献皆不能坐实女娲为妇人。以“女”为名之事实，未必表明其为妇人，设若女娲为上古之姓，或可以“女”为其姓之组成，如姬、姜即在“女部”（《史记·夏本纪》注引《世本》云，“禹取涂山氏女，名女娲”，实为“女憍”之讹写，参见《大戴礼记·帝系》）。许慎与王充最早以女娲为妇人。许慎《说文》（公元一世纪）解“娲”
230 字曰：“娲，古之神圣女，化育万物者也。”然而“化育万物”实为汉初的说法，女娲乃是上古时代的宇宙之神。《淮南子·说林》云：“黄帝生阴阳，上骈生耳目，桑林生臂手，此女蜗所以七十化也。”（此处之黄帝，显非一般所谓为“帝”之黄帝，故高诱注云：“黄帝，古天神也，始造人之时，生化阴阳”；高诱注又云，“上骈、桑林，皆神名”。）许慎[1]所谓“七十变”者，即女娲化育万物之能，而其含义则全然有异：它与前引《楚辞·天问》之神秘信仰有关（“女娲有体，孰制匠之”），指女娲身体之变化。《山海经·大荒西经》即有证实，其文曰：“有神十人，名曰‘女娲之肠’，化为神，处栗广之野。”与许慎《说文》同时，王充《论衡》亦作如是观，又云：“女娲之象为妇人之形，又其号曰‘女’，仲舒之意，殆谓女娲古妇人帝王者也。”然而，此种说法并不见于董仲舒《春秋繁露》。

（五）在《汉书·古今人表》，班固大胆尝试整饬汉前文献所

---

① 许慎未说女娲“七十化（或‘变’）”，故此处或应为高诱。《淮南子·说林训》高诱注云：“女娲，王天下者也。七十变造化，此言造化治世非一人之功也。”——译者

见闻人的资料。第一等（上上，“帝”）具列如下：（1）太昊帝宓羲氏（于汉前文献无考，见前文）；（2）炎帝神农氏（与早期文献相悖，见前文）；（3）黄帝轩辕氏（于汉前文献无考，见前文，又与《庄子》相悖）；（4）少皞帝金天氏（正确）；（5）颛顼帝高阳氏（正确）；（6）帝喾高辛氏（正确）；（7）帝尧陶唐氏；（8）帝舜有虞氏；（9）帝禹夏后氏。其下有又各自分列，将诸闻人分别置于诸“帝”治下，第一“帝”（太昊帝宓羲氏）治下所属人物如下：a. 女娲氏；b. 共工氏；c. 容成氏；d. 大廷氏；e. 柏皇氏；f. 中央氏；g. 栗陆氏；h. 骊连氏；i. 赫胥氏 j. 尊卢氏；k. 浑沌氏（讹写为“沌浑氏”）；l. 昊英氏；m. 有巢氏；n. 朱襄氏；o. 葛天氏；p. 阴康氏；q. 亡怀氏；r. 东扈氏；s. 帝鸿氏

第二帝（炎帝神农氏）治下所属人物有：t. 悉诸；u. 少典；v. 列山氏；x. 归藏氏

关于后面诸“帝”治下之闻人，将在后面再谈。 231

班固所列结构，在数个方面很有意思。

1. 女娲，首次置于年表系统，即在伏羲之时。b. 共工，系据最古说法（见第 218 页）排列：其在炎帝前，不同于汉初观念（颛顼及喾之时，见第 227—228 页）及《书经》之说。c、d、e、f、g、h（其中“骊连氏”为“骊畜氏”之讹写）、i、j 直接录自《庄子》（见第 220 页），此处置于年表；k，其有数种人物关系（《左传·文公十八年》，《庄子·天地》）；l，录自《商子》，m，录自《韩非子》（然在彼处，其为上古之帝，在伏羲前），n、o、p，来自《吕氏春秋》。在汉前文献，皆无时代；q，《管子》置于伏羲前；r，即《子思子》所载“东户氏”；s，见于《左传》；t，（炎

帝师）见于《吕氏春秋·尊师》；u，见于《国语》；v，见于《左传》。惟 x 不见于汉前文献。随后（黄帝、少皞、颛顼、喾、尧、舜、禹治下之所属），班固依次具列百余显赫人物，皆载于今见早期文献：或为汉前文献，或为《史记》《列子》《淮南子》《帝系》之属。

此处所列有极其重要之价值，已足可证实，班固当日所能得见典籍，本不出今日存世文献的大概范围，班氏未曾获有他种具载上古帝王名录的汉前文献。此于今之学者不啻为一种严肃的警醒，吾人不应乐于相信，东汉及后世文献中新见上古时代的诸种资料，系取自今已佚失的汉时篇籍：汉时学者可用之汉代文献，殊不多于今日存世之文献，仅有极少数例外（如《尸子》）。故后世文献所载此类“说法”，实为学者一己之见，或为汉末及六朝之知识，多未考订，而作为汉前流传于后世的真正原始之说法。

至于随后之帝王，班固所述显然不同于早期文献。汉前文献、整饬作者及汉初学者皆以为禹是颛顼之孙（颛顼—鲧—禹）。由于前文第 214 页（注）所论原因，较之从颛顼至舜（禹之前任）的绵绵世系，此处所载世系或显过短（散篇文献载：颛顼—幕—……—瞽瞍—舜；整饬文献载：颛顼—穷蝉—敬康—句芒—蟜牛—瞽瞍—舜）。而班固（《汉书·律历志》）云：“颛顼五世而生鲧，鲧生禹”[①]。此种随意“匡改”殊无必要；可见前引注释。

232 （六）若从班固转至公元后数世纪间其他学者，吾人定会读到

① 班固云，此说从《帝系》，然今传《帝系》（《大戴礼记》）则曰“颛顼产鲧”（与汉前文献相符），《大戴礼记·五帝德》所载则尤为详实，此两种文献所关更为密切：故班固所言必误。

诸种考定、臆测，大多偏离汉前文献、汉代早期文献及班固所作系统。若予以全部讨论，殊无必要价值，故于此处仅举数例。

1. 虽然所有作者均接受对伏羲即太皞的认定，而又皆不满足于“伏羲—神农”的空洞次序；于是又想方设法置女娲于其间某处。如前所述，在汉前文献，极少语及女娲，且从未以女娲为“帝”号者，至汉初之时，女娲是一个宇宙论人物，且始称“女娲氏”(《列子》,《淮南子》)，以此表明女娲之有“帝”号，迨至公元一世纪（许慎、王充），女娲又变为妇人。如前所见，班固（亦在公元一世纪时）以女娲在伏羲世之第二等治世之君（然非“帝”）。迨至公元二世纪，女娲乃得升为第一等治世之君（帝），而又有数种方式。一者，《淮南子·览冥训》高诱注云，“女娲，阴（女）帝，佐虙戏治者也”（高诱之说不一，其注《吕氏春秋·用众》又云：“三皇，伏羲、神农、女娲也”，以女娲在神农之后）。又者，《礼记·明堂位》郑玄注云：“女娲，三皇承宓羲者。”应劭《风俗通义》“三皇”条，亦说“伏羲、女娲、神农，是三皇也”。至公元三世纪，皇甫谧撰《帝王世纪》补充云，“女娲氏，风姓，承庖羲”。

2.《白虎通·号》所载三皇，又另有二说：“谓伏羲、神农、燧人也”，以燧人承神农，不同于汉前文献；“或曰伏羲、神农、祝融也”，祝融乃得升为“皇”，此又不啻为一种重要革新。而应劭（同上）所谓“三皇”，则引两部较早著述[①]，一谓“伏羲、祝融、

① 其他“系统”见于汉代中、后期之纬书。唐时注疏家常引此类佚书。然吾人所知，纬书多历兴衰，尤其隋炀帝大焚纬书，故吾人不能全部接受唐时所引汉代纬书——此种引文多有伪造者。故本卷不加征引。

神农”，一谓“伏羲、燧人、神农”。①

3. 如前所述，迨至汉初之时，方始以炎帝为神农氏（《列子》
《春秋繁露》）；此不同于汉前文献，故司马迁不得不试作调和，以
炎帝为神农氏之后（见第221页）。然而如前所见，班固大胆尝
233 试，以为炎帝即是神农氏。迨至公元二世纪，此说引发学者的疑
虑，于是不得不另作考订，以炎帝或是少有人知、亦不知其时之某
“帝”，即是前第220页所载，班固置于伏羲时代之某帝。故《吕
氏春秋·古乐》高诱注，以为炎帝即是朱襄氏；《礼记·月令》郑
玄注，又以炎帝即是大庭氏。

4. 黄帝为少典之子，此说在汉前、汉初文献皆有充分证据。然韦昭（《国语·鲁语上》）以为是少典之“裔子”。此种推测的缘由，至为明显。据古老典籍，少典是炎帝、黄帝之父。若韦昭遵从班固之说，以炎帝即是神农，则少典必不得为神农、黄帝之父矣：故黄帝只能为少典之后。

5. 在前文第220页，有烈山氏（《左传·昭公二十九年》）或厉山氏（《礼记·祭法》）之君，早期传统说法皆不知其时。班固以列山氏为神农炎帝之世的二等之君，杜预《左传》注亦承此说；而贾逵（《左传》注）、郑玄（《礼记》注）、韦昭（《国语》注）诸家所论，当为正解，《礼记·祭法》既云“厉山氏之有天下”，则必是“帝”，故诸家皆以为即是炎帝；然而此种考定实是相当随意的结果。

① 据《风俗通义·皇霸·三皇》，此处两种三皇系统分别引自《礼号谥记》《含文嘉记》。实则《皇霸·三皇》又载另外两种系统，一谓“伏羲、女娲、神农”（引自《春秋运斗枢》，已见前段），一谓“遂人、伏羲、神农”（引自《尚书大传》），其次序不同于此处所引《含文嘉记》。——译者

6. 如前所见，共工传说在汉初虽已发生诸种变化（见第 227 页），班固仍以共工氏为伏羲世的二等之君，而相合于最初神话所见的形象。在其神话的早期阶段，共工总是主角人物，或为作乱之伯，或为宇宙英雄。迨至公元二世纪，共工乃得提升身份：《淮南子》高诱注云，“天神，人面蛇身”。（皇甫谧以共工在女娲治世之“末”。）

7.《左传 · 文公十八年》（第 220 页）载有“缙云氏”，而不知其时。班固弃而不录，然注家不得略过，贾逵、服虔及杜预皆以为是黄帝之官（贾逵注云，“缙云氏，姜姓也，炎帝［即神农］之苗裔”）。此种推测之缘由，不难得知。据《左传 · 昭公七十年》，“黄帝氏以云纪，故为云师而云名”，而缙云氏即以“云”字为名。至于服虔注，则曰黄帝有五[1]云官，缙云氏即夏官也！

8.《左传 · 文公十八年》载（见第 220 页），在上古之世，又 234
有帝鸿氏，亦不知其时。帝鸿之名，亦载在《山海经》（见前第 227 页），殊为难解。班固列在伏羲世的二等之君。然《左传》贾逵注则持异说，以为帝鸿即是黄帝。

9. 如前所见，据汉前文献，自黄帝始，诸帝皆前后互为亲属之关系，《大戴礼记》所述有详细谱系。而至于公元二世纪，王符（《潜夫论 · 五德志》）持论则与众说皆不同，以帝喾为伏羲之后，尧为神农之后（其说云：其母庆都为神农之后，与龙合婚，生伊尧），而舜为黄帝之后。

---

[1] 高氏原作“八”官，或为印刷之误。服虔注曰：“黄帝以云名官，盖春官为青云氏，夏官为缙云氏，秋官为白云氏，冬官为黑云氏，中官为黄云氏。”是黄帝之云官有五。——译者

（七）最后，试观皇甫谧所撰（《帝王世纪》，公元三世纪），可知其如何意欲作成一种上古帝王的宏图，而与班固所作大相径庭。皇甫谧所具列第一等治世之君（帝）如下：庖牺氏—女娲氏—大庭氏—柏皇氏—中央氏—栗路氏—骊连氏—赫胥氏—尊卢氏—混沌氏—昊英氏—有巢氏—朱襄氏—葛天氏—尹康氏—无怀氏—炎帝神农氏—黄帝—少皞（挚）—颛顼—喾—挚—尧—舜—禹。故皇甫谧将班固计划中伏羲之世的第二等之君提升为第一等级之帝，其中亦有舍弃不取者，如共工（改共工为女娲时作乱之伯）、容成氏、东扈氏及帝鸿氏之属。皇甫谧亦不同于汉前文献及班固所作，如据班固，挚（即少皞）在黄帝至颛顼间，喾至尧间并无“帝挚”，且又不同于早期整理者（《帝系》、司马迁），据司马迁，黄帝至颛顼间未有挚（少皞），又以“帝挚”在喾至尧间，而皇甫谧则发其慷慨之心，于此二处隙地，皆置一挚焉，一即少皞（昊），一即帝喾之子！

第二章

一

于上古诸"帝"及其他君主之世系，前章既已论列完毕，今当（第二、三章）继述其他，宜作分别研究，容自重、黎为始。

此一主题的最早文献，当属《书经·吕刑》，"乃命重黎，绝地天通，罔有降格"（乍读之下，殊为晦涩，且容次第讨论）。此
处可先行探讨者，其为一人乎（重黎），抑为二人乎（重、黎）？[①]

《国语·郑语》载："（荆楚子孙乃）重黎之后也。"若据此语，重黎似为一人，实则不然，因在此句后，又单独语及黎，且据其他段落（见下）可知，在《国语》作者视之，重、黎实为二人。

重、黎身份的详细说法，《左传》《国语》二书，实为最早见载。《左传·昭公二十九年》云："少皞氏有四叔"，其一曰"重"，"使重为句芒"（句芒为神人，见前引《礼记·月令》，见第222页，参见第240页）；四人"世不失职，遂济穷桑（即少皞氏）"；"颛

① 重，当读如 Ch'ung，而非 Chung（沙畹、葛兰言），见陆德明《经典释文》卷四《尚书音义下·吕刑第二十九》："重：直龙反。"

项氏有子曰犁（黎之异写），为祝融”（亦为神人，见上[1]），可证之《国语》。《国语·楚语下》云：“及少皞之衰也，九黎乱德，民神杂糅，……烝享无度，民神同位。……颛顼受之，乃命南正重司天以属神，命火正黎司地以属民，使复旧常，无相侵渎，是谓绝地天通。”又云：“其后，三苗复九黎之德，尧复育重、黎之后，不忘旧者，使复典之。以至于夏、商，故重、黎氏世叙天地，而别其分
236 主者也。其在周，程伯休父其后也（参见《诗经·大雅·常武》）。当宣王时，失其官守，而为司马氏。宠神其祖，以取威于民，曰：‘重实上天，黎实下地。’”

究其实质，此段文字是《书经·吕刑》（见第234页）的最早疏解。据《书经》前后可知，舜（据尧之命）令重、黎，使民神分别（绝地天通）。而《国语》作者坚持己见，以颛顼时之重、黎为始受命者，至舜之时，重、黎之后，又复典之。然而，不难看出，此种重建恰有似于前述共工的主题（第219页）。民俗本以重、黎为神，然此一主题太过流行、重要，竟使《书经》作者于无意中忽略未录；虽然如此，因作书者有意以尧、舜二帝太平之世为始，故截断此前所有传说，而作成叙述，然终于妙施手法，

---

① 据《国语·郑语》，楚为重（少皞之弟）、黎（颛顼之子）之后，或表明重即昌意（少皞之弟，即青阳，颛顼之父）。对于这些亲属关系之细节，仅有整饬文献（《帝系》等）可用，且作为证据，殊无价值。然而实无必要特别强调此种表达；或有更简单的解释。若文献未言楚王乃颛顼之后，而以为是重、黎之后，或仅表明在楚王后裔家族的早期成员，后世挑出、言及两个成神之早期英雄：重（即句芒），黎（即祝融）。楚王未必为两人之直系后裔，只是由重（少皞之弟）、黎（颛顼之子）组成家族之苗裔。事实上，另一种表达见于《楚辞·离骚》，屈原为楚室之族，自称“高阳（颛顼）之苗裔”。

转移重、黎而至此太平之世，又使舜令二人“绝地天通”，即民神别祀，无相侵渎。[1]

据《左传》《国语》之散篇文献，吾人可获知原初神话的形貌：帝少皞之弟名重，及颛顼继立，乃为南正、句芒之神。帝颛顼之子名黎，时为火正、祝融之神，及帝喾继立，又复典其职（《国语·郑语》，“黎为高辛氏［喾］火正，……故命之曰‘祝融’，其功大矣”）。

可注意者，黎之传说有一不甚显眼处。先是，“九黎”作乱于少皞之时；而颛顼有一子名黎，复兴九黎扰乱之礼制。抑或“九黎”本为王族之宗支，故颛顼赐“九黎”之子以“黎”为名……遂造成此一传说有道德转折的意味：此后来之黎生性贤善，故可赎其旧族之罪愆乎？然吾人仅止提出此一问题，而不能得解，文献不足征也。

句芒、祝融二词，既是颛顼及喾时之官名，又为神名，或以为 237
奇怪之事。此问题之讨论，见第三章（一）。

在周时传说，重、黎有举足轻重的地位，显然因在诸大族的祖先崇祀中，二人原本据有重要地位的缘故。前文已见《国语》所载陈、楚二族（芈姓）。然《国语》叙述更为全面：尤为详尽者，当属《郑语》所载黎之后裔。黎传八姓：己、董、彭、秃、云、曹、斟、芈。己姓，昆吾（夏伯，至周不存，详见第319页）、苏、顾、温、董（与董姓同字，然不可混）。彭姓，彭祖或大彭（商伯，商

① 《吕氏春秋·察权》仿《书经》，以重、黎为舜时之官，舜“令重黎举夔于草莽之中而进之，舜以为乐正”。

灭之)、豕韦(商伯，商灭之)、诸稽(商灭之)。董姓，鬷夷、豢龙(夏灭之)。秃姓舟人(周灭之)。云姓，邬、郐、路、逼阳(逼阳属妘姓，可证于《左传·襄公十年》)。曹姓，邹、莒。斟姓，无后。芈姓，除文中所述楚族，尚有夔、越二族。据此可知，在有周一代，许多王族皆祀颛顼子黎为先祖，且世代流传黎之传说。前述数名，又见于载有重要传说的古老文献：昆吾，见第319页；彭祖，见第274页；豕韦，见第293页；鬷夷，见第298页；豢龙，亦见第298页。

二

在某些汉初整饬文献，重、黎合为一人，而他种文献仍遵从汉前散篇文献，严格分作二人。然而在一些基本点，皆与汉前散篇文献有大不相同处，如前所述，在汉前散篇文献，重为少皞之弟，而黎为颛顼之子。

《大戴礼记·帝系》所载谱系如下：“颛顼娶滕氏，滕氏奔之子，谓之女禄氏，产老童，老童娶竭水氏，竭水氏之子谓之高緺，氏产重黎及吴回。”①

238 若品味此段文字之节律，当是以重黎为一人，如其后之吴回。

而《山海经·大荒西经》所载正相反，其谱系如下：“颛顼生老童，老童生重及黎，帝令重献上天，令黎邛下地。”

---

① 据《帝系》，“吴回氏产陆终。陆终……产六子，……其六曰季连，是为芈姓，……楚氏也”。

《世本》有数种版本，而彼此之间，出入抵牾，殊不少见，故汉初或有数种以《世本》为名之谱系著作，亦不无可能。(1)《山海经·大荒西经》注引《世本》云："颛顼娶于滕墳氏，谓之女禄，产老童。老童娶于根水氏，谓之骄福，产重及黎。"此本以重、黎为二人；而女子之名与《帝系》有少数重合，然多与之不同。(2)《左传·昭公二十九年》疏引《世本》："高阳（即颛顼）生偁（《路史·后纪》作'稱'），偁生卷章，卷章生黎。"此本亦以黎为一人，然谱系其余部分与以前文献大有不同。(3)《史记集解·楚世家下》引《世本》："老童生重黎及吴回。"此本沿用前引《帝系》，以重黎为一人。

司马迁采取一贯做法，意欲调和诸种文献所见异说（《史记·楚世家》），既遵从前引《世本》第（2）种版本所载世系，又改动该本中一人之"黎"，以"重黎"为一人："高阳生稱，稱生卷章，卷章生重黎。"继云："重黎为帝喾高辛居火正，……帝喾命曰'祝融'。共工氏作乱，帝喾使重黎诛之而不尽（见前第228页），帝乃……诛重黎，而以其弟吴回为重黎后，复居火正，为'祝融'。"司马迁之旨，显然旨在调和《国语·郑语》所云"（楚子）乃重黎之后"与《帝系》之谱"即楚乃是吴回之后"。

司马迁又（《史记·历书》）取前引《国语》（第235页）之说，"尧复遂重、黎之后[①]，不忘旧者，使复典之"，以为重、黎即是《尧典》所见羲、和二官（关于羲、和，详见第262页）。司马

① 此处司马迁从《国语》之说，以重、黎为二人，然在《楚世家》，又从《帝系》之说，以重黎为一人。

迁此说，又为伪孔安国（公元三世纪）借机袭取，用以疏解《书
239 经·吕刑》所载“重、黎”二名（见第234页）:《吕刑》之重、
黎，即《尧典》之羲、和。

总言之，在汉前之散见说法，重、黎之别，可谓矛盾重重。《左传》《国语》二书，就重、黎之血统，其说一致（一为少皞之弟，一为颛顼之子）；然《书经》作者将二人转移至于帝舜时代。

整理者及汉初文献，与汉前说法大相径庭，皆以颛顼为重、黎（二人）之祖（虽然二人分属两个不同世系），或重黎（一人）之祖——在最后一点，诸家之说颇为混乱。

至于黎（祝融）之后，《大戴礼记·帝系》既载更多细节，又与汉前文献《郑语》有一种根本分歧：黎（祝融）之弟为吴回，吴回产陆终，陆终产六子（神奇诞生：“三年，启其左胁，六人出焉”）——“其一曰樊，是为昆吾；其二曰惠连，是为参胡；其三曰篯，是为彭祖；其四曰莱言，是为云郐人（云，妘姓也）；其五曰安，是为曹姓；其六曰季连，是为芊姓。”故在《帝系》，此处所列大族皆非黎之后（如《国语》之所明言），而是其弟吴回之后。

第三章

一

如前所见，文献整理者（《礼记》及《吕氏春秋》:《月令》;《淮南子》）旨在作成一种五行对应的“帝王”次序。

太皞—炎帝—黄帝—少皞—颛顼，而汉时学者则武断地（错误地）以为前三帝即是《易经》所见次序的前三帝：伏羲—神农—黄帝。五行说于是大兴，广泛施用于诸神祇与英雄，出于王族崇祀的目的，这些英雄遂成为诸神之化身。《左传·昭公二十九年》云:“有五行之官，是谓五官。实列受氏姓，封为上公，祀为贵神。社稷五祀，是尊是奉。木正曰句芒，火正曰祝融，金正曰蓐收，水正曰玄冥，土正曰后土。”又继述诸神如何僭用于“历史”英雄:“少皞氏有四叔，曰重、曰该、曰修、曰熙，实能金、木及水。使重为句芒，该为蓐收，修及熙（先后？）为玄冥。世不失职，遂济穷桑（即少 240
皞，见第 208 页），此其三祀也。颛顼氏有子曰黎，为祝融，共工氏有子曰句龙，为后土，此其二祀也。后土为社、稷，田正也。有烈山氏之子曰柱为稷，自夏以上祀之。周弃亦为稷，自商以来祀之。”[1]

---

[1] 烈山氏之子柱为稷，弃也为周之后稷，亦见于《国语·鲁语上》。

于此，吾人得以见证一种颇为怪异的事实：句芒、祝融、蓐收、玄冥、后土及稷，既为官名，又为神名。尤以后土为著，后土既为职官，亦是土地之神（“社”）。在其他情况下，一名亦有双重含义。在古代中国，此种典型现象殊不少见。从上古之时，凡此类神灵早已流行于大众信仰：《庄子·胠箧》（见前第220页）即是如此，该篇依次具列“至德之世”的圣人，在伏羲氏前，有祝融氏。然而有些大族成员，显系主祀之人（见前第235页处《国语》关于重、黎职在祭祀之叙述）——有四祀（重、该、修或熙、黎），出自“少皞—颛顼”一系之六人，另外二祀（句龙、柱）分属可溯至传说中之共工氏、烈山氏二系——遂为众神之化身，且获有句芒等名号，故出于仪礼目的，其人即等同于神。换言之，在此四例之王室，及另外二例之共工氏、烈山氏二族，出于本族崇祀的考虑，择取大众信仰之六神，而以其神名称呼本族著名主祀者，神灵崇祀于是得以纳入本族祖先崇祀。

尤为重要者，吾人当加注意，如《月令》整理者将五行说用于诸帝之名（见第222页），早期尚有一位整理者蔡墨（《左传·昭公二十九年》），欲使早期、驳杂的崇祀现象合于五行之说。夫蔡墨之所欲作，不乏前例可循，盖祝融早已为火正，玄冥亦必为水正（参见第244页）。蔡墨本欲整齐材料，以作成五行，而获得一种合理系统，然
241 而终归于失败：他必须将土神“社”（五行之“土”）放入清单，而合于后土为一人；然而，蔡墨无法略过谷神“稷”而不顾，盖因“社”不离于“稷”，有似波吕丢刻斯（Pollux）不离于卡斯托耳（Castor）[1]。

---

① 波吕丢刻斯、卡斯托耳，是希腊神话中之两兄弟，其母勒达，有说二人为孪生子，其父皆为宙斯，又有说二人虽为兄弟，然波吕丢刻斯为宙斯之子，而卡斯托耳为凡人国王之子。二人情谊深厚，后为宙斯变为“双子星”。——译者

是故，蔡墨必须在五行对应的五神之中，以第六神即稷强行加入，而稷原本全然无关乎五行系统！

而此种不足未能扰乱《月令》之整理者。作书者不动声色，撇开（见第 222 页）不合五行之稷，首列五神，以应四时：句芒主春，祝融主夏，后土主季夏，蓐收主秋，玄冥主冬——时为四，而神有五，此诚是一大难题：而作书者自有解决之道，以二神应夏，乃终得圆满矣！

《月令》之作者，又以五神应“五祀”：句芒应祀户，祝融应祀灶，后土应祀中霤，蓐收应祀门，玄冥应祀行。“行”诚为讹写，另作“井”。贾逵（公元一世纪）之说是也，“行”当读“井”，庶几更合于家内之祀（“行”“井”二字写法易混）。《月令》作者总名之为“五祀”，显系遵从《左传》所云“五祀”。五祀究竟为后来整饬之推测，抑或为当日实际之传统，今已无从判断，因未见散篇文献有载祀神的具体祭法。

凭借前述手法（大族之人神合一），诸神终究并入王族崇祀，此种事实可使吾人预期，或亦有神祇并入某些家族常规祀祖之制。此举至少可证实于楚，《左传·僖公二十六年[①]》曰：“夔子不祀祝融（楚、夔之祖先）……，楚人让之。”（参见第 237 页）

对于此类神官，吾人宜更作评论。《国语·鲁语上》云：“共工氏之伯九有也，其子曰后土，能平九土，故祀以为社。”《礼记·祭法》亦云：“厉山氏之有天下也，其子曰农，能殖百谷；夏之衰也，周弃继之，故祀以为稷。”是语同前引《国语》之说，又稍有差异。

---

① 此是“僖公二十六年”夏秋之事，作者误植为“二十七年”。——译者

242 烈山，厉山，乃一音之转（见前第 220 页），农即柱名。烈山氏为谁，则尚不能定，见第 220 页。

《礼记·祭法》之说颇有价值，烈山氏（厉山氏）始以本族之显要闻人为谷神（稷），而后起的周族，又继而实行之。诸望族竞取民俗之神，使附丽于本族祖先崇祀。此种现象又见载于《管子·五行》。本篇文献亦为整饬之作，取上古神祇-英雄，以应六合：天、地、东、南、西、北，又择其中四神，以应四时。本篇具列人物，皆与黄帝有关。黄帝得“六相”：“蚩尤（蚩尤传说，详见第 283 页）明乎天道，故使为当时；大常察乎地利，故使为廪者：奢龙辩乎东方，故使为土师（或为“工师”之误，为司空）；祝融辩乎南方，故使为司徒；大封辩于西方，故使为司马；后土辩乎北方，故使为李（法官）。是故春者土师也（司空），夏者司徒也，秋者司马也，冬者李也。”本篇神话所云大封、奢龙，不见于其他文献。然前述祝融、后土二神，又复见于此，且与《左传》所载背景全不相同。设若剥除《管子》作者之整饬化推测（六方、四时），即可发现，另一些可溯至黄帝的王族分支，实与“少皞—颛顼氏”之系有荣誉之争，并择取火神祝融、土神后土，以合于本族早期英雄，而附丽于本族崇祀。①

句芒、祝融等职官有双重的性质：官职（主祭）与神职，此种奇异现象遂造成对水正神话有更多经营。主祀—神职可逐代世袭。虔诚的谱系家自可借机而抬举本地崇祀，将之挂靠于在位王族

---

① 少皞、颛顼虽为黄帝之苗裔（见第 217 页），然其他非少皞、颛顼一系者，亦可将其世系追溯而上及黄帝。

的“国”祀。如前所见，帝少皞以修、熙二子为玄冥（水正）之职——此处颇有含混，一般以为，二人先后相继，任水正之职。243
《左传·昭公元年》曰：“金天氏（即少皞，见第208页）有裔子曰昧，为玄冥师，生允格、台骀。台骀能业其官，宣汾、洮，障大泽，以处大原。帝用嘉之，封诸汾川。沈、姒、蓐、黄，实守其祀。……由是观之，则台骀，汾神也。”此处所记之事，可谓不言而喻。在山西汾河当地，本有水神台骀之祀。通过宣称其为昧之子，水神玄冥之师，少皞之后，玄冥修、熙之父，山西地方汾神之祀遂得以关联于一般的水神崇祀，而后者早已并入少皞氏之族祀系统。

这些附丽于祖先崇祀的自然崇祀，皆不以五行主题为基本特征，稷（谷神）之祀即为明证，无论《左传》，抑或《礼记》作者，皆无法将之并入五行系统。此种事实亦可见于另一种类似崇祀，其本无关乎五行，然亦凭借人为造作的血统，而得牵连于“王”族。《左传·昭公元年》云：“昔高辛氏有二子，伯曰阏伯，季曰实沈，居于旷林，不相能也。日寻干戈，以相征讨。后帝不臧，迁阏伯于商丘（在河南），主辰。商人是因，故辰为商星。迁实沈于大夏，主参。唐人是因，以服事夏、商。……则实沈，参神也。”[1]既有此比类，吾人亦可自作补充曰：阏伯，辰神也。[2]

① 《国语·晋语四》可证：“实沈之墟，晋人是居。”

② 《左传·襄公九年》亦载阏伯故事：“陶唐氏之火正阏伯居商丘，祀大火，而火纪时焉。相土因之，故商主大火。”《国语·晋语四》又载：“大火，阏伯之星也，是谓大辰。”可知有两“大火”，其一在河南（辰），其一在山西（参）。他们同属有虞“帝”系，一以喾之子阏伯为辰神之主祭者、人化形象，一以喾之另一子实沈为参神之主祭者、人化形象。

244 凭借此种手法而纳入望族之祀，在周人观之，此类自然神信仰诚为鲜活的现实，可由诸种文献而得证实。

句芒。《墨子·明鬼》云："昔者郑穆公，当昼日中处乎庙，有神入门而左，鸟身，素服三绝，面状正方。郑穆公见之，乃恐惧奔。神曰：'无惧！帝享女明德，使予锡女寿十年有九，使若国家蕃昌。'"其神又告穆公云，其乃句芒之神。

祝融。《墨子·非攻》载，汤攻夏桀，有神来告曰，"夏德大乱，往攻之，予必使汝大堪之，……天命融（即祝融，火神）隆火于夏之城间西北之隅"。同样，祝融之现身开创了夏朝：《国语·周语上》云，"昔夏之兴也，融降于崇山"。

蓐收。《国语·晋语二》载："虢公（周初）梦在庙，有神人面白毛虎爪，执钺立于西阿。"此神警告虢公曰："晋袭于尔门。"虢公觉，"召史嚚占之，对曰：'……则蓐收也，天之刑神也。'"

玄冥。《左传·昭公十八年》载，公元前524年，郑国城内大火，臣民救火，各有分职，又"禳火于玄冥、回禄"。玄冥，水神也，故可禳火（关于回禄，见第246页）。

至于后土及稷之神，则未见类似记载。

二

汉初之时，此类传说又更得缘饰。《淮南子·天文训》是一种整饬的篇章，可比类于前引《月令》（见第222页），然又更进一步，以"帝"、神应于某些亦是神或异兽之星辰，如"东方，木也，其帝太皞，其佐句芒，执规而治春。其神为岁星，其兽苍

龙”，诸如此类。唯一有趣之处是，南方之神名“朱明”（然据许 245
慎，“旧说云祝融”，与《月令》同）。

《山海经》全篇恢诞诡谲，与汉前知识多有出入。凡涉句芒、蓐收处，皆未有新增：句芒“鸟身人面，乘两龙”（《海外东经》）；蓐收“左耳有蛇，乘两龙”（《海外西经》）。然有关祝融的叙述，则混乱之至。首先，《海外南经》记祝融相貌，“兽身人面，乘两龙”。然后，有两处涉及祝融之文，其所述血统彼此抵牾——此不过又证《山海经》实为杂烩之作：一者，既从遵循古文献（《左传》《国语》），以重、黎为二人，又从《帝系》，而以重黎为一人，即老童之子，颛顼之孙。《大荒西经》云，“颛顼生老童，老童生祝融”，又云，“颛顼生老童，老童生重及黎”（又补充说，“帝令重献上天，令黎邛下地”，与《国语》同）。然而《海内经》所记血统，又迥然有异，其文曰：“炎帝之妻，赤水之子听訞生炎居，炎居生节并，节并生戏器，戏器生祝融，（祝融……生共工）。”后土亦是同样混乱。《山海经》先据《左传》《国语》的古传说法，以后土是共工之子；随后，又混淆整个故事，不知《左传》《国语》之共工，乃黄帝前之古帝王。《海内经》先具列前述谱系（炎帝—炎居—节并—戏器—祝融—共工），继云，“共工生后土”，而后文又云，“（在尧之时，）祝融（即共工之父）杀鲧于羽郊”。是故，《山海经》既以共工是《书经》传统之共工（与尧舜同时，见第219页），又以后土为此共工之子。此说正有异于汉前传统（《国语·鲁语上》），即后土是共工之子，共工“九有”，即炎、黄二帝前之早期作乱者。

司马迁所述祝融，另有主题的变化。《史记·楚世家》从《帝系》之说（见第238页），以重黎为一人，“为帝喾高辛居火正，……帝喾命曰‘祝融’”。然而，司马迁随即凭己意而造作新说。据《帝系》，颛顼之子为老童，产二子重黎及吴回，而吴回才是楚之祖先。司马迁自觉吴回之地位应予抬高，乃云：“帝乃……
246 诛重黎，而以其弟吴回为重黎后。”由此可窥见早期中国学者的猜测心理，于吾人实有莫大的启发；司马迁如何杜撰吴回继其兄而任祝融之故事，据此可知一二也。如前述，祝融为火正，而玄冥为水正。《左传·昭公十八年》载，郑国大火，人们祀水正玄冥及回禄。依前后文，则回禄必是火正。然火正应为祝融；故回禄即祝融。此说如何可能？因据（司马迁所从）《帝系》之说，重黎是颛顼之孙，职在祝融。此间推理，至为简单：重黎（据《帝系》）有弟曰吴回——既如此，则回禄与吴回必为一人。至此，此说似未尝不能成立，然仍有问题在焉，因任祝融之职者，并非吴回，而是其兄重黎。而解决之道，至为容易，重黎既已被杀，继任祝融者，乃其弟吴回（即回禄）！

司马迁之手法，可谓巧妙，然仍不过是学者一己之发明，殊不合于早期资料。回禄与吴回之名，皆有“回”字，而实不可引作证据。回禄为火正，可依《左传》上下文，亦可求证于《国语·楚语上》；而在该处，回禄并非祝融，当是另一个火正，祝融在前，回禄在后：“昔夏之兴也，融降于崇山（夏禹之父鲧为‘崇伯’）；其亡也，回禄信于聆隧。”《国语》作者必不会于同一段文字间，先称同一个神为“祝融”，又称之为“回禄”。故祝融、回禄当为两个同类之神，皆为火正。

公元后数世纪间，学者先后引入诸种不同于早期文献的新定年代。在此仅引数例：

句芒。汉前文献（见第239页）以为是少皞之弟，而班固（《汉书·古今人表》）将句芒（《史记》作“句望”）置于帝喾之时，此是从《帝系》之说（见第225页）。高诱（《吕氏春秋·孟春纪》注，公元二世纪）则以为是重，少皞氏之裔子也。

蓐收。汉前文献以为即是少皞之弟该（班固列在颛顼一系），高诱（《吕氏春秋·孟春纪》注）以为即该，而为少皞之裔子（然《淮南子·时则训》高诱注，又以为即修，少皞之裔子——与后文所述玄冥混同）。

玄冥。汉前文献以为是少皞之弟修及熙，后又以为即少皞之子
昧，任同一职官。《吕氏春秋·孟春纪》高诱注，以为即少皞之子 247
循；《淮南子·时则训》注，又以为即少皞氏之嫡子昧。

后土：汉前文献以为是（炎、黄二帝之前的）“伯”共工之子句龙。班固以后土属颛顼一系（此说遵从汉初文献，转移共工而至颛顼之时，见第227页），诸家之说纷纭。《淮南子·时则训》高诱注云，后土非句龙，然句龙有子名后土。韦昭（公元三世纪）《国语·鲁语上》注云，后土即句龙，共工之裔子，佐黄帝为土官。尤为有趣者，郑玄（公元二世纪）《礼记·月令》注云，颛顼之子黎为祝融（与《左传》同），然此处之黎亦即后土，综合祝融、后土二职于一身。于此又可见学者奇思之如何发挥也。《月令》作者（郑玄注）既强以五帝、五神应四时，则不得不将其中之二帝、二神置于夏时：炎帝、祝融应夏，黄帝、后土应季夏（见第222页）。故郑玄推演，既以黎为祝融，又以为即是后土。

第四章

一

（一）四凶

《左传·文公十八年》讲述一种重要传说："昔帝鸿氏（见上文第220页）有不才子（他被说成诸恶俱备之人）……，天下之民谓之'浑敦'；少皞氏有不才子，……天下之民谓之'穷奇'；颛顼氏有不才子，……天下之民谓之'梼杌'。此三族也，世济其凶，增其恶名，以至于尧，尧不能去。缙云氏（见第220页）有不才子，天下之民以比三凶，谓之'饕餮'。舜臣尧，……流四凶族，……投诸四裔，以御魑魅。"同样主题亦见《左传·昭公九年》：阴戎（允姓）
248 介入周、晋之争，有智者詹桓伯曰，"先王居梼杌于四裔，以御[①]螭魅，故允姓之奸，居于瓜州。"《吕氏春秋·恃君览》亦语及同样传说，举列北方蛮族诸地，"饕餮、穷奇之地"即在其中。

---

① 《史记·五帝本纪》亦用"御"字，沙畹译作"使之顺从于螭魅"（afin de sousmettre a la regle les demons）。然"御"在此为一种简洁笔法，如唐时张守节之用法已明（张守节《正义》："御螭魅，恐更有邪谄之人，故流放四凶以御之也。"——译者）。顾赛芬译作"他（舜）将之流放给螭魅"（il les livra aux esprits mauvis），显然大谬。

四凶，浑敦、穷奇、梼杌、饕餮无疑亦是神，无非为神之恶者耳。尤为重要者，戎人（允姓）因遭憎恨，竟被指为恶神之“族”的苗裔，其祖先为大舜流放于四裔，以防御中土免受其他恶神侵扰。“四凶”之神灵特征，可证于几个方面。《国语·周语上》曰：“昔夏之兴也，融（火神）降于崇山；其亡也，回禄（火神）信于聆隧。商之兴也，梼杌次于丕山；其亡也，夷羊（神羊，预兆之异兽）在牧（野）。……是皆明神之志者也。”故如火神之现身预示旧朝之亡、新朝之兴，梼杌现身亦预示商殷之兴。《吕氏春秋·先识》云：“周鼎著饕餮，有首无身，食人未咽，害及其身，以言报更也。”《庄子·应帝王》又讲述一种寓言故事，以浑敦为“中央之帝”形象（与之相应，又有南海之帝儵，北海之帝忽）。

诸如浑敦、穷奇、梼杌、饕餮等传说人物，既是奇兽怪物，又是大族“不才子”，乍闻之下，确为可怪事。前述火神（祝融）、水神（玄冥）诸神化身为大族之主祀者，而得并入本族崇祀，此事不难想象。然而民俗信仰之怪物，又何以并入本族崇祀？察考其中缘由，可求之于前引《左传》以阴戎即梼杌苗裔之语。据中国早期的传统说法，以四裔之族原本出自中国大族：文明皆发源于中国，若蛮夷之有正常的政治、社会生活，乃是中国王族流徙而为其君之所致。在周之时，吴本为荆蛮，后获有中国之血统：吴之先王太伯、仲雍，为周文王叔父（见《左传》“闵公元年”“僖公五年”“昭公三十年”“哀公七年”“哀公十三年”）。楚为大国，于吴
之前，已受中国教化，然亦本非中国王族；如前所述（第235页）， 249
楚子自以先祖源出颛顼，遂借此而获有中国之尊贵血统。是故，中国亦承认蛮夷诸国的贵重血统，因其皆甘心向化，且与中原诸国为

盟。而在中国近旁，尚多有夷狄，横行侵扰，不肯向化，遂遭中国鄙薄，又冠以蔑称，如“犬戎”之类。然如前述，在中国视之，夷狄之君亦必出自中国诸族，若非如此，则不能有社会秩序之存在，然而又因未能真正化为中国之人，遂以其君即是中国望族“不才子”之苗裔：如阴戎（云氏）之君乃颛顼之后，然亦仅得为颛顼之不才子梼杌，以为即是民俗信仰之凶神梼杌；中国古老思想之如何运作，此处所述阴戎，可作一种典型例证也。

（二）四罪

《书经·尧典》述舜罚四罪。下引文句述帝尧崩而舜登位；故四罪之罚，当在舜相帝尧之时：“流共工于幽州，放驩兜于崇山，窜三苗于三危，殛鲧于羽山”。《孟子·万章上》,《国语·晋语五》,《左传·僖公三十三年》所载亦同，皆云舜殛[①]鲧。此一传说又见《庄子·在宥》，所谓“三罪”，然以为是帝尧所为，“尧于是放讙兜于崇山，投三苗于三峗，流共工于幽都”。《战国策·秦策一》与《荀子·议兵篇》之说不同：“尧伐驩兜，舜伐有苗，禹伐共工。”

汉前典籍之载“四罪”，所见殊少，所说情况亦不为多；惟鲧及三苗之条，尚称丰富。

共工。如前所见，原初的共工神话本以洪水为主题，以炎、黄二帝前的主角人物共工为中心（迨至后来，汉代文献则转移至于

① 马融诸家以“殛”为“诛”，然非诛死，乃“罚”之义，即所谓“放”（《汉书·鲍宣传》“尧放四罪”）；然此非“殛”之本义。诛死之义，明见于《书经·洪范》，“鲧则殛死”，及《楚辞·离骚》，“鲧……殀乎羽（即羽山）之野”。

颛顼、帝喾之时），然《书经》作者欲以尧、舜、禹太平之世为世 250
事之作始，乃将共工植入三帝臣僚行列。在《书经·尧典》，驩兜荐共工为有功之人，而终放于幽州（今《舜典》）。《韩非子·外储说》曰："尧欲传天下于舜，……共工谏曰：'孰以天下而传之于匹夫乎？'尧不听，又举兵而攻共工于幽州之都。"

驩兜。《书经·尧典》载，驩兜荐共工于帝尧；《书经·皋陶谟》，驩兜是使帝"忧"之人。《韩非子·说疑》云，驩兜氏有亡国之臣曰孤男。此即全部见诸汉前典籍者。

鲧。如前所见，鲧为颛顼之子，大禹之父。《书经·尧典》载，尧求能臣治洪水，众人（"佥"）皆荐鲧。尧不时决，因鲧为人不善，而终试之，然"九载，绩用弗成"。《书经·洪范》曰："鲧陻洪水，汩陈其五行。帝乃震怒，……鲧则殛死。"《左传·昭公七年》又云，"尧殛鲧于羽山"（《左传·僖公三十三年》则云是舜），且有更详细叙述，"其神化为黄熊，以入于羽渊，实为夏郊（见前第214页），三代（夏、商、周）祀之。"同一故事，又见《国语·晋语八》[1]。

《墨子·尚贤中》所述更为简略，"昔者伯鲧，帝之元子，废帝之德庸，既乃刑之于羽之郊"。《吕氏春秋·恃君览·行论》云，"鲧为诸侯"而不得三公之位，"怒於尧。……怒甚猛兽，欲以为乱。比兽之角，能以为城；举其尾，能以为旌。召之不来，仿佯於野以

① 《左传》记为"黄熊"，《国语》亦记为"黄熊"，然有一处则作"黄能"。唐时司马贞《史记索隐·夏本纪》云："熊音乃来反，下三点为三足也"，即"鳖三足"。此说绝不可从，因《左传·昭公七年》载，晋侯"梦黄熊入于寝门"而寝疾，韩宣子与子产问答，其义甚明：鲧之"神"因未得"祀"，遂致晋侯之疾。

患帝。舜于是殛之于羽山，副之以吴刀”。《楚辞》仅有片断文字，言及伯鲧故事。《离骚》仅云：“鲧婞直以亡身兮，终然殀乎羽之野。”《天问》则述鲧所受惩罚，“鸱龟曳衔（他的尸体），鲧何听
251 焉（他的行为怎么会招致如此的下场）？顺欲成功，帝何刑焉？永遏在羽山，夫何三年不施[①]（被杀和暴尸）？伯禹愎（爱之义）鲧，夫何以变化（变为一个与他父亲不同的圣人）？”（马伯乐严重误译此数段文字，见 Maspero, J. As., 1924, p. 49。）

鲧之神化熊传说，引发今日学人之图腾制猜测，实则殊无道理。此不过为民俗传说之一例，若有人自觉受冤而死，则死后或以兽形化作鬼魂，而施以复仇，可参照《左传·庄公八年》所载故事：齐侯杀公子彭生；“一年后，齐侯……田于贝丘。见大豕，从者曰：‘公子彭生也。’公……射之，豕人立而啼。公惧，坠于车，伤足丧屦。”彭胜（即野猪）复仇如此。然吾人岂可据此断定，野猪乃彭生一族之“图腾”乎？故熊亦不必是鲧之“图腾”，此不待辩论而其理自明。

三苗。考所有汉前文献，三苗故事皆为作乱者之故事。《书经·尧典》仅曰；舜“窜三苗于三危”。《战国策·魏策》载，三苗居洞庭湖之傍（今湖南）；而舜放逐之三危则在西北（今甘肃）。《书经·禹贡》云，“三危既宅，三苗丕叙”，可知禹安顿

---

① “夫何三年不施”，历来说者纷纭而未有定解。郝懿行解“施”为“腐”，“何三年不腐”（此处从《归藏·启筮》所载另一故事之说，见后第 254 页），然“施”实无此义。孔好古（August Conrady）译作：“Warum liess er drei Jahre nicht ab (von seiner Missetat)?”（为何三年也不停止［其恶行］？）而朱骏声（《说文通训定声》）之说当为确解，谓“陈尸曰施”，可证于《左传·昭公十四年》之文：“施生戮死”，及“施邢侯而尸雍子与叔鱼于市。”（同上）参见《国语·晋语八》：“从栾氏者为大戮施。”

三苗，乃是遵舜之命。《书经 · 皋陶谟》仅有数语言及“有苗”。《书经 · 吕刑》所述更为全面：因苗民“作五虐之刑”，该篇遂得发挥“民兴胥渐，泯泯棼棼”故事，“上帝”于是“遏绝苗民”。《国语 · 楚语下》云，“及少皞氏之衰也，九黎乱德”，而颛顼命重、黎“复旧常”（见前第 235 页）；又云，“其后，三苗复九黎 252
之（败）德，尧复育重、黎之后，不忘旧者，使复典之”，谓苗民在尧治下，又复反叛。《国语 · 周语下》载，太子晋劝谏其父灵王，“王无亦鉴于黎、苗之王（之命运）”。《左传》“昭公元年”云，“虞有三苗”为乱。《墨子》多有论三苗，尤见《非攻下》章。据墨子之说，征有苗者为禹，而非舜，“昔者三苗大乱，天命殛之，日妖宵出，雨血三朝，龙生于庙，犬哭乎市，夏冰，地坼及泉，五谷变化，民乃大振。高阳（此谓舜，即高阳之裔子，见第 212 页）乃命玄宫，禹亲把天之瑞令，以征有苗。……有神人面鸟身，……（此处文字窜乱）。苗师大乱，后乃遂几”。有苗灾难之预兆传说，又具见《竹书纪年》，“三苗将亡，天雨血，夏有冰，地坼及泉，青龙生于庙，日夜出，昼日不出”。《韩非子 · 说疑》云：三苗有亡国之臣曰成驹。在《韩非子 · 五蠹》，可见一种奇异的教化叙述：“当舜之时，有苗不服，禹将伐之。舜曰：‘不可。……’乃修教三年，执干戚舞，有苗乃服。”此传说又见《战国策 · 赵策二》：“舜舞有苗。”《荀子 · 成相篇》亦云：“干戈不用三苗服。”然而，关于此一传说之主题，实不须视为超自然之事，即舜舞干戚有神异之能；其义仅云，征伐始自武舞而已，有苗之君因慑于武舞之威，乃表示服从。武舞之为“戎备”，见《左传 · 庄公二十八年》。

二

第一节（一）（二）别为两组传说，“四凶”虽为中国大族之后裔，实为怪物、恶神；而尧、舜、禹所罚之“四罪”，在汉初文献，则又别成一组传说。

司马迁（《史记·五帝本纪》）先述“四罪”传说，转而述舜
253 之事，又述“四凶”传说，皆循古文献所述，而未有实质补充。

在《山海经》，两组传说人物多为超凡生命[①]，然而绝未混二为一。

浑敦。《山海经·西山经》云：“有神焉，其状如黄囊，赤如丹火，六足四翼，浑敦无面目，是识歌舞，实为帝江也。”（“帝江”当为“帝鸿氏”之异写，据《左传》，其为浑敦之父，见第247页）。

穷奇。《山海经·西山经》云：“邽山，其上有兽焉，其状如牛，蝟毛，名曰穷奇，音如獆狗，是食人。”《海内北经》云：“穷奇状如虎，有翼，食人从首始。”

梼杌、饕餮，皆不见于《山海经》。然服虔引西汉时著作《神异经》（《左传·文公十八年》注引）云：“西方荒中有兽焉，其状如虎而大，毛长二尺，人面，虎足，猪口牙，尾长一丈八尺，扰乱荒中，名梼杌。”张守节《史记正义·五帝本纪》又引同书《神异

---

① 参见《列子·黄帝篇》，不惟“伏羲、女娲、神农”，“夏后氏”（即禹）亦是“人面蛇身，牛首虎鼻”，见前第229页。

经》云："西南方有人焉，身多毛，头上戴豕，贪如狼恶，好自积财，而不食人谷，强者夺老弱者，畏强而击单，名曰饕餮。"

共工。在《山海经》，共工尚不具怪异相貌。此种描述首见东汉《归藏·启筮》："共工，人面蛇身朱发。"（《山海经·大荒西经》注引）。《淮南子·墬形训》高诱注亦云："共工，天神也，人面蛇身。"

驩兜。《山海经·大荒南经》云："大荒之中，有人名曰驩头。
鲧妻士敬，士敬子曰炎融，生驩头。驩头人面鸟喙，有翼，食海中
鱼，杖翼而行。"（此处所录世系转移驩头至于后来之世代，不同
于《大荒北经》所载，"颛顼生驩头"。）张守节《史记正义·五帝
本纪》引《神异经》云："南方荒中有人焉，……为人很恶，不畏
风雨禽兽，犯死乃休，名为驩兜也。"《山海经·海外南经》郭璞注 254
云："讙兜，尧臣。有罪，自投南海而死。帝怜之，使其子居南海
而祠之。"

鲧。《神异经》云："东方有人焉，人形而身多毛，自解水土，知通塞，为人自用，欲为欲息，皆云是鲧也。"据此，则鲧非怪物也。《山海经》未述鲧之形象如何，而偏重于发挥其事迹及惩罚故事，其文曰："洪水滔天，鲧窃帝之息壤①以堙洪水，不待帝命。帝令祝融杀鲧于羽郊。"（祝融见于此处，有似司马迁以祝融为鲧之惩罚者，见前第238页）。《归藏·启筮》更变化故事云："鲧死，三岁不腐。剖之以吴刀（见前第250页引《吕氏春秋》条），化为黄龙。②"

---

① 掘之益多、长息无限之土。

② 此处说鲧死三年而尸体不腐，实从《楚辞·天问》之误说（见前第251页）。

最后，晚出之《拾遗记》云，“鲧自沉于羽渊，化为玄鱼”（此系据鲧为鱼名推测）。

三苗。《山海经 · 大荒北经》：“西北海外，黑水之北，有人有翼，名曰苗民。颛顼生驩头，驩头生苗民。”前引《神异经》云：“西荒中有人焉，面目手足皆人形，而胳下有翼，不能飞。为人饕餮，淫逸无礼。”《淮南子 · 缪称训》复述《韩非子》所述故事（第252页），即不战而以武舞服三苗。然则此处舞者非舜（《韩非子》《战国策》作“舜舞”），而以为是禹所为：“禹执干戚，舞于两阶之间，而三苗服。”是书又分别“三苗”与“羽民”：《淮南子 · 原道训》云，“能理三苗，朝羽民，徙裸国，纳肃慎”。（裸国处极南之地，肃慎处极北之地，乃传说中禹征服之国。）

有基于此，可知汉以前文献确然分为两组传说：“四凶”是为怪物无疑，显系源出民俗之恶神信仰；“四罪”则为败德之职官或作乱者，然非超凡之物。及至汉初、中期之时，第二组亦具有超凡
255 之色彩（即如《列子》所述大禹形象，亦是如此），然而两组仍未混合为一也。迨至最后晚出之《神异经》，已显示此方向之苗头，其述三苗，亦为“饕餮”。

东汉学者之恢诞想象，实发端于此：“凶”既有四，而“罪”亦有四——“凶”与“罪”，无乃不可以为一乎？

故《左传》之东汉注疏家，如服虔及贾逵辈，始将此种精彩观念予以发挥：

> “帝鸿氏有不才子，……谓之浑敦”——贾逵注云：“帝鸿，黄帝也。不才子，其苗裔驩兜也。”

“少皞有不才子，……谓之穷奇”——服虔注云：“谓共工氏也。其行穷而好奇。”

“颛顼有不才子，……谓之梼杌”——贾逵注云：“梼杌，顽凶无畴匹之貌，谓鲧也”。

“缙云氏有不才子，……谓之饕餮”——贾逵及服虔皆未注，然郑玄（江声引《书经·尧典》郑氏注）则继之（或循前引《神异经》）曰：“三苗为饕餮亦可知。”

然而，公正言之，此种恢诞想象并不为所有早期注疏家接受。高诱（《淮南子·修务训》）即持全不相同之见——“帝鸿氏之裔子浑敦，少皞氏之裔子穷奇，缙云氏之裔子饕餮”，故浑敦、穷奇及饕餮，“谓之三苗”（梼杌则略去）。《国语·楚语下》韦昭（公元三世纪）注，则舍弃公元一、二世纪诸经师之说而不用，仅谓帝尧之时，三苗叛乱，三苗乃九黎之后，于少皞时叛乱。虽诸说不一，而愈至后来，“四凶”与“四罪”为一，愈为诸家所认可，直至有清一代，方为考据家一扫而空（可见《通鉴辑览》，梁玉绳及其他诸家之说）。

第五章

一

（一）《左传·文公十八年》[①]曰："昔高阳氏（即颛顼）有才子八人：苍舒、隤敱、梼戭、大临、龙降、庭坚、仲容、叔达，……天下之民谓之'八恺'。高辛氏有才子八人：伯奋、仲堪、叔献、季仲、伯虎、仲熊、叔豹、季狸，……天下之民谓之'八元'。此十六族也，世济其美，不陨其名，以至于尧，尧不能举。舜臣尧，举八恺，使主后土，以揆百事，莫不时序，地平天成；举八元，使布五教于四方……"

（二）《书经》已说帝尧、帝舜有才子多人。

吾人既已论重、黎（见前第 234 页），而羲、和诸人，于稍后将论之（见后第 262 页）。

《书经·尧典》载，尧先询于放齐，放齐荐尧之子朱，（今为《舜典》）又有一系列舜所荐人物：伯禹（即禹，鲧之子）作司空；弃（喾之子，见前第 215 页）作后稷，故播时百谷；契（喾之

① 原引作"昭公十八年"，误，今据改。——译者

子，见第216页）作司徒，敬敷五教；皋陶作士，主五刑；垂[①]作共工，颇近于司空之职，然诸种传说皆以垂为大匠，故云为“诸匠之长”，当更为合理；益（*-iek）作虞，主林囿；伯夷（*dier）作“秩宗”，主礼仪；夔“典乐”；龙作“纳言”，职在“出纳王命”。此外，益又让于朱（尧之子）、虎、熊、罴；而垂亦让于殳、斨（或如班固、郑玄所云，殳斨为一人）及伯与。

故即如《书经》所见系统，仍未可谓稳固:《书经·吕刑》谓“伯夷降典，折民惟刑”，而不主礼仪；与此相反,《尧典》系统可证之于《国语·郑语》，谓“伯夷能礼于神，以佐尧者也”。惟皋陶之主刑，皆可证于其他，如《诗经·鲁颂·泮水》云，“淑问如皋陶”;《左传·昭公十四年》引《夏书》云，“皋陶之刑也”；古本《竹书纪年》云，“命皋陶作刑”。

众人之中，最著者有三，谓禹（夏之始祖）、弃（周之始祖）
及契（殷商之始祖）。周人专有赋诗颂弃（即后稷）之德绩（《诗 257
经·大雅·生民》)，铺叙弃之灵异降生，及始作农耕、祭享前之艰难经历。[②]

《国语·周语上》云，“及夏之衰也，弃稷不务，我先王不窋（后稷之裔，而汉时人以不窋为后稷之子，据《左传·文公二年》，不窋在周人之世系必为早期之祖先）用失其官”;《左传·昭公九

① 垂，陆德明《经典释文》读平声，音如字；徐邈读去声，音睡。垂，又作“倕”,《切韵》音垂（平声),《唐韵》音甀（去声）。

② 见《大雅·生民》(BMFEA 17, p. 71)。其母姜嫄，“履帝武敏歆，……不坼不副，……居然生子。……诞寘之隘巷，牛羊腓字之。诞寘之平林，会伐平林。诞寘之寒冰，鸟覆翼之。”

年》，周室因先祖后稷之德，自夏至周，魏、骀、芮、岐、毕，皆为“吾西土也”。

至于商室始祖契[①]，今惟知灵异降生之事（见前第216页），而别无所传者。

皋陶之名，不逊弃、契，《书经》有整篇述皋陶之事（《皋陶谟》，包括《益稷》）；如吾人所知，皋陶主刑，乃是众所周知之事。皋陶既为大族之始祖，其祀延至有周之时，《左传·文公五年》载，有小国六与蓼于公元前622年灭国，臧文仲叹曰：“皋陶、庭坚，不祀忽诸！”——据此可知，六与蓼两国王室为皋陶之后裔。

舜之其余同僚，在汉前文献殊不多见。《吕氏春秋·贵公》，倕为“大匠”。《吕氏春秋·古乐》云：“帝喾（尧之前任）命……有倕作鼓、钟、磬。”《礼记·明堂位》提及“垂之和钟”；《荀子·解蔽》云“倕作弓”，而《墨子·非儒》云“巧倕作舟”。

益（*i̯ĕk），主要见于《孟子·万章上》，大禹欲让于益，而非其子启（如尧禅位于舜，舜禅位于禹，而非传位于其子），“禹崩，三年之丧毕，益避禹之子于箕山之阴”，天下之民皆归启（这
258 个故事亦见《韩非子·外储说右下》）。益或即《吕氏春秋》所载伯益，《勿躬》云：“伯益作井。”伯夷（*di̯ər）之事，已见前文，兹不赘述，夔之事更富有意味。夔，本为一足异兽（《庄子·秋水》；参见《国语·鲁语下》，孔子云“木石之怪曰夔”），且《尧

① 契，本作“卨”，见《汉书·古今人表》，颇近于甲骨卜辞所见最初字形。卨（*si̯at/si̯ä/sie），音近竊（*ts'iat/ts'iet/ts'ie），可证其音。汉时学者转写古文为通行书体，以“契（*k'iad，*k'iat”）为“卨（*si̯at）”之借字，其音不符，遂造成后来之混淆。

典》载夔为帝尧之“典乐”，精声律（夔曰：“予击石拊石，百兽皆舞……”），周人想象夔是只有“一足”之异人（“夔一足”）。于此方面，一种有趣例证为《吕氏春秋·察传》所载故事：“鲁哀公问于孔子曰：‘乐正夔一足，信乎？’孔子曰：‘……舜曰：……唯圣人为能和乐之本也。夔能和之以平天下，若夔者，一而足矣。’”（足，既指“脚”，又指“够”）《韩非子·外储说右下》亦载此故事，而略有不同，其曰“夔一足者”，为尧。夔有同僚之说，见于《大戴礼记·五帝德》，“夔、龙典乐”。民俗传说之“一足乐正夔”主题，当是古老英雄以一足异兽作个人名字的事实；在中国古代，少有以兽名为人名者，全不牵涉通常所谓“图腾制”[①]。《礼记·孔子燕居》载，孔子更论“夔”之所为，其说云：“夔达于乐而不达于礼”。《左传·昭公二十八年》云：“昔有仍氏生女，黰黑而甚美，光可以鉴，名曰‘玄妻’。乐正后夔取之，生伯封，实有豕心，贪惏无餍，忿纇无期，谓之封豕。有穷后羿灭之，夔是以不祀。”（后羿传说，见下文）。

至如虎、熊、罴、殳、斨及伯与诸人，未有他书记录可征者。

《书经·尧典》（今之《舜典》）尚有一种可议之说，谓尧询于“四岳”。“四岳”为一人之职官，可证于数种汉前文献（然汉代学者仍有它说，见下文“二”）。传统有名为“大岳”者，即四岳也。此人即是上文（第256页）所言伯夷，《左传·庄公二十二年》云：
“姜，大岳之后也。”《国语·郑语》亦云，“姜，伯夷之后也”。此 259

① 所谓图腾制之说，尤以孔好古（August Conrady）为代表。孔子之子名鲤，然鲤为孔氏之图腾乎？——吾人需注意，小国夔无关乎舜之乐正，与楚同为芈姓，颛顼之苗裔，见前文第237页。

谓伯夷乃炎帝之后裔，盖因《左传·哀公九年》有云，“炎帝为火师，姜姓其后也”。故大岳即是四岳，可得而定也，又可证于《国语·周语下》，其文详述共工及伯鲧（壅发鸿水）之害天下，四岳佐禹，为股肱，治洪水，皇天嘉之，赐姓曰“姜”、氏曰“有吕”；又可证于《左传·襄公十四年》：姜戎氏“是四岳之裔胄也”。故姜氏诸侯崇祀伯夷（亦即四岳、大岳），此断无可疑者，如齐（姜氏，《左传·隐公三年》《国语·周语下》）、申（《左传·隐公元年》）、向（《左传·隐公二年》）、许（《左传·隐公十一年》，《左传·大岳之胤》）及季（《左传·桓公九年》）。《国语·郑语》有云：“其后皆不失祀，而未有兴者。”

然吾人应注意，《书经》所载四岳并非伯夷，因《尧典》云：“帝舜曰：‘咨！四岳，有能典朕三礼？’佥曰：‘伯夷！’”故沙畹作结论云：据“佥曰”二字可知，《书经》作者以四岳为四人，而非一人。然吾人可排除此说：因帝舜总结与同僚的商议云：“咨！汝二十有二人，钦哉！”揆之前文，帝舜连续称呼“四岳”（一人），“十有二牧”，及众臣禹、稷、契、皋陶、垂、益、伯夷、夔、龙（九人）——二十二人可计而得也（马融以四岳是四人，计如下：稷、契及皋陶当计于前文，不当计于二十二人内——此种算法亦甚为有趣）。故《书经》《左传》及《国语》传统虽视“四岳”为一人，然于其身份，则各有分歧。

《书经》所载帝舜之诸臣，尚需加一人：伯翳（*\-*iər*），非前述之伯益（***i̯ĕk*）、伯夷（***di̯ər*）。《国语·郑语》云，“伯翳能议百物以佐舜者也”，“嬴（秦之姓），伯翳之后也。……其后皆不失祀，而未有兴者”。

二

整饬文献及汉初文献之作者，又添加“佐”帝舜之臣。

司马迁承继《国语》所载伯翳为秦始祖的主题，又更作发挥：
“帝颛顼之苗裔孙曰女修。女修织，玄鸟陨卵，女修吞之，生子大 260
业。大业取少典之子，曰女华。女华生大费，与禹平水土。……［大费］佐舜调驯鸟兽，鸟兽多驯服，是为伯翳。舜赐姓嬴氏。”（《史记·秦本纪》）——此处所载，显见司马迁尤为混淆古代传说的主题：玄鸟卵之主题实乃袭取契之母简狄故事（见第211页）。少典本为炎帝、黄帝之父，然在司马迁所载，大业则是颛顼之曾孙，娶少典之子女华。不止于此，又有汉前文献（《管子·轻重》）云：“女华者，桀之所爱也”（见下文第327页）。据此可知，司马迁已混淆两组不同的传说。

《淮南子》将另一人加入舜臣之列，其名录不同于《书经》所载“职官”，《齐俗训》曰：“尧之治天下也，舜为司徒（据《书经》，契为司徒），契为司马（《书经》无此职官），禹为司空，后稷为大田师，奚仲为工。”——其余职官，则未有言及。故奚仲取代《书经》垂之职官。奚仲之最早记载，见《左传·定公元年》：“薛之皇祖奚仲（因薛氏为任姓，黄帝之后，见第278页。若以夏即夏之始祖大禹，则奚仲即为黄帝之后），以为夏车正[1]。”奚仲非

---

① 《墨子·非儒下》《吕氏春秋·君守》又云，“奚仲作车”，《管子·形势》详述奚仲作车之巧。

尧时之职官，可知矣。据《左传》所载，奚仲先居于薛，后迁于邳，仲虺为其裔子（“以为汤左相”），后又迁于薛。据此可知，奚仲传说仍得流传，至有周之时，薛室仍祀先祖奚仲。然而揆之汉前文献，未有以奚仲为尧时职官者。

第五章第一节之（一）（二）两处所见两份闻人名录，东汉学者又更有推测。

《国语》有不见于《书经》之官“伯翳”，或令注疏家难于措手，伯翳乃秦嬴之始祖。如前所见，司马迁循《国语》之说，称“伯翳”即大费，以为是大业之子，颛顼之曾孙。而班固（《汉
261 书·地理志》）又云：“嬴，伯益之后也。”——以《国语》之“伯翳”与《书经》之“伯益”为一人（韦昭《国语》注亦持此说）。刘向《列女传》曰“（皋）陶子佐禹”，曹大家（即班固女弟班昭）注云：“陶子者，皋陶之子伯益也。”是故，若班氏学者之考定为正说，则诸人之系统必可大为简化：颛顼之曾孙大业即是皋陶，皋陶之子大费，即是伯翳、伯益。而考诸汉前文献，则无从得证也。

为闻人故事添补生动细节。今举一例。关于皋陶之为理官圣人，王充云：“今府廷画皋陶、觟𧣾也。儒者说云：觟𧣾者，一角之羊也，性知有罪。皋陶治狱，其罪疑者令羊触之，有罪则触，无罪则不触。”（《论衡·是应篇》）不过是将齐庄公时轶事移于皋陶之身耳，其事著在《墨子·明鬼下》。

四岳（即大岳）是伯夷之职官。虽有“四”之称，实则一人，而非四人，晚至公元三世纪时依然如此，韦昭云：“四岳之官，掌师诸侯。”（《国语·周语下》注）然至汉时，已有学者另辟蹊径。伏生《尚书大传》（公元前二世纪）曰：“元祀巡狩四岳、八伯。”

伏生继举八伯之名：阳伯、仪伯、夏伯、羲伯、秋伯、和伯、冬伯（共有七伯，第八伯不见于现存篇章）。郑玄注云："阳伯，春伯秩宗，伯夷为之；仪伯，羲仲之后（见后第262页）……；夏伯，夏官司马，弃（即后稷）为之；羲伯，羲叔之后；秋伯，秋官士也，皋陶为之；和伯，和叔之后……；冬伯，冬官司空，垂为之。"然《书经·尧典》注，郑玄之说又不同："四岳，四时之官，主四岳之事，始羲和之时（见后第262页）。主四岳者，谓之四伯（即羲仲、和仲、羲叔、和叔）；其后稍死，驩兜、共工等代之，乃分置八伯。"驩兜、共工、放齐、鲧皆在八伯之位，而其余四伯已不可得而知矣。此一例子颇富启发性，足以说明郑玄重构 262
猜测的价值。

（四）如第四章所述案例，注家（误）以为"四凶"即是"四罪"，故在此，学者们很快将名单（一）即"八恺""八元"（据《左传》）关联于名单（二）即尧、舜及禹之臣属（据《书经》）。服虔（《左传·文公十八年》注）云："八人，禹、垂之属也"，杜预（公元三世纪）注更为全面："[八恺者，]此即垂、益、禹、皋陶之伦。[八元者，]此即稷、契、朱、虎、熊、罴之伦。"故注家乃有更充分的理由，盖因此处名单实有一些同名之人。在第一组，颛顼之子庭坚，如前述（第267页），即皋陶之字，据《书经》名单，乃是舜的良佐之一。"八元"之中，据《左传》，帝喾之子有伯虎、仲熊，或即《书经》所举虎及熊二人。杜预以为，由颛顼至舜之世系过长，故将《左传》所云"子"释为"裔子"，然此说煞是随意。如禹之父鲧，鲧为尧、舜同时之人，据所有古代文献，鲧乃颛顼之子，然不妨皋陶（庭坚）为高阳（颛顼）之"子"——其世代之不确定，并未能（如前第214页）困扰古代的传说讲述者：皋陶为颛顼之子，始终为皋陶后裔（包括六氏及廖氏，见第257页）奉行之传统说法，以皋陶为本族英雄先祖，此种说法如何与由颛顼绵延至舜之世系调和，亦从未成为困扰之事。

第六章

一

《尧典》之文，始于羲、和之官。首先，其述羲、和至为简明，尧命羲、和，“钦若昊天，历象日月星辰”。正统注解（均从《尚书大传》[公元前二世纪]）一直以羲、和为二人：两个大族的长兄。然后，在随后世系中，其弟羲仲、羲叔、和仲、和叔，分“宅”东、南、西、北四方，“寅宾出日”，“寅饯纳日”。本段长文含有丰富的天文资料，已有系统的研究，[①] 故毋庸赘述。当可注意者，《书经》作者以羲、和之族为日、月、星辰的主祀之长。[②]

此是全书以羲、和作始之缘由，固无可疑者：在作者观之，

① 参见利奥波德·德·索叙尔（L. de Saussure）撰:《〈尧典〉之天文学文献》（Le texte astro-nomique du Yao-Tien, TP 1907）及《中国天文学史源流》系列（Les origins de l’astronomie chinoise, TP 1909 ff.）。

② 依据早期文献，当可确定此类崇祀之面貌；如《左传·昭公元年》:“日月星辰之神，则雪霜风雨之不时，于是乎禜之”；其他尚有《管子·轻重己》;《周礼·大宗伯》等（遍见于早期文献）。日之为神，常见于誓约，“有如日”（《左传·襄公十八年》）。

羲、和之神职为首要之事，故先于随后出现的所有世俗人物。汉前文献几乎全未提及羲、和，良可怪也。惟数见于较晚著作。《艺文类聚》卷五引《尸子》云："造历数者，羲和子也"，或如《太平御览》卷十六引作，"羲和之子"，可有多种解法："羲和子"，或"羲-和子"，或"羲和之子"，或"羲-和之子"。故殊难断定，
264 羲和其为一人乎，抑数人乎？《吕氏春秋·勿躬》云，"羲和占日"，设此为孤立之语，吾人自可解作："羲和（以）日占卜。"然察其前后语云："大桡作甲子，……容成作历，羲和作占日，尚仪作占月，后益作占岁。"可知每一职官皆为双名词，"羲和"应解作一人，方为妥当。吾人可回顾事实，即主祀者重、黎，起初明确分为二人，后来（汉时）则合为一人（见前第237页），故亦可设想类似结论，吾人于此所见为同类现象：早期传统（《书经》）以羲、和为二人，至《吕氏春秋》则合为一人羲和。然此非解决之道也。如通常理解，《书经》之文显系人为：羲-和增为六人（三-三兄弟），以补充前两个主要人物：造历数（据后世诸家之说，应于天地）之羲和，然后其年幼之分身，则分在四方。此乃《书经》作者所作学术润饰。质言之，由《书经》所言可见，第一部分所述造历数之羲一和，不得混同于后文"羲仲"诸人之内容，前文作"乃命羲和，钦若昊天，历象日月星辰，敬授民时"，后文作"分命羲仲，……申命羲叔，……分命和仲，……申命和叔"。设若此两段文字原属一起，则前文当云"乃命羲伯、和伯"。换言之，若此两部分原属一起，则当以"伯"称兄，而别于后之"羲仲、羲叔"。原文并无此内容，故可充分证实，前后两段文字最初绝非一种浑然之整体。若更细究第二段，其文曰，"分命羲仲，宅

嵎夷，曰旸谷。寅宾出日，平秩东作。日中，星鸟，以殷仲春。厥民析，鸟兽孳尾”。（其后为南-夏、西-秋及北-冬的类似观察。）据此可知《尧典》必出自周初作者，取数篇已有作品，而连缀成文。在述羲、和前，为四言之诗（由 Chavannes, Mém. Hist. I, p. 43 以韵文译出）；在本诗后，作书者乃缀连日月星辰主祀者的主要文本："乃命羲、和”等；随后，在第三处，又插入一种农历，“日中，……”等。为衔接前文，早期作者发挥妙想，以四人应四时：将前文所言“羲和”分作二人“羲”与“和”，又各设两弟：羲仲、羲叔，以应东、南；和仲、和叔，以应西、北。吾人一旦揭穿此种学术把戏，剥除羲仲、羲叔、和仲、和叔，因主要文本并无相应之羲伯、和伯，仅有“乃命羲和……”云云，则绝无理由据《尚书大传》开创的正统方式读作“乃命羲、和”（因他们无需为二，以对应于学者置于“历数”段落前之羲仲、羲叔、和仲、和叔），而当读（《尧典》成文前之）原文作：“乃命羲和
（一人）钦若昊天，历象日月星辰，敬授民时。”此乃惟一确当的 265
解读，可证于前引《吕氏春秋》：“羲和占日。”《尸子》之文亦应作此解读：“造历数者，羲和师也。”（惟此方合《艺文类聚》引文之义。）

设若如此，吾人乃可复原一种汉前（且得早期证实之）传说，羲和既以主祀者之身份而观测天象，亦因主祀者之身份而以日占卜。于羲和身边，尚有（虽然只在公元前三世纪方得证实）另一人，即《吕氏春秋·勿躬》所言“尚仪”，确为祀月之官，因其“作占月”。

羲和师又见于另外两种汉前文献。在《楚辞·离骚》，诗人神

思飞越，驰骋修远之西途；“日忽忽其将暮”，“吾令羲和弭（日之）节兮”[1]。换言之，诗人祈求祀日之羲和运神力而使日缓驻。又见于《楚辞·天问》，其诗云：“日安不到？烛龙何照？羲和之未扬，若华何光？”（“羲和之未扬”，“扬”为及物动词，故本句不当解作“羲和［日］尚未升起”，因羲和绝不能作“日”之本名。）

尤可注意者，在此两节，主祀者羲、和有影响日行之（神）力，于中国古人之观念全然相符。如，王者依礼设定四季之运行，即是《月令》全篇（见《礼记》《吕氏春秋》）之中心思想。

二

据今日所见汉初整饬文献，羲和传说有多种转化形式。

一者，确定羲、和为历代职官。《世本》云：“黄帝使羲和作占日，常仪（即前引《吕氏春秋·尚仪》）作占月。”司马迁（《史记·历书》）先引《国语·楚语下》所载，颛顼之时，“南正重司天以属神，命火正黎司地以属民[2]（见前第235页）”，及尧“复遂
266 重、黎之后，不忘旧者，使复典之”，继云“而立羲、和之官”，故羲、和是重、黎后裔之职官（见前第235页）。《史记·夏本纪》又云：夏“帝中康时，羲、和湎淫，废时乱日。胤往征之，作《胤

① 若据王逸注（公元二世纪），本句当以“羲和”为日之“车正”，见后第267页；故当解作：“吾令羲和（车正）弭（日车之）节。”然朱熹之说为正解，本句既出汉前文献，当合于汉前之观念，故以羲和为“主四时之官”。

② 吾人可注意，司马迁（《楚世家》）既以重、黎为一人，即重黎（从《大戴礼记·帝系》），此处又从《国语》，而以重黎为二人。

征》(见《书经》)"[①]。

又者,《山海经》亦如前文所述,采攟羲和及常仪传说,而掺以汉时流行、不为汉前文献所知之自然神话。如吾人所见,羲和本为尧时祀日之官,尚仪(常仪)[②]——其世代则尚未可知——本为祀月者,此为二人之底色也。《大荒南经》云:"东南海之外,甘水之间,有羲和之国,有女子名曰羲和,方日浴于甘渊。羲和者,帝俊之妻,生十日。"(前文已论"帝俊"之身份实为难以确定:若《山海经》所述资料与汉前文献有关者,帝俊或为帝喾,或为帝舜,或为少皞氏以前之帝,见前第227页)。《大荒西经》又载:"有女子方浴月。帝俊妻常羲,生月十有二[③]。"此处"常羲"显然即《吕氏春秋》之"尚仪",《世本》之"常仪"("尚""常",形近而音同[*d'ịang],仅有音调之不同;羲 *xia,仪 *ngia)。[④]

至东汉时,王逸注云,"羲和,日御也",又以此注《楚辞》267
(见前第265页)。王逸此说,或得之于《庄子·徐无鬼》之绝妙譬喻:"若乘日之车而游于襄城之野。"然王逸注又即刻显露勉强的

---

① 司马迁此处从《书序》,然《书经》实无"帝中康"之内容,见后第322页。

② "十日"神话多见于汉前文献,然本属于不同神话圈,见后第七章。十日对应"旬"及"天干"(其数皆为十)。

③ "月十有二",显然对应十二月及十二地支。

④ 马伯乐(J. As. 1924, p. 15)以为,此处之尚仪—常仪即《淮南子·览冥训》载窃不死药以奔月之姮娥。后来之同名异写确可给予吾人以启发:常娥(《续汉书》)、嫦娥(《太平御览》卷九八四引伪《归藏经》)。然马伯乐所引理由则殊为可怪:汉时为避文帝名讳,而以"常"代"恒",乃以"姮娥"作"常娥",又因"羲和"之名掺入,而分作"常羲""常仪"。然吾人可明白知晓,"姮娥"正见于汉时文献(《淮南子》),而常娥(嫦娥)则见于汉以后之文献,非关避讳之事也。又,月神初名"尚仪"(汉前文献《吕氏春秋》),而"尚"自不涉汉时避讳之事,何以又无流传?质言之,此实为武断、大胆之猜测,其来有自,由《续汉书》"常娥"后来之变化可知。

性质：羲和先为十日之母，浴日于甘渊；又变为日之仆人：乘日之车正；尚仪（常仪、常羲）本为十二月之母，不具双重性质；据汉代传说，月之车正并非其母常仪，而是望舒（见《楚辞·离骚》王逸注）。

第七章

一

在汉前文献，有两种神话，未曾牵混，迨至汉时，则合为一种——十日神话与后羿神话。

（一）《楚辞·招魂》警告亡魂，不可去东方："十日代出，流金铄石些。"所谓"十日（对应十日一旬）"，逐天出一日。此种观念又见《吕氏春秋·求人》，尧欲让位于许由（见后第 292 页），许由答曰："十日出而焦火不息，不亦劳乎？"（换言之，尧以为许由是天上已出之日，而自己仅为"焦火"，不应再居帝位。）嗣后又生出一种传说主题，即天垂异象，则是灾难之兆；古代文献所载天变，诸日并出，即是其一，预示必有大灾将至。古本《竹书纪年》曰："天有妖孽，十日并出，其年胤甲陟。"（胤甲为夏代最后诸王之一，见后第 315 页）。《庄子·齐物论》亦举此种主题，以作譬喻：尧与舜论征伐三小国，舜曰："昔者十日并出，万物皆照，而况德（即精神之力）之进乎日者乎！"（此是说舜劝帝尧，何不使三国释然自处，而必欲置于治下？）

（二）"羿"之神话。羿善射，多见诸文献（《论语·宪问》《孟

268 子·告子》《荀子·王霸》《管子·形势》等)。《墨子·非儒下》《吕氏春秋·勿躬》云,“羿作弓”,似是以羿为始作者;实未必然,因《吕氏春秋·勿躬》又云,“仪狄作酒”,仪狄乃晚出之人物(禹时之妇人,见后第306页)。善“作弓”者,不止一人(《荀子》载,尧之时,“倕作弓”,《世本》载,“牟夷作弓”[1],等),诸条皆指羿善作弓而已。质言之,羿善射传说为众所周知之事,且有丰富而生动的描述,如《左传·襄公四年》所载。羿为夏时早期人物,第311页有详细研究。羿善猎,善射,而为人傲慢自大,竟不能善终。羿又生性狂虐,可见《楚辞·天问》:“羿焉彃日?乌焉解羽?”(此处首见日中有乌的主题)。关于行事狂乱昏聩的射日逆举,可见宋康王(公元前328—公元前286年)故事,据《战国策》,康王昏愦狂乱,竟至“射天笞地,斩社稷而焚灭之”。(详见《吕氏春秋·过理》)[2]

二

如前所见,《山海经》将尧时之祀日者羲和(汉前传统),转化为女子,即帝俊之妻,为十日之母,浴日于甘渊。因汉代学者皆知羲和在尧之时,且《山海经》屡谓帝俊即帝喾(见第227页),故此处之俊,亦即是喾。因有此种“断代”,《山海经》作者将汉

---

① 据《世本·作篇》云:“挥作弓,牟夷作矢。”作者将“牟夷”误作“牟夸”,因“夷”“夸”形近。另,作弓者为“挥”,非牟夷。——译者

② 司马迁将“射天”主题移至康王之祖先武乙(商末),且又有发挥,见 Chavannes, Mém. Hist. I, p. 198。王充(《论衡·感虚》)又云是桀、纣之事。

时自然神话结合汉前英雄神话，其随意之处，昭然若揭：造十日之原始传说既已附丽于晚期帝王即俊（＝喾），于是作者的身份可得毕露无遗；羲和神话本不牵混于十日神话，而因汉时人之臆想，乃得以人为合于一处。然则汉代作者又熟知汉前《天问》所述羿（夏初）之射日，于是又将羿之神话由夏而移至羲和之时，即帝尧时代。天既已生十日，何故今惟有一日耶？盖因羿既射落九日，只余一日矣！故《淮南子·本经训》曰："尧之时，十日并出，焦禾稼，杀草木，而民无所食。猰貐、凿齿、九婴、大风、封豨、修蛇皆为 269
民害。尧乃使羿诛凿齿于畴华之野，杀九婴于凶水之上，缴大风于青丘之泽，上射十日而下杀猰貐，断修蛇于洞庭，擒封豨于桑林。万民皆喜，置尧以为天子。"而《淮南子》又云："羿除天下之害，死而为宗布。"[①]

然于前文可知，迨至汉时，俊（即喾）之妻、十日之母羲和传说，与俊（即喾）之妻、十二月之母常羲有对应关系；是故《淮南子》作者推论，射手羿亦必关乎月亮传说，于是有《淮南子·览冥训》故事之铺衍发挥，"羿请不死之药于西王母，姮娥窃以奔月！"

《山海经》尚有他条，皆牵涉汉代此类自然神话。如《海外南经》载："羿与凿齿战。"《淮南子》所述羿所杀怪物，亦有多种描述；《北山经》先述猰貐（窫窳），为北方之怪兽（"其状如牛，而赤身、人面、马足"），次（《海内南经》）谓其为南方之怪兽（"窫窳龙首"），又次（《海内西经》），谓其为西方之怪兽（此亦说明《山海经》究竟是何等混杂之体）。不止于此，《海内经》云，

---

① 羿之原初神话，其说正相反：羿不得其死，见第 312 页。

“帝俊赐羿彤弓素矰，以扶下国”;《海外东经》云，“汤谷（即《书经》所云“旸谷”，极东之地）上有扶桑，十日所浴，在黑齿北。居水中，有大木，九日居下枝，一日居上枝。”《大荒东经》补曰:“一日方至，一日方出，皆载于乌。”（《淮南子·精神训》又铺衍此主题云:“日中有踆乌（三足乌），而月中有蟾蜍。”）

此处所引汉时神话，考之汉前文献，皆无所依据。

毋庸赘言，于此类主题，东汉学者多有发挥润饰者。姑举数例:《淮南子》高诱注云:“姮娥，羿妻”;“猰貐，……状若龙首，或曰似狸，善走，而食人，在西方也”;“凿齿，兽名，齿长三尺，其状如凿，下撤颔下，而持戈盾”;“修蛇，大蛇。吞象三年而出其骨之类”。

270 然至于汉代中期，此神话的新变化即已出现。王充（《论衡·说日》）不复以羿为射日者:“尧时十日并出，万物焦枯，尧上射十日，以故不并一日见也。”《论衡·对作篇》所叙细节又有变化:“尧上射九日。”

第八章

一

“西王母”之名，颇为神秘，汉学家多有著述。按古代之传统说法，最早与西王母有关之帝为舜：《大戴礼记·少闲篇》云，“昔虞舜以天德嗣尧，布功散德制礼，朔方、幽都来服，南抚交趾，出入日月，莫不率俾，西王母来献其白琯”。据此可知，既并列于朔方、幽都及交趾（国名），西王母亦应是国名，或为族名。故《尔雅·释地篇》曰：“觚竹、北户、西王母、日下，谓之四荒①。”《荀子·大略篇》所述更为清晰：“尧学于君畴，舜学于务成昭，禹学于西王国。”至于晚近传统，西王母之地又复忽兴。《穆天子传》卷三曰：“吉日甲子，天子宾于西王母。乃执白圭、玄璧，以见西王母。……西王母再拜受之。乙丑，天子觞西王母于瑶池之上。西王母为天子谣，曰……”云云。据此段文字的说法，显系天子与西王母或西王母之君互相致礼。此国远在周都宗周之西陲，需跨数段遥远路程（最后一程为“自群玉之山以西，至于西王母之邦，三千里”：更多细节，见 Chavannes, Mém. Hist. Ⅰ, p. 480 ff.）。或曰，

① 荒服，距京畿最荒远之地，见《书经·禹贡》。

此种叙述之西王母，必非邦国之称，而是国君（一人）之号，然而参以前引《大戴礼记》及《尔雅》可知，西王母确为国度无疑，其
271 君乃袭用国名而作为已名，如前引《大戴礼记》之“朔方、幽都来服”，其国之名亦可作君之号。[①]

另有他种文献，亦将西王母置于极西之地。古本《竹书纪年》云，“穆王十七年，天子西征，至昆仑丘，见西王母”，又云，“（西王母之君）其年来见，宾于昭宫”。

故汉前文献皆以西王母为极西之国，而其国之名，亦是其君之号。

吾人实无理由据国名之“母”字推论，古代传统以为此是妇人所治之国；相反，据前引大禹传说，“禹学于西王国（之君）”，如尧、舜学于二圣人，可知其国亦当以男子为君（禹必不以妇人为师）。故以吾人之见，“母”（*məg/məu）当是“晦”（*məg/məu，耕地）之简写——若此极西之邦（据传说）果在“流沙之濒”（见下“二”），则称“西王之晦[②]（绿洲）”，亦其宜矣。

二

汉初文献仍多以西王母为其国、其君之名。《列子·周穆王》

① 此是汉古老文献中极常见之事，如《诗经·常武》云：“徐方来庭。”前引《庄子·大宗师》记古圣王之得道者云：“黄帝得之，以登云天；颛顼得之，以处玄宫；禺强得之，立乎北极；西王母得之，坐乎少广。”此处“西王母”即国主之名。

② “晦”“畝”（*məg/məu/mu）确可对应，如《书序》之“异畝”，《史记·周公世家》即引作“异母”，可知“母”即畝（晦），正如前说之西王母。

复述前引《穆天子传》所言穆王事。《淮南子·坠形训》具列诸
方（国），如轩辕、有娀、三危、龙门之属，而西王母“在流沙
之濒”。然在《淮南子》别章（如吾人所知，《淮南子》为集体之
作）及《山海经》，西王母开始改换一种新貌：女魔——其妇人之
身份，当由“母”字之暗示。《山海经·西山经》曰：“玉山，是
西王母所居也。西王母其状如人，豹尾、虎齿而善啸，蓬发戴胜， 272
是司天之厉及五残。”（其义见下）《大荒西经》所载亦相类似，且
云西王母“穴处”。其人之“戴胜”特征显示西王母当为妇人（见
Chavannes Mém. Hist. V, p. 483）。《淮南子·览冥训》亦说“西老
折胜”；如孙诒让所云，此处“老”（考虑到妇人之饰）或为“姥”
之简写，故本句意为“西方之老妇……”。①

“天之厉及五残”，当作何解？据马伯乐（J. As. 1924, p. 35）之说，西王母乃“司疫女神”。就其实质言，“厉”有“疠”义（如《礼记·檀弓》），然亦有许多他义，此处所指甚不明朗；“厉”有“丑，忍，毒，恶”诸义，此处与“残”字连用，表示“残忍，有毒，伤害”。而据吾人之见，西王母当为上天之“残（魔）”“五毒”，即恶灵也，此说或更为合理。郝懿行（《山海经》注）则谓“厉及五残，皆星名也”，乃西王母所司；“五残”确为《史记·天官书》所言之星。然而郝氏谓“厉”即昴（据郑玄注），则未必可信。无论何如，郝氏谓西王母关乎天象，最为的论。前已述及，日

---

① 《穆天子传》（《山海经·西山经》郭璞注引）载穆王与西王母之答对，西王母曰：“我惟帝女。”若本条确为《山海经》所载，则西王母为女子之观念，必起于汉前之时代。然检《穆天子传》之早期（宋）版本（汉魏丛书），本句作“我惟帝”，故不能据本句而作推论。《穆天子传》之文献流传史仍难言清晰，尚待可靠梳理。

中有三足乌；司马相如（公元前二世纪）《大人赋》(《史记·司马相如列传》）又云："吾乃今日睹西王母，皓然自首戴胜而穴处兮，亦幸有三足乌为之使。"[①] 前文已见汉时日、月神话之关联、相似（羲和与十日，常羲与十二月，皆为帝俊之妻），不惟两种神话互有出入，且又掺杂《淮南子·览冥训》所述故事："羿请不死之药于西王母（有踆乌），姮娥窃以奔月。"

① 《山海经·海内北经》载："西王母梯几而戴胜杖。其南有三青鸟，为西王母取食。"

第九章

一

汉前文献常载“图”“书”出圣河，为祥瑞之兆。据《书经·顾命》可知，“河图”乃周初之大宝。《易·系辞下》云：“河出图，洛出书。”此说又见《管子·小匡》。孔子叹曰（《论语·子罕》）：“河不出图。”（未列更多祥瑞。）《墨子·非攻下》云：“河出绿图。”《礼记·礼运篇》云：“河出马图。”汉前文献很少将此神话关联于古之圣王。《尸子》云：“禹理水，观于河，见白面长人鱼身出，曰，‘吾河精也。’授禹河图，而还于渊中。”另一方面，《墨子·非攻下》提及周文王之事，“天命周文王，伐殷有国，……河出绿图”。（后出《淮南子·俶真训》补充洛出“丹书”细节）《吕氏春秋·应同篇》所述故事为另一版本：“及文王之时，天先见火，赤乌衔丹书，集于周社。”

二

汉时之知识，则迥然有异。

《淮南子》置此事在帝尧之前，因《俶真训》有云："洛出丹书，河出绿图，故许由、方回、善卷、披衣得达其道。"——由下文可知（见后第 292 页），许由是帝尧之师，故披衣又是许由三代以上之先师。

至有汉中期，刘歆以为（《汉书·五行志》），"虙羲氏继天而王，受《河图》，则而画之，八卦是也。禹治洪水，赐《洛书》，法而陈之，《洪范》是也"。（《洪范》是《书经》之篇。）许慎《说文》云，（尧母）庆都出观于河，有赤龙负图而至[①]。《淮南子·修务训》高诱注亦云，庆都受河图。《书经》郑玄注补充曰，龙负河图，龟献洛书；《礼记·礼运篇》所载"马图"，郑注不得已云，此乃"龙马"所负。

274 皇甫谧（《帝王世纪》，公元三世纪）始以图、书神话牵涉及黄帝："黄帝五十年，秋，七月，庚申，天下大雾三日。帝之洛水之上，见大鱼负图书，杀三牲以醮之。天乃甚雨，七日七夜，鱼流，始得图书，今河图也。"皇甫谧（《帝王世纪》）又将图、书传说关联于帝尧："[尧]率诸侯群臣，沉璧于洛河，受图书。今《书经中侯》《握河纪》也。"

---

① 此处所引许慎之说，不见于《说文》，当引自他书，或即《五经异义》之文，见郑玄《驳五经异义》诸辑本。然而此处引文似更近于《淮南子》高诱注，或为误引。——译者

第十章

一

前述（第 237 页）颛顼之子黎（祝融），有裔子众多，其中有彭祖者，为彭姓（整饬文本《大戴礼记·帝系》名曰“籛”，然非黎之子，而为黎弟吴回之子[①]）。彭姓之重要人物，在传说中据有一席之地。

一者，彭祖可谓中国之玛士撒拉[②]。《庄子·大宗师》云，“彭祖得之（“道”），上及有虞（即有虞时代，最后一帝为舜），下及五伯（公元前七世纪）”，乃长寿之人。吾人需注意，此处之有虞，非平常所谓帝舜，而是夏前之世（见前第218页）。《楚辞·天问》，有曰“彭铿”者，始不知其为谁，然后乃知其为永寿之人，“彭铿斟雉，帝何飨？受寿永多，夫何久长？”故知庄子所云“彭祖”，与彭铿实是一人也。

---

① 据《帝系》，“吴回氏产陆终。陆终氏娶于鬼方氏，鬼方氏之妹，谓之女隤氏，产六子，……其三曰籛，是为彭祖。”故彭祖当为吴回之孙，而非其子。——译者

② 玛士撒拉（Methusaleh）是《圣经》中的长寿之人，据传享年九百六十九岁，见《创世纪》第五章二十七节。——译者

又者，彭祖见诸三种文献。《大戴礼记·虞戴德》有“昔商老彭及仲傀，政之教大夫”云云。仲傀既为商汤（见后第329页）之相，则老彭当是其同时之臣僚。有更早文献可为之证。《墨子·贵义》云，“昔者汤将往见伊尹，令彭氏之子御”，遂有二人之对问。据《论语·述而》，孔子云，“述而不作，信而好古，窃比于我老
275 彭”。——若将前述《国语》《庄子》及《楚辞》所载彭祖、彭铿关联于《大戴礼记》《墨子》及《论语》之老彭，实无可信的依据，而惟一可靠的事实，在后者姓名有一“老”字，且是“好古”之人，此则有似于马士撒拉者也。

二

整理者及汉时作者皆困惑于彭祖、老彭。

《世本》先添补具体细节。《世本》载有防姓（防、彭，乃一音之转），有“姓篯（见前“一”引《大戴礼记》）名铿（见前引《楚辞》），在商为守藏吏，在周为柱下吏，年八百岁”，此可见作者已以为长寿之彭铿即是老彭（定为商汤之守藏吏）。《大戴礼记·五帝德》（与随后之《帝系》有紧密关联）意欲确定彭祖所在的确切世代，“[帝尧]举舜、彭祖而任之”。司马迁（《史记·五帝本纪》）即取材于此，“天下归舜。而禹、皋陶、……彭祖自尧时而皆举用，未有分职。”《大戴礼记》作者及司马迁对彭祖之“断代”实为整饬方法之典型代表。《庄子·大宗师》仅泛泛云“彭祖上及有虞，下及五伯”，而至于《大戴礼记》作者及司马迁，则指“有虞”即帝舜（舜常称“有虞”），意在确定彭祖之具体世代，且

使彭祖先为尧时职官，而后于舜时居相事！

至东汉学者，则又有分歧。《论语·述而》郑玄注，不以老彭为人名：老，即老子，彭即彭祖，然不合于前引《大戴礼记》之文。高诱则取《世本》之说（《吕氏春秋·情欲》注），以为老彭即是彭祖，故云："彭祖，殷贤臣。"[①]

---

① 此种意外之说，可举唐时邢昺《论语注疏·述而》注，彭祖为"尧臣，封于彭城"，即老子，故又称"老彭"。（邢昺为北宋时人，非唐人。——译者）

第十一章

此前诸章研究某些跨越数“世”的传说，或出于其他原因，容当专辟篇幅以论。以下数章依世代次序而考察诸“帝”及英雄传说，对于前文已粗略处理的诸种传说，将补充以有关角色之特点。

（一）A. 伏羲（见前第 207、220 页）在古代信仰中本无足轻重，多以上古圣王之身份出现（如，《庄子·人世间》《庄子·大宗师》《庄子·田子方》《庄子·胠箧》《荀子·成相篇》《战国策·赵策二》），然多无具体行迹可观。伏羲因《易经》（系辞）而有崇高地位，据传伏羲始作八卦，即蓍草占卜之理，又作结绳而制网罟。《尸子》又载，燧人氏授民以渔，而伏羲教民以猎。《管子·封禅》以伏羲为最早封禅泰山的古帝王之一。

（一）B. 汉初文献亦对伏羲知之甚少。《列子·黄帝》云：“庖牺氏（及女娲氏、神农氏、夏后氏），蛇身人面，牛首虎鼻。”至汉中期时，刘歆以“河图”神话系于伏羲，见第 273 页。公元二世纪，王符（《潜夫论·五德论》）载，“大人迹出雷泽，华胥（《列子·黄帝》载有遥远的华胥氏之国）履之生伏羲（袭取姜嫄传说，见前第 215 页）……都于陈。”公元三世纪，皇甫谧补云，“庖牺氏，风姓也[1]”，号“雄皇氏”，在位一百二十年（或一百一十年），葬南郡，或言，葬于山阳高平之西。

至于宓妃，此处略作补述。宓妃，见于《楚辞》及《淮南子·俶真训》，厕身众神之列。班固（公元一世纪）《古今人表》未有宓妃，公元二世纪注疏家王逸仅云宓妃为“神女”。而公元三世纪学者如淳（《文选·上林赋》注）云：“宓妃，伏羲氏女，溺死洛，遂为洛水之神。”

（二）A. 神农氏（见第207、212、220页），亦同伏羲，汉前文献以为是古圣王（《孟子·滕文公尚》《吕氏春秋·情欲》《吕氏春氏·诚廉》《韩非子·六反》），然仅有寥寥数处，所载亦简略。《管子·封禅》以神农氏为最早封禅泰山的古帝王之一。《管子·轻重篇》云，“神农，作树五谷，淇山之阳”；《吕氏春秋·尊师》云，“神农师悉诸”，《庄子·知北游》则云神农“学于老龙吉”；《吕氏春秋·用民》载，“夙沙之民，自攻其君而归神农”。亦如伏 277
羲，神农氏因《易经》（系辞）有崇高之地位，“斫木为耜，揉木为耒，……日中为市”。

（二）B. 汉初文献亦少载神农氏。《列子》所言异相，可见“伏羲”（前［一］B）。司马迁（《史记·周本纪》）载，“武王……褒封神农之后于焦”。（见第222页）然而，此说不见于汉前文献。《山海经》未载神农氏之名，而据吾人所知，汉初之时，即以神农、炎帝为一人，炎帝亦借《山海经》而得兴盛。《山海经·北山经》

---

① 唐时司马贞（参见 Chavannes, Mém. Hist. Ⅰ, p. 3）云，此说据《国语》，然《国语》实无本句。伏羲、太皞，全不见于《国语》。

云，“炎帝之少女名曰女娃，女娃游于东海，溺而不返，故为精卫。”后世多以女娃即女娲（前第229页），然音不可通。女娲之“娲”，古华切（*kwa/kwa/kua），而女娃之“娃”，于佳切（*kĕg/kai/kie）。[1]《大荒西经》曰，“炎帝之孙名曰灵恝，灵恝生氐人，是能上下于天。”《海内经》曰，“炎帝之孙伯陵，伯陵同（私通）吴权之妻阿女缘妇，缘妇孕三年，是生鼓、延、殳。殳始为侯，鼓、延是始为钟，为乐风”。——此处之“殳”可与《书经》所载“殳”比较，见第256页。《左传·昭公二十年》提及“逢伯陵”，曾居齐地，然始居此地者为少皞时之爽鸠氏，“季萴因之，有逢伯陵因之”，逢伯陵亦为后人取代，或在殷商，或在夏时。吾人不能断定，《山海经》与《左传》故事是否代表两种独立传说，抑或《山海经》作者混淆汉前之传统。

自东汉伊始，细节愈加丰富。王符（《潜夫论·五德志》）曰：“有神龙首出常羊，感任姒，生赤帝（即炎帝），一号魁隗氏。”按皇甫谧《帝王世纪》所著纪传，神农氏俨然若公元19世纪之皇帝，有无所不能之行。“炎帝……母曰任姒，有蟜氏（参见上文第212页）女登，为少典妃，游华阳，有神龙首感女登于常羊，生炎帝”，“神农氏起列山，谓列山氏”；又“宣药疗疾，著《本草》
278 四卷”；“诸侯夙沙氏，叛不用命，箕文谏，而杀之。炎帝退而脩德。夙沙之民，自攻其君，而归炎帝”；“初都陈，后居曲阜”；“重之（八卦）为六十四卦”；“立一百二十年，崩葬长沙”；“神农纳

① 此种音转谬误之害，如《切韵》读女娲之“娲”作古禾切（*kĕg/kai/kie），不合该部之音。陆德明（《礼记释文》）及《广韵》皆为古蛙切，或古华切（*kwa/kwa/ku），合于该部之音。

奔水氏之女，曰听詙，为妃，生帝魁，魁生帝承，承生帝明，明生帝直，直生帝氂，氂生帝哀，哀生帝克，克生帝榆罔。凡八代，五百三十年”[1]。

唐司马贞《补三皇本纪》有更多细节，与《帝王世纪》所载有异（见 Chavannes, Mém. Hist. Ⅰ, p. 12 ff.）。

（三）A. 在古代传说，较之伏羲、神农二氏，黄帝所占地位更为核心、突出。黄帝亦以古圣王之身份见于汉前文献，道教作者尤喜言黄帝，以黄帝为后来老子及后学所阐述学说之创始人。

前已引（第 212 页）《国语 · 晋语四》所载传说：“少典氏娶于有蟜氏，而生炎帝（以姜水成，为姜姓）、黄帝（以姬水成，为姬姓），二帝用师以相济”，黄帝胜炎帝而取天下。《左传 · 僖公二十五年》，黄帝战于阪泉，曾以筮占，然惟整饬文献及汉初文献（《大戴礼记》及《列子》，见后 B）将此战关联于炎、黄之战。《国语》（前引）又载，“黄帝之子二十五人”，其中提到三子：青阳（即少皞氏，见第 217 页），“方雷氏之甥也”，夷鼓、苍林，“彤鱼氏之甥也”，又举黄帝十二子之后，除姬姓，周代之时尚有数姓为显赫诸侯。此说甚为重要，表明黄帝崇祀已经流行于诸侯宫廷，而不限于周室矣；此亦可使吾人明了黄帝及其亲属传说重于伏羲、神农传说的缘由。

尤可一提者，有二姓乃黄帝之裔子。任姓之代表，当属薛室，279
最有名的先祖即奚仲及仲虺，见第 260 页；至商殷后期，任姓有挚

① 此乃《帝王世纪》故事之极佳例子；本书所载素材，多有不见于早期文献者，目前惟见马伯乐及葛兰言征引，以重建中国早期之传说形态。

国，挚氏女大任是周文王之母（《诗经·大明》）。姞姓之代表为燕氏，《左传·宣公三年》载，帝喾之子、周室始祖后稷（弃）之元妃出自姞姓。故此，周室以三重方式计算其与黄帝之血缘：周人本为姬姓，乃黄帝之后，其先祖之元妃出于姞姓，开国武王之祖母为任姓，此二族皆是黄帝之后裔。

除黄、炎之战传说，尚有一种传说，于黄帝神话圈内据有显著的地位，此即蚩尤传说，吾人将给予专门讨论（四）。

黄帝传说散见于汉前文献。《易·系辞》仅泛言黄帝、尧及舜“通其变”而“使民宜之”，又作舟楫（！）而天下利之。吾人已于前引《管子·五行》（第242页）得见诸圣贤名单：蚩尤（见下［四］）、大常、奢龙、祝融、大封及后土，佐黄帝治天下。《管子·封禅》以黄帝为封泰山的古圣王之一。《管子·揆度》载，黄帝“烧山林，破增薮，焚沛泽，逐禽兽，实以益人，然后天下可得而牧也”；黄帝又钻木取火（另说为燧人氏，见前206页）。《庄子·在宥篇》载，“黄帝立为天子十九年”，见广成子而问道。《庄子·徐无鬼篇》又云，黄帝率六圣方明、昌寓、张若、謵朋、昆阍、滑稽，往具茨之山见圣人大隗。《管子·桓公问》，“黄帝立明台之议者，上观于贤”。《吕氏春秋·尊师》云：“黄帝师大桡。”（据《吕氏春秋·勿躬》[①]，“大桡作甲子”。）《吕氏春秋·古乐》云，“黄帝令伶伦作为律（制作过程有详述），……又令伶伦与荣将铸十二钟，以和五音”，又作咸池之乐。《管子·地数》记有黄帝与伯高问对。此外，又有黄帝钟爱之丑女嫫母故事（又见

① 误作《吕氏春秋·任数》，今据改。——译者

《荀子·赋篇》)，且曰："厉汝德而弗忘，与汝正而弗衰，虽恶何伤？"[①]《尸子》云，"西夷之民有贯匈者，有深目者，有长肱者， 280
黄帝之德尝致之"。《韩非子·十过》借师旷（公元前四世纪）之口，说黄帝之事，"昔者黄帝合鬼神于泰山之上，驾象车而六蛟龙，毕方并辖，蚩尤居前（见下［四］)，风伯进扫，雨师洒道，虎狼在前，鬼神在后，腾蛇伏地，凤皇覆上，大合鬼神，作为清角"。

（三）B. 整饬文献及汉初文献皆添加汉前散篇文献未闻之细节，又意欲统一黄帝之生平行迹。

《列子·汤问》《大戴礼记·五帝德》所记阪泉之战，多有发挥、缘饰。《列子》曰："黄帝与炎帝战于阪泉之野，帅熊、罴、狼、豹、貙、虎为前驱，雕、鹖、鹰、鸢为旗帜。"《大戴礼记·五帝德》曰："［黄帝］教熊罴貔豹虎，……三战，然后得行其志。"典籍载有所谓离娄(《孟子·离娄上》;《吕氏春秋·用众》)或离朱(《庄子·骈拇》《韩非子·观行》)，乃古之明目者，惟《淮南子》云，"黄帝亡其玄珠，使离朱索之"，故可借以确定其人之时代。《列子·黄帝》载，黄帝有数位聪明臣僚，大老、力牧、太山稽；力牧、太山稽亦见于《淮南子·览冥训》。《列子·汤问》又记有圣人容成氏，在黄帝之时。容成氏已见于前文（第220页)，《庄子·胠箧》以容成氏为伏羲、神农前的古圣王（而公元一世纪时，班固置于伏羲之时)。《吕氏春秋·勿躬》云："容成作历。"而《列子·汤问》云："唯黄帝与容成子，居空峒之上，同斋三月。"

---

① 见《吕氏春秋·遇合》。——译者

《大戴礼记》所述黄帝父母，其子及后裔，主要资料皆已具列前文（第225页）。尚可举出者，有如《史记·五帝本纪》所云，“黄帝居轩辕之丘，而娶于西陵之女，是为嫘祖。嫘祖为黄帝正妃，生二子，其后皆有天下：其一……为青阳，其二曰昌意。”而《国语》之说有异于此，以黄帝娶于方雷氏（见第278页），方雷氏之女生青阳。

司马迁撰《黄帝本纪》(见《史记·五帝本纪》)，其文所述诸般细节，于汉前文献所见，多语焉不详（Chavannes, Mém. Hist. Ⅰ, p. 25 ff.）。除其他外，黄帝所征地域极广：东至于海，西至于空
281 桐，南至于江，北逐荤粥[①]。黄帝又“举风后、力牧、常先、大鸿以治民”。(《史记·封禅书》载，大鸿乃鬼臾区之号。）然而诸臣皆不见载于汉前文献。其他有名臣佐，尚有封巨、岐伯（见《封禅书》，Chavannes, Mém. Hist. Ⅲ, 516）。《史记》又多处有载，汉代方士如何将其欲兜售之特征注于黄帝之身：黄帝不死（《历书》[②]，Mém. Hist. Ⅲ. 330）；李少君言于武帝曰，黄帝曾见海中蓬莱仙人，“见之以封禅则不死（《封禅书》，Chavannes, Mém. Hist. Ⅲ, 465）”；“黄帝采首山铜，铸鼎于荆山下。鼎既成，有龙垂胡髯下迎黄帝。黄帝上骑，群臣后宫从上者七十余人，龙乃上去”（同上，Mém. Hist. Ⅲ, 488）；“黄帝就青灵台，十二日烧，黄帝乃治明廷。明廷者，甘泉也”（同上，Mém. Hist. Ⅲ, 513）。凡此类主题，皆不载于汉前文献，读者可参见沙畹《史记》法译本诸处。

---

① 荤粥，此前惟见于《孟子》，即“獯鬻”，太王（武王之曾祖）时为周之邻族，后来学者颇为随意地以为即是匈奴、匈人，见 BMFEA 17, p. 141。

② 原作《律书》，今据改。——译者

《山海经》亦多有提及黄帝。于前文所见，凡言四方蛮夷，中国古代皆溯其源至中国之圣王。《山海经》亦载数例。《大荒西经》曰："黄帝之孙曰始均，始均生北狄。"《大荒北经》载，黄帝之苗裔，迭经多代（苗龙生融吾，融吾生弄明，弄明生白犬，白犬有牝牡），而为"犬戎"之先祖。《大荒东经》载："黄帝生禺虢，禺虢生禺京。"禺虢乃东海之神，"人面鸟身，珥两黄蛇，践两黄蛇"（《大荒北经》云"青蛇"[①]）；禺京乃北海之神，《海外北经》又称禺强，其形为"人面鸟身，珥两青蛇，践两青蛇（《大荒北经》云"赤蛇"）"。《列子・汤问》曰："渤海之东不知几亿万里，有大壑焉，……其中有五山焉，……而五山之根无所连著，常随潮波上下往还，不得暂峙焉。……帝乃命禺疆使巨鳌十五举首而戴之。"

吾人可将此种民俗条目参以汉前文献《吕氏春秋・求人》："禹北至……犬戎之国，夸父之野，禺强之所。"此处所言犬戎、夸父及禺强，显系诸族所居地名。而《山海经》已将禺京、禺强变为鬼或"神"，此种情形，夸父亦不能免，可见后文（四）。[②] 282

如前所述（第227页），《山海经・海内经》所载谱系全不相同，由黄帝至禹之父鲧，与汉前文献所载谱系截然有异。最后，《大荒东经》又述异兽之夔（见第258页），其文云："其上有兽，

---

① 《大荒北经》未有载禺虢"践两青蛇"，"珥两青蛇"者为禹强（见下）；亦不见他经，或为误引。——译者

② 国名亦常作其王之名，如《大戴礼记》，朔方、幽都"来服"帝舜，《庄子・大宗师》亦历数得道之真人："黄帝得之……，颛顼得之……，禺强（禺强之王）得之……，西王母（西王母之王）得之……"。公元三世纪，郭璞《山海经・海外北经》注云："禺强，字玄冥，水神也。"（见第222页）盖因《礼记・月令》以玄冥为北方之神。

状如牛，苍身而无角，一足，出入水则必风雨，其光如日月，其声如雷，其名曰夔。黄帝得之，以其皮为鼓。”

至于东汉时代，黄帝的民间传说持续增多，在此不能逐条复述。兹引王充（公元一世纪）所载数例：“传言黄帝妊二十月而生，生而神灵，弱而能言（《论衡·吉验篇》）”；“黄帝乃作礼以时驱之，立大桃人，门户画神荼、郁垒与虎，悬苇索以御凶魅”（《订鬼篇》，详见 Forke, Mê Ti Ⅰ, p. 243）；“传言黄帝龙颜”（《骨相篇》），诸如此类。班固（《汉书·古今人表》）增补诸种杂项。仓颉为黄帝之史（许慎《说文解字》序）；《吕氏春秋·君守》《韩非子·五蠹篇》《荀子·解蔽》皆云仓颉作书，今又置之于黄帝时代矣。㛅母为黄帝之妃，生苍林（㛅母即嫫母，见第 279 页，班固以为是黄帝众妃之一）；班固见《国语》《帝系》二书所载之不同，《国语》说方雷氏之女生青阳，《帝系》则说嫘祖氏产青阳及昌意，乃欲调和二书，以方雷氏生青阳，而嫘祖氏生昌意（！）；又增大颠（黄帝之师）、风后及孔甲三人，作为黄帝的重臣。

王符《潜夫论·五德志》曰：“大电绕枢照野，感符宝，生黄帝轩辕。”而至于皇甫谧，则所知尤过于前人：符宝生黄帝于寿丘；黄帝服牛乘马，作杵臼、弓矢，始作屋及棺椁。黄帝历五十二战，而天下咸服。黄帝设职官，皇甫谧又历举黄帝之重臣。除司马迁、列子及班固所列职官，皇甫谧更为添补五圣、神皇氏
283 二人，以大鸿、鬼臾区为二人（此与司马迁不同）。至于黄帝之子，皇甫谧偏离《国语》《帝系》及班固所记，以其子夷鼓、苍林为一人。黄帝因梦（所述甚详）为占，而得风后、力牧，因著《占梦经》十一卷。岐伯作药，著《本草》，黄帝又使岐伯视血络，

问难八十一，退而著《难经》；且制针灸之法，著《内经》十八卷。黄帝在位百年而崩，年百一十岁（又有说至百一十一岁）。黄帝又称归藏氏（按《周礼·大卜》郑玄注；班固以为归藏在炎帝之时）。凡此种种，不胜枚举，此处不过据皇甫谧所述黄帝故事，284
略作摘录耳。

（四）A. 蚩尤传说始见《书经·吕刑》："蚩尤惟始作乱。"此条颇值得注意，因《书经》未言尧前有类似之事。无论《左传》《国语》，抑或《墨子》，皆未言及蚩尤神话，《逸周书·尝麦解》曰："天……乃设建典，赤帝（即炎帝，黄帝之弟，见前第221页）分正二卿，命蚩尤于宇少皞（在山东，按星野即少皞之虚，见第218页），……蚩尤乃逐帝，争于涿鹿之河，……赤帝大慑，乃说于黄帝，执蚩尤，杀之于中冀。"《尸子》亦云："黄帝斩蚩尤于中冀。"据《庄子·盗跖》之说此战，"黄帝与蚩尤战于涿鹿之野，流血百里"。《战国策·秦策一》亦云："黄帝伐涿鹿而禽蚩尤"，《战国策·魏策二》之说又甚为有趣："黄帝（与蚩尤）战于涿鹿之岳，而西戎之兵不至。"又另有早期说法，以蚩儿为始作兵者，见《吕氏春秋·荡兵》《管子·地数》所述甚详：黄帝与伯高问对，"修教十年，而葛卢之山发而出水，金从之。蚩尤受而制之，以为剑、铠、矛、戟，是岁相兼者诸侯九。雍狐之山发而出水，金从之。蚩尤受而制之，以为雍狐之戟、芮戈，是岁相兼者诸侯十二。故天下之君顿戟一怒，伏尸满野"。同样的主题，又见于《尸子》："造冶者，蚩尤也。"

（四）B. 至汉初时，司马迁仍循汉前文献，以蚩尤为作乱之"诸侯"（而《大戴礼记·用兵》云，"蚩尤，庶人之贪者也"）。此或为朝廷所持之说，因汉高祖既祀黄帝，又祀蚩尤（Chavannes, Mém. Hist. Ⅱ, p. 335），以蚩尤为“兵主”而祠祀之（Chavannes, Mém. Hist. Ⅲ, p. 434）。又据董仲舒（《春秋繁露·求雨》）载，蚩尤为求雨所祀之神（另一神为共工，见前第229页）。

凡此可见民俗信仰的走向，《山海经·大荒北经》曰：“有人衣青衣，名曰黄帝女魃。蚩尤作兵伐黄帝，黄帝乃令应龙攻之冀州之野。应龙畜水。蚩尤请风伯、雨师（见第280页），纵大风雨。黄帝乃下天女曰魃，雨止，遂杀蚩尤。魃不得复上，所居不雨。叔均言之帝，后置之赤水之北。叔均乃为田祖。魃时亡之。”[1]

285 旱魃是异常古老的民俗传说人物，在《诗经》已有载，《大雅·云汉》曰：“旱魃为虐，如惔如焚。”据《山海经》所记，可知此恶灵如何附丽于英雄神话（黄帝），在彼时已是妇人之身，而至于此时，又配备汉代民俗传说之装备。《山海经·大荒东经》所载神话版本有所不同[2]，尚未言及旱魃，惟云应龙之事，“应龙处南极，杀蚩尤与夸父，不得复上，故下数旱。旱而为应龙之状，乃得大雨[3]。”《山海经·海外北经》及《大荒北经》所记蚩尤神话与夸父神话牵混一处，“有人珥两黄蛇，把两黄蛇，名曰夸父。后土（即句龙，共工之子，见第240页）生信，信生夸父。夸父不量力，欲追日景，逮之于禺谷（极西之地，日落之处）。将饮河而不

---

① 《艺文类聚》卷一百引《神异经》，所载“魃”之形象全不相同：“南方有人长二三尺，袒身而目在顶上，走行如风，名曰‘魃’，所见之国大旱，赤地千里。”

② 马伯乐以为本卷窜乱不全（J. As., 1924, p. 56），此为随意而无据之说。

③ 此乃民间作土龙以求雨之俗，见《淮南子·坠形训》及《说山训》，尤以《春秋繁露·求雨》所载求雨仪式为最详。应龙主河海之“历（流通）”，已见于《楚辞·天问》之记载。

足也，将走大泽，未至，道渴而死。弃其杖，化为邓林（同样，据《大荒南经》，‘蚩尤所弃其桎梏，是为枫木’）。应龙已杀蚩尤，又杀夸父，乃去南方处之，故南方多雨。”

据此可知，夸父亦当为魃之属。如魃关联于黄帝神话，夸父亦得牵连于后土神话，二魃传说皆牵混于蚩尤传说，盖因蚩尤在汉初之时，既为兵主，又为雨神，而得受祠祀。黄帝先遣水神应龙攻蚩尤，而蚩尤请风伯、雨师纵大风雨，或黄帝不得已遣旱魃攻蚩尤（《大荒北经》版本），或水神应龙最终胜出，而杀风伯、雨师之盟友蚩尤及旱魃夸父（《大荒东经》）。

迨至此时，蚩尤乃不得为“作乱”之人，而转成一种怪物矣，如东汉《归藏·启筮》云，“蚩尤……八肱，八趾，疏首。”（以蚩尤为怪物的倾向，当起于《韩非子·十过》，蚩尤与他种自然神灵结合，见第280页）。除见于《天问》之应龙，所有此类自然神话皆为纯粹的汉代知识，而不能征信于汉前文献，至此松散地关联于上古英雄如黄帝及后土的神话，而汉前传说所见名字乃得移用于自然神话的主要人物。由前述可知（第281页），《吕氏春秋·求人》所载“夸父之野”，仅为北方蛮族居地，而“夸父”之名如今则移于旱魃之身矣。

东汉经师拒绝所有此类自然神话，又复以蚩尤为“作乱”之诸侯，而关联于古老传说之始作乱者，即少皞时之九黎（《国语·楚语下》，见第235页）。高诱（《吕氏春秋·荡兵》注）、马融（《吕氏春秋·吕刑》注）皆云：“蚩尤，少皞氏之末，九黎之君名也。”马融门生郑玄（《书经》同章注）知此为错代（少皞为黄帝之后），
于是订正如此：“蚩尤霸天下，黄帝所伐者。学蚩尤为此者，九黎 286

之君，在少皞之代也。”至公元三世纪时，皇甫谧又订正黄帝征蚩尤故事：黄帝未亲征，而“使力牧、神皇直讨蚩尤氏，擒之于涿鹿之野；使应龙杀之于凶黎之丘。”在愈后之时代，作者之发挥想象，也愈加恢诞。至有唐时，张守节《史记正义·五帝本纪》曰：“黄帝摄政，有蚩尤兄弟八十一人，并兽身人语，铜头铁额，食沙石子，造立兵仗刀戟大弩，威振天下，诛杀无道，不慈仁。……天遣玄女下授黄帝兵信神符，制伏蚩尤”，云云（详见 Chavannes, Mém. Hist. I, p. 27）。

（五）A. 在汉前传统，少皞是一个中平人物，所有基本特征已具列如前。然而，少皞绝非谱系家的空凿之论，而是祖先崇祀生活的实际例证，可证于《左传·昭公十七年》（公元前 525 年），郯子自云少皞氏为始祖，可知郯国世族必奉守少皞之祀[①]。郯子继云，“我高祖少皞挚之立也，凤鸟适至，故纪于鸟，为鸟师而鸟名”，又特为语及“爽鸠氏”，“司寇也”。《左传·昭公二十年》载，齐臣晏子云，“昔爽鸠氏始居此地”。如前所见（第 243 页），有四小国诸侯沈、姒、蓐、黄，皆自认源出少皞之后裔昧、台骀，故四族必得保存、流传少皞传说。

（五）B. 汉代文献可补少皞的内容甚少。《山海经》载有数条。《大荒南经》曰：“少皞生倍伐，倍伐降处缗渊。”《大荒北经》曰：“有人一目，当面中生。一曰是威姓，少皞之子，食黍。”《海内经》：“少皞生般，般是始为弓矢。”王充（《论衡·祭意篇》以少

① 司马迁（史记·封禅书》，Chavnnnes, Mém. Hist. Ⅲ, 419）云，“秦襄公既侯，……自以为主少皞之神”，然不能证之于汉前文献。

皞与周人始祖弃（后稷）为一人，此说良可怪，疑原文有讹窜。公
元二世纪，王符（《潜夫论·五德志》记有少皞出生传说，与《国
语》(方雷氏之女所生）及《帝系》(《史记》云为西陵氏之女嫘祖 287
所生）所载皆异：“大星如虹，下流华渚，女节梦接，生白帝挚青
阳。世号少皞，代黄帝氏，都于曲阜。”皇甫谧又云，少皞在位百
年，崩后其神居长留之山。

（六）A. 颛顼。汉前颛顼传说已见前文，无可补者。《庄子·大宗师》以颛顼为得道古帝王，“以处玄宫”。《吕氏春秋·君师》云，“帝颛顼师伯夷父”（似不合于前述伯夷传说)，《古乐》又云，颛顼令飞龙、令先作乐。

（六）B. 整饬文献、汉初文献又补述颛顼之宗族关系。《大戴礼记·帝系》曰：“昌意娶于蜀山氏（可证于汉前文献《竹书纪年》，见前第208页），蜀山氏之子谓之昌濮，氏产颛顼。”《世本》所载亦同：“昌意娶于浊山氏之子，谓之昌仆。”《大戴礼记·五帝德》(与《帝系》密切）载颛顼巡视四方，“乘龙而至四海：北至于幽陵，南至于交趾，西济于流沙，东至于蟠木”（司马迁循此，删“乘龙”二字）；此不过袭取《墨子·节用中》所载帝尧的汉前主题。

《山海经·海内经》改变了颛顼之母故事，昌意“取淖子曰阿女，生帝颛顼”；昌意又有一子（颛顼之同父异母弟），名曰韩流，“擢首、谨耳、人面、豕喙、麟身”。《大荒西经》载，“有人焉三面（见《吕氏春秋·求人》云，禹“西至……一臂、三面之乡”），是颛顼之子，三面一臂”。《大荒南经》又载他种传说之民，皆为颛顼之后。

《韩诗外传》卷五云，“颛顼学乎禄图”（《汉书·古今人表》作“绿图”）。东汉王充（《论衡·骨相篇》）云，“颛顼戴午”[1]；《解除篇》又云，“颛顼氏有子三人，生而皆亡，一居江水为虐鬼，一居若水为魍魉[2]，一居欧隅之间，主疫病人”。王符（《潜夫论·五德志》）所载颛顼之出生，与他书所见皆有不同，“摇光如月正白，感女枢幽防之宫，生黑帝颛顼”。皇甫谧欲调和众说：“颛
288 项母曰景仆，蜀山氏女（同前），谓之女枢（异于《帝系》）。金天氏之末，瑶光之星，贯月如虹，感女枢幽房之宫，生颛顼于若水。首戴干戈，有圣德。生十年而佐少皞，二十登帝位。在位七十八年，葬东郡顿丘广阳里。”

（七）A. 帝喾之汉前传统说法，亦已具列如前，而其余可见者甚少。《吕氏春秋·尊师》云，“帝喾师伯招”，《古乐篇》又云，“帝喾命咸黑作为声”（前第257页引，帝喾命倕作鼙、鼓、钟、磬）。《礼记·祭法》曰：“帝喾能序星辰。”

（七）B. 整饬文献、汉初文献多载有不见于汉前文献的条目。《大戴礼记·帝系》载帝喾有四妃，其文曰：“上妃有邰氏之女也，曰姜原，氏产后稷（见第215页）；次妃有娀氏之女也，曰简狄（《淮南子·坠形训》作‘简翟’），氏产契；次妃曰陈隆氏，产帝尧；次妃陬訾氏，产帝挚（如前第225页所述，此‘帝’乃新创，不见于古文献）。”后二妃未有名字，然见于《世本》：“次妃陈锋氏之女（异于《帝系》；司马迁从《世本》；《汉书·古今人表》作

① 后世注家多以“午”当作“干”，即“干戈”之“干”。参见黄晖：《论衡校释·骨相篇》，中华书局1990年版。——译者

② 汉前文献中常见自然恶灵，如《国语·鲁语》《左传·宣公三年》。

‘陈丰’），曰庆都，生帝尧；下妃娵訾氏之女，曰常仪，生挚。”

最后一点使吾人触及《山海经》的民俗自然传说，亦见前第266页。

西汉《韩诗外传》卷五曰：“帝喾学乎赤松子。”赤松子为汉代传说的重要仙人（如镜铭中之常见形象），《韩非子·解老》以为是古之得道者（未具世代），《楚辞·远游》云，“闻赤松之清尘兮”，《淮南子·齐俗训》作“赤诵子”，置于帝王世代之中（《汉书·古今人表》将之置于帝喾后）。而汉后传说，则以赤松子有不同的起源：《列仙传》（多以为刘向所著，然当更晚）曰：“赤松子者，神农时雨师也，服水玉以教神农，能入火自烧”，云云。

如其他古帝王，帝喾亦生有异相，王充（《论衡·骨相》云，289
“帝喾骈齿”。即如《帝王世家》所载帝喾本纪，亦少有补充：“颛顼生十五年，而佐颛顼，三十登帝位，都亳……，在位七十五年，……葬东郡顿丘广阳里（见前［六］B）。”

第十二章

一

在汉前文献，尧之传说有举足轻重之地位，尤其儒家以尧居三代圣王之首，而《书经》尤为基础文献。尧，号放勋、陶唐氏（为“帝”前之封邑名），或仅号曰唐（《左传·哀公六年》引《书经》佚文曰，“惟彼陶唐，帅彼天常，有此冀方”），其完整传说载在《书经·尧典》（今《舜典》原属《尧典》），《尧典》是为《书经》之首，颂帝尧之德，继而分述诸种主题。先述帝尧之主祀者羲和传说，借学者关于“四方”之叙述（见前第262页），而得极大的扩展。次述洪水主题及鲧之任命（见前第250页），“九载，绩用弗成”（颇可注意者，《书经》作者未将共工关联于洪水）。又次，“朕在位七十载”，帝尧欲“巽位”于四岳（见前第258页），四岳不欲，“佥”荐舜（舜之传说，见第十三章），舜于是“纳于百揆”（总揽百官）；此外，舜又“宾”（接待）诸侯“于四门”。帝尧“历试（舜以）诸难”：“纳于大麓，烈风雷雨弗迷。”继云，尧曰：“格，汝舜。询事考言，乃言厎可绩，三载。汝陟帝位。”舜“让”，“受终于文祖（即宗庙）”，即摄政，（如以下几段）代行天子礼仪并其他职事（见第十三章所述舜事）。继云，“二十有八载，帝乃殂落（《孟子·万章》云，‘舜相尧二十有八载’，显系摄政年限）。百姓如丧考妣，三载。月正元日，舜格于文祖（即陟帝位）。”——这些年数尚需计算，司马迁以为，“二十有八载”，当自帝尧曰“朕在位七十载”之年始，故帝尧在位九十有八载。然 290
如宋时蔡沈所言，此种计算有误：尧在位七十载，欲让于“四岳”而未果，又在位三载，而舜为臣（“宾于四门”），然后摄政。故据《书经》，帝尧在位七十有三载，且当舜摄政之时作太上皇二十有八载，“在位通计百单一年”。此说甚是有理，然而传说中最可注意者，并非一百零一载，而是百载：尧在位七十有三载，崩于第二十八载，即在位第一百零一载之时；故尧为帝一百载。

在舜之生涯，亦有此种奇妙的约数。《尧典》云：“舜生三十征庸三十在位五十载陟方乃死。”《伪孔传》断句如此：“舜生三十征庸，三十在位（在尧治下，三载历试诸难，二十七载摄政），五十载（即尧死五十载后）陟方乃死。”[①] 然而此属绝无可能者：设若以“在位”指舜之摄政，而非真正在位之期，此说殊难成立。在《伪孔传》之前，郑玄已指证此说之谬，故断句作：“舜生三十，征庸三十[②]，在位五十载，陟方乃死。”郑说是也。（参见帝尧先前之言：“朕在位七十载”，与郑说相合），故此句之义必为：“当舜三十岁之时，蒙帝尧征用，任职官三十载（三载历试诸难，二十七载摄政，帝尧于第二十八载殂落），又在位（尧崩后）五十载，然后陟

① 自唐、宋，直至今日，诸家皆断句如此，尽管疏解、计算有所不同；理雅各、顾赛芬皆从前引《伪孔传》。

② 郑注实是计“征庸”之年为“二十”，然此说不确，不合于《尧典》之文。

方乃死。”而即使此一年数系列，即三十载，又三十载，又五十载，
亦不能全然体现“相抵”之意。吾人应考虑《孟子·万章上》所
云：“舜荐禹于天（即把摄政权交给他），十有七年，舜崩。”（又
云：“三年之丧毕，禹避舜之子”，然已实登王位）。是故，若舜在
位五十载，于在位前有三年之丧，后十七年则为禹摄政之期，可计
二十载耳。此正可留足三十载之实际在位，可相抵青年时之三十载
291 及为尧臣之三十载：三十载，又三十载，又五十载（前后分三载，
又三十载，又十七载）——此一序列含有三个三十载。

几乎无需指出，所有此种数字实无历史的价值，仅为传说人物应有之年载而已。尧为帝在位一百载；舜三十岁蒙征用任官，佐尧三十载，“在位”五十载，其中有三十载乃是实际的“在位”年数。①

天子让位贤人的主题，大行于古代传说（如后，又见于舜、禹及汤之传说）。尧之故事，变化甚多，而以尧禅舜为最著者，此故事确可造成意外的后果。《孟子·万章下》渲染尤甚（据《孟子》所述，似当日确有帝尧退位为臣之说，“舜南面而立，尧帅诸侯北面而朝之”）。更多细节亦见于其他文献。《吕氏春秋·去私》曰：

---

① 后世整饬者及注家各持算法，以确定尧、舜、禹“在位”之历史年数。司马迁之算法如下：尧在位七十年，而得舜，又在位二十年，始令舜摄行天子之政八年，故尧在位九十八年；舜年二十以孝闻，年三十尧举之，年五十摄行天子事，年五十八尧崩，年六十一代尧践帝位，践帝位三十九年而崩（即百岁之时）。此后有诸家纷纭之说，无需一一赘引。如魏德曼（A. Wedemeyer）（*Asia Major*, Introd. vol. 1922）撰文，于此类讨论多有征引，魏德曼亦极为严肃地视尧、舜、禹“在位”之年为“历史”问题，不仅引伪《书经》、伪《竹书纪年》，且多引六朝、唐、宋著述家之作，以作为重建之基础。

“尧有子十人，不与其子而授舜。”《孟子·万章下》曰：“尧之于舜
也，使其子九男事之。”此处所言，当于十子之中，革除一子，或
即是朱（见于《尧典》放齐所荐诸侯，见第256页）；朱又见于
《书经·益稷》，禹曰：“无若丹朱傲。”故知此处之朱，确为尧子，
可证于《国语·楚语上》：“尧有（子）丹朱，舜有（子）商均。”
可知于诸子之中，丹朱必有显赫身份，无疑当是继位之选——有两
条可为证据，丹朱或曾作乱，有“帝”之号，而为帝尧平息。据古
本《竹书纪年》：“后稷（后为舜臣，见前第256页）放帝朱于丹
水”；《吕氏春秋·召类篇》又载：“尧战于丹水之浦，以服南蛮。”
（显然指朱与南蛮同谋。）《庄子·盗跖》云：“尧杀长子。”有一子 292
既已革除，则如前引《孟子》之说，尧乃使其子九男事舜矣。然
《孟子》又有异说也，丹朱未遭诛灭，只是暂置而不用。故《万章
下》曰：“尧崩，三年之丧毕，舜避尧之子于南河之南，天下诸侯
朝觐者，不之尧之子而之舜。……故曰天也。夫然后之中国，践天
子位焉。”

然古圣王尧禅位于舜前，又先让于他人。先有名许由者，《庄子·天地篇》曰：“尧之师曰许由（许由之师曰啮缺，啮缺之师曰王倪，王倪之师曰被衣）。”尧欲让许由传说，多见于诸家文献，如《庄子·逍遥游》《韩非子·说林下》《吕氏春秋·求人》。《庄子》及《吕氏春秋》皆载尧与许由之问对，许由视富贵如浮云。《吕氏春秋·求人》曰：“尧朝许由于沛泽之中，……许由辞……，遂之箕山（见前第257页）之下，颍水之阳，耕而食，终身无经天下之色。”《韩非子·说林下》曰：“尧以天下让许由，许由逃之，舍于家人。”尧亦欲让天下于子州支父，《吕氏春秋·尊师》

云："帝尧师子州支父。"（《荀子·大略》又云，"尧学于君畴"，《汉书·古今人表》作"尹寿"），据《庄子·让王》及《吕氏春秋·贵生》载，尧以天下让，子州支父亦婉拒。帝尧众臣之贤者，据《吕氏春秋》载，尚有伯阳、续耳。《韩非子·说疑》载，伯阳、续牙"或与之天下而不取"（《尸子》亦记如此，《汉书·古今人表》有"续身"，当是"续牙"之讹写）。据《庄子·天地》及《吕氏春秋·长利》载，"尧治天下，伯成子高立为诸侯。尧授舜，舜授禹，伯成子高辞诸侯而耕。"其他帝尧传说片段亦随处可见。《吕氏春秋·古乐》载："帝尧立，乃命质为乐。……乃以麋辂置缶而鼓之，乃拊击石。……瞽瞍乃拌五弦之瑟，作以为十五弦之瑟。"《自知》云："尧有欲谏之鼓"，《管子·桓公问》云，"尧有衢室之问者，下听于人也。"《尸子》曰："尧有建善之旌。"

然尧亦有征战之事。《庄子·齐物论》载，尧问于舜，欲伐宗、脍、胥敖。《庄子·人间世》又载，"尧攻丛枝、胥敖。"《墨子·节
293 用中》载："古者尧治，南抚交阯，北降幽都，东西至日所出入，莫不宾服。"（尧虽威服四方，仍至简而不餍，"饭于土塯，啜于土形"，云云）。此类故事又见《韩非子》及《尸子》（《尸子》又更为渲染尧之简朴生活）。而《墨子·节葬下》载："昔者尧北教乎八狄，道死，葬蛩山之阴。"（且葬材至简，满坎无封）；《吕氏春秋·安死》又云："尧葬于谷林。"诸家虽多褒美尧之尊崇身份及权力，然亦不乏贬讥之辞。如《韩非子·功名》云："尧为匹夫，不能正三家，非不肖也，位卑也。"《韩非子·说疑》则曰："舜逼尧，禹逼舜"，此说迥异乎当日流行的正统之继替说。

有周中晚期文献既载尧有尊崇地位，而尧之苗裔在有周封建

制度中的地位，则至为低微，令人殊觉讶异（舜之后有陈，禹之后有杞及鄫）。如前所见，据《礼记·乐记》，周武王封帝尧之后于祝，然考诸《左传》，则未见其国之名；与《左传》无载不同，《吕氏春秋·慎大》云：“武王封尧后于黎。”此小国见于《左传·宣公十五年》：“晋侯治兵于稷，以略狄土，立黎侯而还。”黎既为“侯”，则其必有相当的地位。故可推测，黎侯必为祀尧之宗室。而尤为重要者，晋国大族范氏以尧为远祖，且据其本族传统的说法，尧之唐地在今之山西[①]。此故事载在《左传·襄公二十四年》《左传·昭公二十九年》及《国语·晋语八》：“有陶唐氏既衰，其后有刘累，学扰龙于豢龙氏，以事孔甲，能饮食之。夏后嘉之，赐
氏曰御龙”[②]，“在周为唐杜氏”，“范氏其后也”。就其事实，由《左 294
传·昭公元年》可知，成王灭唐（陶唐氏（即尧）后，又称御龙氏）；其王迁于杜，范氏其后也。祀尧者不止于黎氏（见前），范氏亦祀尧为祖。

二

帝尧之纪传，整饬文献、汉初文献所增无多，良可怪也。

---

① 此种传统亦行于各国，《左传·襄公二十九年》载，吴公子季札聘鲁，请观周乐，为之歌《唐》，札曰：“思深哉！其有陶唐氏之遗民乎？”

② 据文献载，范氏之谱系有异说。《左传·襄公二十四年》，范宣子曰：“昔匄之祖，自虞以上，为陶唐氏（尧），在夏为御龙氏，在商为豕韦氏，在周为唐杜氏。”然《左传·昭公二十九年》《国语·晋语八》则谓陶唐氏之后，在夏为御龙氏，以更豕韦之后，……（周时）范氏其（御龙氏）（经由唐杜氏）后也。当以后说为准，豕韦非尧之后，而为颛顼之子祝融，即黎之后（见第237页）。（《国语·晋语八》所记范宣子所叙谱系，与《左传·襄公二十四年》之说同，故不应置于后说，当在前说。——译者）

《大戴礼记·帝系》载：“帝尧娶于散宜氏之子，谓之女皇氏。”《世本》又载：“女皇生丹朱。”司马迁从《书经》，仅略作修订。尚有其他小故事，如《尚书大传》载，“尧年十六，以唐侯升为天子”；又，“尧推尊舜属诸侯，致天下于大麓之野”，且“赠以昭华之玉”（参见后第 327 页处，夏桀及昭华之玉故事）。《山海经》所载传说未有帝尧。如前第 268 页所知，羿之传说由夏初移至帝尧之时。此外，《淮南子·本经训》以尧时之共工（舜摄政时）为洪水人物（此与最早传统相符——《淮南子》在他处以为共工在颛顼及喾之时，见第 228 页），此说有异于《书经》，《书经》将洪水英雄共工之传说形象移至尧时，先变为有功之臣，后又变为“四罪”之一。《淮南子》更以尧（与其他古圣王同）生有异相（《修务训》）：“尧眉八彩，九窍通洞。”汉中期之作者大肆渲染此主题。王充（《论衡·吉验篇》）云：“尧体就之如日，望之若云”，云云。同书（《论衡·奇怪篇》）又载：“尧母庆都夜出，赤龙感己，遂生尧。”公元前二世纪，《淮南子·修务训》高诱注有更多细节：“尧母庆都，盖天帝之女（不复如《帝系》《世本》及《史记》所言，为陈丰氏或陈隆氏之女，见前第 288 页）。寄伊长孺家，年二十，无夫。出观于河，有赤龙负图而至，奄然阴云，赤龙与庆都合而生
295 尧（参见前第 273 页），视如图，故眉有八彩之色。”至公元三世纪，皇甫谧又增饰诸多细节：尧，祁姓，又从母姓伊氏（因庆都曾寄伊家，见前引高诱注[1]）。庆都既与赤龙合，“孕十四月而生尧于

---

① 此说显然以尧即古之伊祁氏，然汉前文献全然无征，见前第 220 页。唐张守节（《史记正义》）亦云：“尧姓伊祁氏。”

丹陵。……年十五而佐帝挚，授封于唐，为诸侯，身长十尺，常梦天而上之，故年二十而登帝位。……都平阳。……命羲和四子羲仲、羲叔、和仲、和叔分掌四时、方岳之职（皇甫谧混淆羲和与四岳［又名伯夷］传说，见前第258页），故名曰四岳也。诸侯有苗氏，处南蛮而不服，尧征而克之于丹水之浦。”（皇甫谧又混淆三苗故事［舜、禹放南方之三苗于西方］及尧征丹水故事，见第291页）。皇甫谧又讲述诸般祥瑞（兹不赘引），尧祭河而得河图（见第274页），“又率群臣，刻璧为书，东沉洛水，言天命当传舜之意，今《中候运衡》之篇是也。”

最后，吾人可一发好奇之心，一瞥东汉时关于圣人伯阳之注疏的历史价值，据《吕氏春秋·本味篇》，“尧得伯阳”，而至东汉时高诱为《吕氏春秋·当染》作注，即以为老子是其人也，盖因前已有司马迁《老子列传》云：“老子姓李，字伯阳。”

第十三章

一

如尧，舜亦有号，曰重华，登位前号“有虞氏”，汉前文献尊为太平盛世的三帝之一。

如前所见（第214页），舜是颛顼之后：颛顼—幕—X—（X）—
296 瞽瞍—舜，故属王族，由炎、黄直至夏、商及周。《孟子·离娄下》载：“舜生于诸冯，迁于负夏。”诸冯、负夏，不知在何地。而孟子又云：“东夷之人也。”[①]据其所属“帝”系可知，诸冯当在东方某地，然非“蛮夷”。据传说的渲染，舜之父母及弟多有恶行，故舜当成年之时，历经诸难而得不死。《孟子·万章上》所述最详：“父母使舜完廪，捐阶，瞽瞍焚廪。使浚井，出，从而揜之。象曰：‘谟盖都君[②]咸我绩，牛羊，父母；仓廪，父母。干戈，朕；

---

① 孟子（同上）又云：“文王……，西夷之人也。”实仅言文王出在西鄙（陕西）而已。叶乃度(E. Erkes)撰数文，肆行发挥，谓据孟子“舜东夷之人”之说，舜乃“东方文化”之代表，遂对中国早期文明有重要之影响云云。

② 沙畹（Mém. Hist. I, p.74）谓“都君”指舜作“都”（见后第297页），然此说殊为牵强；都，时有“美好”之义，如《诗经》之用法。

琴，朕；弤，朕；二嫂，使治朕栖。’象往入舜宫，舜在床琴。象曰：‘郁陶思君尔。’忸怩。舜曰：‘惟兹臣庶，汝其于予治。’”然舜之善举至难也；孟子曰（同上）：“舜往于田，号泣于旻天。”《楚辞·天问》亦云舜是仁慈之人：“舜服厥弟。”

然而，待舜立为天子，关于其对家人之仁慈，传统说法则多有歧异之说。据《孟子》，舜“封之（即象）有庳。”《庄子·盗跖篇》则云：“舜流母弟。”《韩非·忠孝》亦云：“瞽瞍为舜父而舜放之，象为舜弟而杀之。”据《书经·尧典》，舜因至孝而登庸：“师锡帝曰：‘有鳏在下，曰虞舜。’……‘瞽子，父顽，母嚚，象傲；克谐以孝，烝烝乂，不格奸。’帝曰：‘我其试哉！女于时，观厥刑于二女。’”《尸子》详述二妃，《艺文类聚》卷十一引《尸子》云，“于是妻之以媓，媵之以娥”，然《太平御览》卷一三五及卷八一一引《尸子》云：“尧妻舜以娥皇，媵之以女英。”此说似为更流行的版本。（刘向《列女传》亦作“长曰娥皇，次曰女英”；《山海经》云，“帝俊（即舜）妻娥皇”。）

尧举舜故事有诸多变化。舜本出自侧微[1]，而以才能拔举，此 297
无异议者。《尸子》云：“舜一徙成邑，再徙成都，三徙成国（同上，《吕氏春秋·贵因篇》，《管子·治国》），《庄子·徐无鬼》），其致四方之士。尧闻其贤，征之草茅之中，与之语政，……于是妻之以皇，媵之以娥。”《墨子·尚贤中》云：“古者舜耕历山，陶河濒，渔雷泽（同前，《吕氏春秋·慎人篇》《管子·版法解》）。尧得之服泽之阳。”《韩非子·难一》所载更明：“历山之农者侵畔，

---

① 如前述（第250页），尧欲传天下于舜，共工谏，谓舜乃“匹夫”之人。

舜往耕焉，期年甽亩正。河滨之渔者争坻，舜往渔焉，期年而让长。东夷之陶者器苦窳，舜往陶焉，期年而器牢。”（可注意者，此处又有舜关联于东方的主题。）

至此为舜登庸前之前传。《书经·尧典》（《舜典》）又叙其职官生涯。如前所见（第 289 页），尧在位七十载，命舜为臣，又历三载，命舜摄政，舜乃行天子之职，行诸祀之礼，“班瑞于群后”；“五载一巡守”，“望于山川”，“同律度量衡”，诸如此类。“群后四朝，敷奏以言，明试以功”。“肇十有二州，封十有二山，濬川。”作五刑。又罚“四罪”，详细讨论见前第 240 页。“二十有八载，帝乃殂落。百姓如丧考妣，三载，……月正元日，舜格于文祖（见前第 290 页，已有详尽讨论）。”然后即拔擢贤臣，如禹、弃诸人，见前第 256 页（所有此类延伸文本，见 Legge, CH. CL., p. 31 ff.; Chavannes Mém. Hist. Ⅰ, p. 52 ff.）。《孟子·万章上》所载是最后一条：如尧禅位于舜，舜亦禅位于禹，禹摄相事，舜又在位十七载乃死。（见第 290 页）

如前所见，尧“禅”帝位的主题有诸般变化，而舜之故事则
298 多至不可数计。如前引《孟子》所述，“三年之丧毕，舜避尧之子（丹朱）……天下诸侯朝觐者，不之尧之子而之舜”。《吕氏春秋·下贤》载，“尧不以帝见善绻，北面而问焉”。此又见于《荀子·成相篇》（作“善卷”）。《庄子·让王》云“舜以天下让善卷”，而善卷不受。《吕氏春秋·离俗》及《庄子·让王》皆云，舜以天下让其友石户之农，又让其友北人无择，皆不受。最后，如尧有十子而不肖，故不与其子而授舜，舜亦有子九人而不肖，故不与其子（长子为商均，见《国语·楚语下》）而授禹（《吕氏

春秋·去私》)。如尧“有建善之旌”“欲谏之鼓”，舜亦有“舜有告善之旌”(《管子·桓公问》)及“诽谤之木”(《吕氏春秋·自知》)。

《左传·昭公二十九年》载舜之传说：“昔有飂叔安（班固《汉书·古今人表》有仁人‘廖叔安’，依据此传说估算时期，而将之置于帝喾之世），有裔子曰董父，实甚好龙，能求其耆欲以饮食之，龙多归之。乃扰畜龙，以服事帝舜。帝赐之姓曰董，氏曰豢龙。封诸鬷川，鬷夷氏其后也。”如前第237页，董姓、豢龙氏、鬷夷氏皆为颛顼之子祝融、即黎之后，而叔安为该系早期成员。

汉前文献多有描述舜之仁政。舜得圣贤多人：“舜学于务成昭”(《荀子·大略篇》)。《尸子》举其圣贤之友六人：除前引尧时之方回、续牙及伯阳（见第292页），尚有雒陶、东不识、秦不空。舜目双瞳，足证其为识人之大圣（《尸子》)。舜墓所在处，汉前文献多有歧异之说。《礼记·檀弓上》载，“舜葬于苍梧之野”，《楚辞·离骚》亦持此说;《孟子·离娄下》则云“卒于鸣条”;《吕氏春秋·安死》又云“舜葬于纪市”，诸地固已得经师确定矣，然如第210页所述，此种考定殊无价值。苍梧乃南方之地，在今湖南，可证于《楚辞》。鸣条乃晋南地，与苍梧之说相去甚远，宜乎郑玄有言，“鸣条，南夷地名”。《吕氏春秋》高诱注又云，“传曰‘舜葬苍梧九疑之山，’此云‘于纪市’，九疑山下亦有纪邑”。诸说皆自有理，然而《墨子·节葬下》又有异说焉：如“尧北教乎 299
八狄，道死”，“舜西教乎七戎，道死，葬南己之市”（显与《吕氏春秋》之“纪市”同）。若据墨子之说，舜墓本不在南，而在极西之地。

虞舜苗裔之世系，据典籍所见，则殊为零散。夏初有诸侯曰“有虞”。《左传·哀公元年》载，少康（有夏第五君[①]）“逃奔有虞，为之庖正，……虞思（显系有虞之君）于是妻之以二姚。”此一传说又见《楚辞·离骚》：“及少康之未家兮，留有虞之二姚。”如前述，帝尧以二女妻舜，此处主题显系重现。可知舜族此时以尧为姓。《左传·昭公八年》载，有周之前，舜族世守之邑称“遂”（在山东之地；于周为诸侯，公元前 681 年灭于齐）：“自幕至于瞽瞍，无违命。舜重之以明德，寘德于遂，遂世守之。及胡公不淫，故周赐之姓，使祀虞帝（即舜）。”关于此事的更多资料，可见《左传·襄公二十五年》：“昔虞阏父为周陶正，以服事我先王（即武王）。我先王赖其利器用也，与其神明之后也，庸以元女大姬配胡公，而封诸陈。”故舜族由山东遂邑迁于河南之陈（迨至公元前 681 年，遂君可能仍为诸侯，见前，仍属舜族）。《左传·隐公三年》载，陈国之族以“妫”为姓。据此可知，武王更改该族之古姓“尧”为“妫”姓（因尧降二女妻舜于妫水）。据《左传·襄公二十五年》，显然指阏父此时已改为陈胡公也。[②]

二

整饬文献、汉初文献既有异于汉前文献，又多有补充。

300 《大戴礼记·帝系》载，舜只有一妃，谓之女匽氏（不同于前

---

① 少康应为夏之第六君。——译者

② 今一般以阏父为妫满之父，武王封妫满封于陈，谥号胡公，称胡公满或陈胡公。——译者

引《书经》及《尸子》)。《世本》既如《书经》所云，舜有二妃，正妃名肓，又名娥皇，号娥肓（同《尸子》)，次妃罃，又名女英（同《尸子》)。《大戴礼记·五帝德》(与前引《帝系》) 润饰舜之广域云：“南抚交阯、大教，西鲜支、渠廋、氐羌（氐、羌)，北山戎、息慎（肃慎？)，东长夷、鸟夷、羽民。”——此条对应于前述黄帝、帝尧的主题。

总言之，司马迁遵循上节所引《书经》及他种汉前文献所载，然司马迁亦有发挥己见处：舜母死，瞽瞍更娶，而继母荼毒，象为同父异母弟（异于汉前之说;《庄子·盗跖篇》以象为舜之“母弟”)。司马迁（与前引《墨子》有异）又云，“舜……南巡狩，崩于苍梧之野”。(《礼记·檀弓》郑玄注云，“舜征有苗而死”，异于汉前诸说。)

整饬文献、汉初文献所载舜之苗裔，有异于旧有文献。《大戴礼记·少闲》云，禹“迁邑姚姓（舜之族）于陈”，据前述，实迁于遂，迨至周武王之时，始迁于陈。司马迁（《陈杞世家》)曰：“昔舜为庶人时，尧妻之二女，居于妫汭（以妫为姓)，其后因为氏姓，姓妫氏。舜已崩，传禹天下，而舜子商均为封国。夏后之时，或失或续。至于周武王克殷纣，乃复求舜后，得妫满，封之于陈，以奉帝舜祀，是为胡公。”妫满其人，不见载于汉前文献，郑玄（《诗谱》)以为妫满是阏父之子，欲以弥补此间的缝隙。

《山海经》照例将自然神话关联于舜。《淮南子·坠形训》记海外诸国、诸民及人物之所在，其语云：“宵明、烛光在河洲，所照方千里。”《山海经》发挥此一民俗传说的主题（《海内北经》)云：“舜妻登比氏（《帝王世纪》改作‘登北氏’）生宵明、烛光，

301 处河大泽，二女之灵能照此所方百里。”如前所见，汉前传说以尧女（娥皇、女英）为舜妻，而登比氏全不见于以前文献[1]。《山海经·大荒东经》载舜之其他苗裔：“帝舜生戏，戏生摇民。”其传说可见后第325页。至汉中期，刘向（《古列女传》）记瞽瞍之恶行云：“瞽瞍又速舜饮酒，醉将杀之”，而其女弟繫救之。据《汉书·古今人表》，其名作“敤手”（《说文解字》作“敤首”），《列女传》之“繫”或为“擊”之讹形，即“敤手”二字误并为一字。王符（《潜夫论·五德志》）云：“握登见大虹，意感生重华虞舜。”《潜夫论·赞学》又云：“舜师纪后。”至公元三世纪时，皇甫谧（《帝王世纪》）又多有补充：“瞽瞍妻曰握登，陶唐之世，握登见大虹，意感而生舜于姚墟，故姓姚氏。……（舜）龙颜大口，黑色，身长六尺一寸，贩于顿丘（从《尚书大传》）。尧乃命于顺泽之阳……见舜於贰宫，设飨礼，送为宾主，南面而问政。然后赐以絺衣琴瑟，必筑宫室，封之于虞。西王母慕舜之德，来献白环，及贡益地图。……舜常戴天子车服而朝［瞽瞍］焉，天下大之，故曰大舜。……都乎咸阳；……八十一三而荐禹，九十五而使禹摄政。［禹］摄五年，……［舜］崩”，云云。

① 后世注疏家困扰于此，然《礼记·檀弓》：“舜葬于苍梧之野，盖三妃未之从也。”于是郝懿行（《山海经》注）引以为据，“除上所说二妃而外，另一盖即此登比氏也”。

第十四章

一

禹之传说为汉前文献所载最重要、流传最广传说之一。如前所述，禹族传统以其为颛顼之孙，鲧之子，其传说见前第 250 页。《孟子·万章上》载，禹摄政“十有七年（见前第 290 页），舜崩。三年之丧毕，禹避舜之子（商均）于阳城，天下之民从之”，禹然后践天子位。

禹传说的主题为救拔世界于水患的伟绩。其完整叙述皆见载于 302
《书经》前面数篇。《尧典》述帝舜拔擢贤才（见第 256 页），先命
禹为司空，以“平水土”；据《书经》，尧死后，禹乃继其“绩用
弗成”之父即鲧而治洪水（当尧之时，如前第 297 页所述，舜“肇
十有二州，……濬川”）。下篇（《皋陶谟》，原含今之《益稷》）
主述舜、皋陶及禹论德，然亦有（载于《益稷》）禹自陈其功于
舜：“洪水滔天，浩浩怀山襄陵，下民昏垫。予乘四载，随山刊
木，暨益（*ịĕk）奏庶鲜食。予决九川，距四海，浚畎浍距川；暨
稷（二后稷）播，奏庶艰食鲜食。”下篇《禹贡》篇幅甚长，详述 303
禹别九州（注意，据《尧典》，舜“肇十有二州”；《左传·襄公

四年》引颇有《书经》文风之古佚文，亦云“芒芒禹迹，尽为九州”），及其他伟绩。本篇主述山川地势，实为西周汉人所见所闻之周边世界的大概地理状况[①]。读者诸君自可参考理雅各及沙畹著述（Legge, CH. CL. Ⅲ, pp. 92-117, 及 Chavannes, Mém. Hist. Ⅰ, pp. 103-149［译文尤佳］）。《墨子·兼爱中》亦述禹行之事，其中多载地名[②]。而孟子将禹之伟绩置于尧在位之时（《孟子·滕文公上》）：“当尧之时，天下犹未平；洪水横流，泛滥于天下；草木畅茂，禽兽繁殖，五谷不登；禽兽逼人，兽蹄鸟迹之道，交于中国。尧独忧之，举舜而敷治焉。舜使益掌火，益烈山泽而焚之，禽兽逃匿。禹疏九河，瀹济、漯，而注诸海；决汝、汉，排淮、泗，而注之江。然后中国可得而食也。当是时也，禹八年于外，三过其门而不入。”《孟子·滕文公下》又云：“当尧之时，水逆行，泛滥于中国，蛇龙居之，民无所定；下者为巢，上者为营窟。……使禹治之。禹掘地而注之海；驱蛇龙而放之菹；水由地中行，江、淮、河、汉是也。险阻既远，鸟兽之害人者消，然后人得平土而居之。”禹之事功，凡见诸其他文献者，多语焉不详。《国语·周语下》云，“尧用殛之（伯鲧）于羽山”，“其后伯禹念前之非度”，遂有其伟业（所述甚详，兹不赘引），而四岳佐之（又名伯夷，非《书经》所载“伯益”），“皇天嘉之，祚以天下，赐姓曰‘姒’、氏曰‘有夏’”。《墨子·兼爱中》亦云：“古者禹治天下”，《尸子》云：“古

① 东汉及后世学者皆欲辨识此篇“地理志”所载每一地名，可参见李希霍芬、理雅各、顾赛芬及沙畹等西方学者之注疏。然则此种辨识工作往往徒为无用之功，其理由可见第 208 页。

② 毕沅、孙诒让皆穷尽心力，辨识其中所有地名，以合于《书经·禹贡》。

者龙门未辟，吕梁未凿，河出孟门之上，大溢逆流，无有丘陵，高阜灭之，名曰洪水。禹于是疏河决江，十年不窥其家，手不爪，胫不生毛[1]，生偏枯之病，步不相过，人曰‘禹步’。”此类记载又见于《吕氏春秋·爱类》（且曰：“所活者千八百国”），《吕氏春秋·行论》《庄子·天地》《列子·杨朱》《韩非子·五蠹》。禹之伟绩又见在《诗经》之《小雅·信南山》《大雅·文王有声》《鲁颂·閟宫》《商颂·长发》[2]，《左传·襄公四年》更颂禹之功，《左传·昭公元年》至赞禹功，刘子曰：“美哉禹功，明德远矣！微禹，吾其鱼乎！”据《管子·山权数》，“禹五年水”，《墨子·七患》引《夏书》轶文曰“禹七年水”。

很久以前，如毕欧（Édouard Biot, J. As. 1842）早已指出，《书经》关于禹功之叙述已是士人努力将洪水传说化作历史的结果；然尤为重要者，如早期洪水传说，共工及鲧之传说（见前第218、
250页）主要为英雄传说：至于此时，此种传说的基本主题与其说 304
是洪水之灾，毋宁说是治水的著名英雄。多数早期中国传说所以流传后世，因其本为大族的传统，故亦视此类英雄为本族之先祖。

禹之殷勤故事常得渲染润饰，亦属自然之事。《吕氏春秋·谨听》曰：“昔者禹一沐而三捉发”，诸如此类。而更重要者，禹有天命在身。《书经·洪范》载，“天乃锡禹洪范九畴。”（译文见Legge, CH. CL. Ⅲ）。禹遍历天下，至四方之地，又多历艰难，然皆能妥善处之。“禹之裸国，裸入衣出，因（其俗）也”（《战国

---

① 《庄子·在宥》亦云：“尧、舜于是乎股无胈，胫无毛。”

② 除此四篇，实际尚有《大雅·韩奕》，亦载禹功曰：“奕奕梁山，维禹甸之。”——译者

策·赵策二》，《吕氏春秋·贵因》)；“禹南省，方济乎江，黄龙负舟。舟中之人五色无主。禹仰视天而叹曰：‘吾受命于天，……余何忧於龙焉？’龙俯耳低尾而逝。”(《吕氏春秋·知分》)《吕氏春秋·求人》详述禹所经诸国：“禹东至榑木之地，日出九津，青羌之野，攒树之所，揞天之山，鸟谷、青丘之乡，黑齿之国(见第269页)；南至交阯(趾)、孙朴、续樠之国，丹粟、漆树、沸水、漂漂、九阳之山，羽人、裸民之处，不死之乡；西至三危之国(见第249页)，巫山之下，饮露吸气之民，积金之山，其肱、一臂、三面之乡；北至人正之国，夏海之穷，衡山之上，太戎之国，夸父之野(见前第281页)，禺强之所，积水、积石之山。不有懈堕，忧其黔首，颜色黧黑，窍藏不通，步不相过，以求贤人，欲尽地利：至劳也。得陶、化益、真窥、横革、之交五人佐禹。”

禹亦有征战之事。《吕氏春秋·召类》载：“禹攻曹、魏、屈骜、有扈。”曹、魏，于史无征，然而典籍所载有扈，尚不失为一种饶有趣味的主题。禹攻有扈，可检得数条。《庄子·人间世》亦
305 云：“禹攻有扈。”《书经·甘誓》叙甘之大战，将战之际，“王”申明有扈之非行。《墨子·明鬼下》亦引本章，然作“禹誓曰”，故知墨子以甘之战乃禹所为。据《逸周书·史记》，“有夏之方兴也，扈失弱而不恭，身死国亡。”可知禹所处之时代。又，据《吕氏春秋》，《召类篇》先言“禹攻有扈”，《先己篇》又云：“夏后伯启(禹之子，有夏第二君)与有扈战于甘泽而不胜”，伯启自责“吾德薄而教不善”，乃退而修节俭，“期年而有扈氏服”。《书序》沿用此说，以为战于甘者是启，而非禹。《左传·昭公元年》似亦从此说，“虞有三苗，夏有观、扈，商有姺、邳。”盖因“观”在启之

时，而“扈”在“观”后，知《左传》以“观”当启在位之时。故禹、启之战于甘，汉前文献不能统一。《韩非子·说疑》又增细节云：有扈氏有亡国之臣，曰“失度”。有扈之叛君，必当有更详细的传说，因《楚辞·天问》有数处言及“有扈”，然其故事究竟如何，今已不可知矣。

禹使大国臣服。《左传·哀公七年》：“禹合诸侯于涂山，执玉（授职标志）、帛（贡物）者万国。”禹亦是一个令行禁止的霸主。《韩非子·饰邪》载：“禹朝诸侯之君会稽之上，防风之君后至而禹斩之。”此一故事以《国语·鲁语下》所见情节，更富趣味：“昔禹致群神于会稽之山。防风氏后至，禹杀而截之，其骨节专车。”禹之致群神，显为遍祀群神之会，而霸主则是主盟之人。《国语》作者则借孔子之口叙述此事云[1]：“（防风氏乃）汪芒氏之君也，守封、嵎之山者也，为漆姓。在虞、夏、商为汪芒氏，于周为长狄，今为大人（故‘其骨节专车’）。”

在禹之传说，涂山、会稽实是两座主山。《书经·皋陶谟》载
禹自述云：“予创若时，娶于涂山，辛壬癸甲。启呱呱而泣，予 306
（因勤劳而）弗子。”《吕氏春秋·音初》载：“行功，见涂山之女。禹未之遇而巡省南土。涂山氏之女乃令其妾候禹于涂山之阳，女乃作歌。”《楚辞·天问》亦言及同一故事：“禹之力献功，降省下土四方。焉得彼盦山女，而通之于台桑？”会稽之山，可见后文。而虞舜传说中的厉山，亦见于禹之传说。《管子·山权数》云：“禹以

① 孔子谓“神”即“山川之守”，故此段文字意为：“禹致山川之守（神）”，显系文士之说。

厉山之金铸币，而赎民之无糧卖子者。”

帝师贤人的主题，颇流行于前述帝王传说，此处亦不能例外。前引《荀子·大略》云：“禹学于西王国（西王母）。”《吕氏春秋·尊师》又云：“禹师大成贽。”《尸子》云：“禹长颈鸟喙，面貌亦恶矣，天下从而贤之者，好学也。”《战国策·魏策二》所载故事饶有趣味：“昔者，帝女令仪狄作酒而美，进之禹，禹饮而甘之，遂疏仪狄，绝旨酒，曰：‘后世必有以酒亡其国者。’”

据古本《竹书纪年》，“禹居阳城”，“立四十五年”。此处又见当时流行的禅让主题。《孟子·万章上》载：“禹荐益（伯夷）于天（摄政）[①]，七年，禹崩。三年之丧毕（此主题同于尧、舜传说），益避禹之子于箕山之阴。……（民）不之益，而之启”。《墨子·尚贤》又载：“禹举益于阴方之中，授之政，九州成。”然则汉前又有一说，非如孟子所云。《韩非子·外储说右下》云：“禹爱益而任天下于益，已而以启人为吏。及老，而以启为不足任天下，故传天下于益，而势重尽在启也。已而启与友党攻益而夺之天下。”此说
307 又见《战国策·燕策一》，《楚辞·天问》亦持此说：“启代益作后，卒然离蠥。何启惟忧，而能拘是达？”又云：“何后益作革，而禹播降？”《竹书纪年》亦略述此事：“益干启位，启杀之。”

前述尧舜（第293、299页）故事所见主题，即天子道死于巡守，亦见于禹之故事。《墨子·节葬下》云：“禹东教乎九夷，道死，葬会稽之山。”（《吕氏春秋·安死》亦云：“禹葬于会稽。”）

禹始建夏，历久而辉煌，夏族在商殷一朝之命运如何，已不可

① 孟子又云：“舜荐禹于天，十有七年，舜崩”，即“摄政”之义。

得而知，然周武王克殷反商，下车而封夏后氏（姒姓）之后于杞（见前第216页）；杞公是夏之后，可证于《论语·八佾》及《左传·僖公三十一年》。鄫是另一姒姓封国，亦为夏之后，见《左传·僖公三十一年》，《国语·周语下》。周代有非诸侯之大族，亦有夏禹之后者，如晋有董伯，是为夏后，因“祀夏郊”时，“董伯为尸”（《国语·晋语八》）。[①]

二

整饬文献、汉初文献所载禹事，远较汉前散篇文献为丰富。《大戴礼记·帝系》载，“鲧娶于有莘氏之子，谓之女志氏，产文命（即禹）”；而《世本》又谓，“鲧娶有莘氏女，谓之女志，是生高密（禹之号）”。《帝系》云：“禹娶于涂山氏之子，谓之女憍氏（《世本》作‘女娲’，误，‘娲’乃‘憍’之讹写），产启。”

司马迁遵从《书经》及《孟子》所载禹之篇章，及前引汉前文献所载散篇内容，然而亦有些微变化：如《孟子》载“禹八年于外”，司马迁改为“居外十三年”；又云，“帝禹立而举皋陶荐之，且授政焉，而皋陶卒。……而后举益，任之政”；“帝禹东巡狩，至于会稽而崩”；“禹会诸侯江南，计功而崩，因葬焉，命曰会稽 308
（‘会计也’）”；又云“禹兴于西羌”[②]（《六国年表》）。司马迁又有

① 司马迁（《史记·夏本纪》）举禹之后，有十三姓。如崔述（《夏考信录》）所言，其中数姓显然有误，其余数姓，司马迁亦多未举出汉前文献为证。

② 皇甫谧（张守节《史记正义》引》）引《孟子》云：“夏禹生于石纽，长于西羌，西夷之人也。”然《孟子》本无是语，此又可见皇甫谧如何之不可靠。

新说，谓越是禹之苗裔（《史记·越王勾践世家》）："越王勾践，其先禹之苗裔，而夏后帝少康之庶子也。封于会稽，以奉守禹之祀。"司马迁之说，有异于汉前。《墨子·非攻下》载："越王繄亏，出自有遽，始邦于越。"当周人传统将夷狄之君关联于中国古代统治家族，并不是将禹（夏）族关联于越族，而是通过重、黎关联于少康及颛顼之世系，因《国语·郑语》以越为芈姓，与夔氏同姓（亦与楚同姓）[①]。最后，司马迁（《史记·封禅书》，见 Chavannes, Mém. Hist. Ⅲ, 483）将历朝重宝"九鼎"铸造之功归于禹，而汉前传统则归于其子启，见后第 316 页。

《列子·汤问》之文，铺叙禹周行天下，而见四方怪物：北溟有鲲、鹏，北海之北有终北之国；《列子·黄帝》又载，禹（夏后氏）亦如"庖牺氏、女娲氏、神农氏"，"有非人之状"，"蛇身人面，牛首虎鼻"。《淮南子·修务训》云，"禹耳三漏"；《坠形训》又云，有二人佐禹，故能成其伟绩，"禹乃使太章步自东极，至于西极……；使竖亥步自北极，至于南极"。《山海经》所载"息壤"关乎鲧之传说（见第 252 页），《淮南子·坠形训》则将"息壤"的神异主题加诸禹之身："禹乃以息土填洪水。"《淮南子·修务训》载，"禹之为水，以身解于阳盱之河（神）"（此乃袭取汤以身祷雨的主题，见第 328 页）。《淮南子·氾论》所载条目颇可怪："禹劳天下，死而为社。"如前所述，汉前文本皆以后稷为社。禹（或启？）之传说，汉时补充涉及扈国（有扈）之叛。汉前文本所载有

① 司马迁之说，似乎源于对《左传》"哀公元年"所载"越大于少康"之误解——此正可见《史记》之史学价值耳。

扈是作恶之乱主，又有亡国之臣（《韩非子》，见前第305页）。然 309
《淮南子·齐俗训》云：“有扈氏为义而亡，知义而不知宜也。”（许慎《说文》以有扈氏与夏皆为姒姓。）而《淮南子》高诱注云：“有扈，夏启之庶兄也。以尧舜举贤，禹独与子，故伐启。启亡之。”

《山海经》沿用共工传说的某个版本，以共工在尧时。因共工传说（尽管《书经》之处理不同，共工为尧治下之职官，先功而后过，终于受罚）实是一种洪水神话，故《山海经》将之关联于另一种水患传说，又关联于洪水英雄之禹，而置禹于同一时代框架，于是述其故事云：“共工之臣曰相柳氏（《海外北经》），又名相繇（《大荒北经》），九首，蛇身，面青，以食于九山（《海外北经》），或九土（《大荒北经》）。相柳之所抵，厥为泽溪（《海外北经》），不辛乃苦，百兽莫能处（《大荒北经》）。禹杀相柳，其血腥，不可以树五谷种。其地多水，不可居也。禹厥之，三仞三沮，乃以为池，群帝因是以为台。”①

汉代中期出现感生主题，实为必然之趋势。《论衡·奇怪篇》云：“禹母吞薏苡而生禹。”王符（《潜夫论·五德志》）之说与此不同，谓“后嗣修纪，见流星，意感生白帝文命戎禹”。皇甫谧仅袭此主题：“修已见流星贯昴，梦接意感，又吞神珠、薏苡，胸折而生禹。”

汉时传说又将禹妻，即启母，牵连于石，最早见《淮南子·修务训》：“禹生于石。”公元前110年，汉武帝有诏曰（《汉书·武帝纪》）：“朕用事华山，至于中岳，……见夏后启母石。”《淮南

① 本段引文为作者合《海外北经》《大荒北经》两经之文字。——译者

子・修务训》高诱注（公元前二世纪）："禹母修己，感石而生禹，坼胸而出。"而同代之应劭（《汉书・武帝纪》注）另有注云："启
310 生而母化为石。"[1]然完整之故事，仅得见于唐时经学家颜师古（公元645年）所记："启，夏禹子也。其母涂山氏女也。禹治鸿水，通轘辕山，化为熊，谓涂山氏曰：'欲饷，闻鼓声乃来。'禹跳石，误中鼓。涂山氏往，见禹方作熊，惭而去，至嵩高山下化为石，方生启。禹曰：'归我子。'石破北方而启生。事见《淮南子》。"最后一句的用辞，颇堪吾人玩味。颜师古凡引某人某书，必注"某曰"。然而颜氏于此处则云，"事见《淮南子》"，故知颜师古此段文字必非引文。而引发吾人之兴趣者，迨至五百年后，宋人洪兴祖注《楚辞・天问》，虽熟知《汉书》及颜师古注，又引本段文字，竟作"《淮南子》曰"。古人云："书各有命。"（*Habent sua fata libelli.*）[2]诚哉斯言！《淮南子》实无此文。或又曰，《淮南子》原有内篇二十一卷，外篇三十三卷（《汉书・艺文志》），今惟内篇存世，其引文出佚篇，抑或有之。然此种推测着实无据，盖因外篇早佚于颜师古之前（《隋书・经籍志》惟著录内篇二十一卷），师古必不得据而有之，遑论公元十二世纪之洪兴祖，又焉从得见。（颜师古云"事见《淮南子》"，显指前引《淮南子・修务训》句"禹生于石"，此实为颜师古所指故事；洪兴祖引文之粗疏，见后第324页。）

此长篇故事非汉初之作，又更有可说者，盖因无论王充，抑或

---

① 《天问》"何勤子屠母"之说，其所指殊为含混，朱熹"疑当为启母化石事也"。（《楚辞集注》）然如王夫之所云："旧注强为附会，语多怪诞"，故不从（见《楚辞通释》）。

② 公元二世纪罗马诗人泰伦提乌斯（Publius Terentius Afer）之语。——译者

皇甫谧，皆热心于每一个神异传说主题（王充旨在批判，皇甫谧
则纳之于《帝王世纪》），并加征引。尤重要者，刘向《古列女传》
尽心搜罗古圣王传说（如其汇编帝舜之全部故事），然无一语及启
母化为石，反汲汲于述启母“独明教训，而致其化”。故就汉初传
说之本身，《淮南子》高诱注及《武帝纪》所载可能更为确当（“启
母石”为感生之石），而洪兴祖误归于《淮南子》之长篇故事，实
为后汉末及以后时代的新创结果。本故事所含诸般细部，皆合于六 311
朝作者之风格（如《述异记》《搜神记》之属），亦不难推断取材何
处：禹之父鲧殛死而化为黄熊（汉前之主题，见前第 250 页）——
故其子治水于野，亦可化为黄熊；修纪“胸折而生禹”（公元三世
纪皇甫谧之主题，见前第 309 页）——故其子启亦当由“破”而生。

汉后作者如何修改古代神话，又有一种显著的例子，即防风氏后至而被戮故事（见前第 305 页）。《括地志》（《晋书·艺文志》归为晋人著述）载：“禹诛防风氏。夏后德盛，二龙降之。禹使范氏御之以行，经南方，防风神见禹，怒射之。有迅雷，二龙升去。神惧，以刃自贯其心而死。禹哀之，瘗以不死草，皆生，是名穿胸国。”（此处禹之传说与黄帝之“穿胸”传说相为勾连。）《博物志》所载异文[1]，可见沙畹氏之《华北考古记》（*Mission archéologique* I, p. 79）。

---

① 《博物志》卷二“外国”：“穿胸国，昔禹平天下，会诸侯会稽之野，防风氏后到，杀之。夏德之盛，二龙降庭。禹使范成光御之，行域外。既周而还至南海，经防风，防风之神二臣以涂山之戮，见禹使，怒而射之，迅风雷雨，二龙升去。二臣恐，以刃自贯其心而死。禹哀之，乃拔其刃疗以不死之草，是为穿胸民。”

第十五章

一

（一）据古本《竹书纪年》，夏自立国，享祚久长，“自禹至桀十七世，有王与无王，用岁四百七十一年”（《孟子·尽心下》云，“由尧、舜至于汤，五百有余岁”；《左传·宣公三年》更说“载祀六百”），仅有些许传说可资利用。夏之十七王，有十六王见载于汉前文献。吾人可据某些文献而定其先后次序。

早期六王可据《左传》，结合古本《竹书纪年》所载条目确定其序。此是一个绵延颇广的神话周期，当置于同一种背景之下而作叙述。《左传·襄公四年》载：“昔有夏之方衰也，后羿自鉏迁于穷石（《左传》此处引《书经》佚篇，谓“有穷氏”），因夏民以代夏政。恃其射也，不修民事而淫于原兽。弃武罗、伯因、熊髡、龙圉（皆为贤臣）而用寒浞。寒浞，伯明氏之谗子弟也。伯明后寒弃之，夷羿[1]收之，信而使之，以为己相。浞行媚于内，而施赂于外，愚弄其民，而虞羿于田，树之诈慝，以取其国家，外内咸服（浞）。

[1] 此夷羿即前述后羿，因后文云“归自田，死于穷门”。又可证于同篇，“夷羿，冒于原兽”，此处称“帝夷羿”，即“代夏政”之后羿。

羿犹不悛，将归自田，家众杀而亨之，以食其子。其子不忍食诸，死于穷门。靡奔有鬲氏。浞因羿室，生浇（*ngiog）[①]及豷，恃其谗慝诈伪而不德于民。（浞）使浇用师，灭斟灌及斟鄩氏。处浇于过，处豷于戈。靡自有鬲氏，收二国之烬，以灭浞而立少康。”此处所叙，可据《左传·哀公元年》补足：“昔有过浇杀斟灌以伐斟鄩，灭夏后相。后缗方娠，逃出自窦，归于有仍[②]，生少康焉，为仍牧正。惎浇，能戒之。浇使椒求之，逃奔有虞，为之庖正，以除其害。虞思于是妻之以二姚，而邑诸纶。有田一成，有众一旅，能布其德，而兆其谋，以收夏众，抚其官职。使女艾谍浇，使季杼诱豷，遂灭过、戈（分属浇、豷）[③]，复禹之绩。祀夏配天，不失旧物。”[④]

---

① 浇，或即《论语·宪问》所载“奡”（*ngog），力能“荡舟”；《楚辞·天问》亦云“覆舟斟寻”，然所指本事不明，不能晓其义。汉及后世诸家皆以己意解说，而不能征信于汉前文献。

② 有夏之初，有仍氏为大族。《左传·昭公二十八年》（见第258页）载：“昔有仍氏生女，黰黑而甚美，光可以鉴，名曰玄妻。乐正后夔取之，生伯封，实有豕心，……谓之封豕。有穷后羿灭之。”夏后相所娶“缗”显然即此有仍氏之女。

③ 得靡之助，见前述。

④ 此数种传说多见于《楚辞》。《离骚》云：“羿淫游以佚畋兮，又好射夫封狐。固乱流其鲜终兮，浞又贪夫厥家。浇身被服强圉兮，纵欲而不忍。日康娱而自忘兮，厥首用夫颠陨。”《天问》云：“帝降夷羿，革孽夏民。胡射夫河伯，而妻彼雒嫔？（此类传说，见后第319页）冯珧利决，封豨（即封豕，见第258页）是射。何献蒸肉之膏，而后帝不若？浞娶纯狐，眩妻（即玄妻，后羿所灭封豕之母，见第258页）爰谋。……（此后两句，其义不明）阻（钽）、穷（即羿）西征，岩何越焉？化而为黄熊，巫何活（羿）焉？（禹之父鲧，死化为黄熊，见前第250页：鲧将惩罚篡位者）……惟浇在户，何求于嫂？何少康逐犬，而颠陨厥（即浇）首？女歧缝（浇之）裳，而馆同爰止（二人有密谋）。何颠易厥首，而亲以逢殆？”（浇与其嫂女歧密谋之主题，未纳入前引《左传》所述之事，伪《竹书纪年》作书者则取《天问》此时而杜撰一长篇故事，见 Legge, Ch. Cl. Ⅲ, p. 121）。少康与舜之二女事，见于《楚辞·离骚》：“及少康之未家兮，留有虞之二姚。”羿善射之主题又混合于逢蒙善射之主题（《孟子·离娄下》、《韩非子·问辩》、《淮南子·原道》），逢蒙又作“蜂蒙”（《吕氏春秋·具备》）、

313 此类记载仅言及夏之三王：相、其子少康、少康之子季杼。季杼，《国语·鲁语上》作“杼”，古本《竹书纪年》又作“伃”“伫”。

前引《竹书纪年》载有第四王太康：“太康居斟鄩。”相先居商丘，后居斟灌。显然，浇（杀篡位者羿的浞所生之子）所杀斟灌及斟鄩之君是夏之相及太康。当可注意者，《左传·哀公元年》云，“浇杀斟灌，以伐斟鄩，灭夏后相”，似有不符，或以浇三次用师，相无关乎斟灌或斟鄩。然此非事实也，因《左传·襄公四年》载，浇二次用师，即伐斟灌、斟鄩。故可作如此解释：太康为王，先居斟鄩（据前引《竹书》），为后羿所黜，仍居斟鄩为诸侯。据《竹
314 书纪年》，其子“帝相即位，处商丘”，意在复国而居商丘，然（未能灭篡位之后羿）不得不放弃谋划，而迁居偏裨之斟灌。然后，“浇杀斟灌（即相），以伐斟鄩（已遭废黜之相父太康），灭夏后相（据《左传》之说）”，即剪除夏最后之复国者。太康在相之前，可证于《楚辞·离骚》，先言启而后言夏康：“启《九辩》与《九歌》兮，夏康娱以自纵。”

是故，夏前六王可具列如下：禹—启—太康—相—少康—杼。

有夏诸王名单，其次序尚可证于他书。

不降逊位于后扃。（《古本竹书纪年》）

孔甲为夏末倒数第四王（《国语·周语下》）；帝发（一名癸）

“彭蒙”（《庄子·天下》）、“蓬蒙”（《庄子·山木》）、“蜂门”（《荀子·王霸》、《吕氏春秋·听言》）。《孟子·离娄下》云：“逢蒙学射于羿，尽羿之道；思天下惟羿为愈己，于是杀羿。”赵岐注，以逢蒙为“羿之家众”，如前述《左传》故事。（《吕氏春秋·听言》则说，蜂门“始习于甘蝇”。）

之后，其子桀（亡国之王）继位（《竹书纪年》）。故其序为：孔甲—X—发（癸）—桀。

如前所述，汉前散篇文献共载有夏十六王。

若据汉初整饬文献（《史记》），可具列如左：

禹
启
太康
相
少康
杼
（以上）此列可证，见前。
芬（据《竹书》）
荒，一名芒（据《竹书》）
泄（据《竹书》）
不降
扃
（以上）此列可证，见前。
廑，一名胤甲（据《竹书》）
孔甲（据《国语·周语下》，为夏末倒数第四王）
皋（据《左传·僖公三十二年》），一名昊（据《竹书》）
发，一名敬（据《竹书》）
桀（据《竹书》）
（以上）此列可证，见前。

第十七王已佚（见前引《竹书纪年》），见本章第二节。

有夏诸王，汉前文献所载颇少（然仍有重要神话，见后 315
“二”），简列如下：

启，一名会（《竹书》）；二十五年，征西河（《竹书》）；有钧台之享（《左传·昭公四年》）；即位三十九年（《竹书》）。

相，元年，征淮夷、畎夷（《竹书》）；二年，征风及黄夷

（《竹书》）；七年，于夷来宾（《竹书》）。公元前629年，卫成公梦康叔曰："相夺予享。"公命祀相，宁武子不可，曰："相之不享于此，久矣。"（《左传·僖公三十一年》）

少康，二年，方夷来宾（《竹书》）。

杼，居原，自原迁于老邱（《竹书》）；征于东海，及三寿，得一狐九尾（《竹书》）；能帅禹者也，故夏后氏报焉（《国语·鲁语上》）——显系其能复国。

芬，三年，九夷来御（《竹书》）；四十四年，陟（《竹书》）。

荒（芒），元年，以玄珪宾于河（《竹书》）；五十八年，陟（《竹书》）。

泄，二十一年，命畎夷、白夷、赤夷、玄夷、风夷、阳夷（《竹书》）。

不降，六年，伐九苑（《竹书》）。

扃，不降之弟，不降六十九年，即位（《竹书》）。

廑（胤甲），居西河，八年，天有妖孽，十日并出，照于东阳，其年胤甲陟（据《竹书》）。

孔甲，其传说见后第321页。

皋（昊），其墓在崤（《左传·僖公三十二年》[①]）。

发（敬），元年，诸夷宾于王门，再保庸会于上池，诸夷入舞（《竹书》）。

桀，发之子，前汉文献之更多讨论，见后第326页。

故吾人不难总结，有夏诸王皆与诸夷有密切关联，此是有夏之总体特征。

---

① 高本汉引作"僖公三十三年"，应为"三十二年"，今据改。——译者

（二）启的出生及继位，已见前述，有数种相关传说。如前第 316
305页所述，汉前典籍以有扈之乱、甘之战当在启时，然亦有典籍以为是其父禹伐有扈。又有观之乱，在启或其子太康时，诸家说法不一。据《左传·昭公元年》，“虞有三苗，夏有观、扈，商有姺、邳”，其为叛乱，当无疑义。三苗及扈皆为造乱者，观亦当如是。《左传》以观在扈前，因扈之乱必不晚于启在位之时，故《左传》作者以为，观之乱亦当在启之时（据文献所见，并无置于禹时之记载）。屈原又以为此事在太康之时，可见后文。观之乱，确有令人费解之处。《国语·楚语下》及《韩非子·说疑》云：“尧有丹朱，舜有商均，启有五观，商有太甲……。是五王者，皆有元德也，而有奸子。”此是明明以启为五观之父。今既以丹朱、商均及太甲作譬，故诸家注疏皆以五观为一人：其人乃启之第五子，太康之昆弟，此说之证据，可见于《墨子·非乐上》，引《书经》轶篇《武观》，描述启之“淫溢康乐”，“湛浊于酒，渝食于野”。武（**mi̯wo*）观者，五（**ngo*）观也。然而又有两种文献，不同于此说。一方面，《逸周书·尝麦解》载：“其在啓（另有版本作‘殷’，显是啓、殷二字形近之讹）当作夏之五子，往伯禹之名，假国无正，用胥兴作乱，遂凶厥国，皇天哀禹，赐以彭寿（彭姓之君，见第237页），思正夏略。”此处未说启之继位者太康，可知作者亦如前引《左传》，以此事当在启之时。另一方面，《楚辞·离骚》云：“启《九辩》与《九歌》兮，夏康娱以自纵。不顾难以图后兮，五子用失乎家衖（失国，失官）。”此处亦云启有“五子”，而太康有昆弟，虽屈原以为五子之乱当太康在位之时，太康与其父启一样沉湎康乐，而不能为昆弟作模范也。

（三）另一种与启有关的重要传说，即铸九鼎之事，而九鼎历来是皇权的象征。《左传·宣公三年》（公元前606年），王孙满曰：
317 “昔夏之方有德也，远方图物，贡金九牧，铸鼎象物，百物而为之备，使民知神、奸。故民入川泽山林，不逢不若。螭魅罔两，莫能逢之，用能协于上下以承天休。桀有昏德，鼎迁于商，载祀六百。商纣暴虐，鼎迁于周[1]。德之休明，虽小，重也。其建回昏乱，虽大，轻也。天祚明德，有所底止。成王定鼎于郏鄏，卜世三十，卜年七百，天所命也。”经学家惯于以九鼎为禹所铸，然《左传》言“昔夏之方有德”，不能证明此说正确无误。《墨子·耕柱》更确定此事之世代：“昔者夏后闬（即启，汉时为避景帝刘启讳而作‘闬’）使蜚廉折金于山川，而陶铸之于昆吾；是使翁难雉乙卜于白若之龟，曰：‘鼎成四足而方，不炊而自烹，不举而自臧，不迁而自行。以祭于昆吾之虚，上鄉！”

蜚廉，数见于《楚辞》。在《天问》一诗，诗人开启想象之旅：“前望舒使先驱兮，后飞廉使奔属[2]。鸾皇为余先戒兮，雷师告余以未具。”望舒不见于汉前其他文献[3]。公元前二世纪，经学家王逸及同代之应劭皆以为蜚廉即是风伯，如后文所述，然此说仍有疑义。此种认定有可能模仿黄帝巡守（《韩非子·十过》，第280页）之类似叙述：“毕方并辖，蚩尤居前，风伯进扫，雨师洒道。”显然，王逸及应劭以《离骚》之“蜚廉”对应于此处之“风伯”。然

① 《左传·桓公二年》载：“武王克商，迁九鼎于雒邑。”

② 《九辩》亦云：“通飞廉之衙衙。”

③ 王逸注：“望舒，月御也。”汉代中期，扬雄云：“望舒弥辔。”（《汉书·扬雄传》）

前引《墨子》传说可证，《离骚》之蜚廉并非对应于风伯，而对应 318
于《韩非子》之蚩尤。由前文（第283页）可知，蚩尤是汉前传统中的神话英雄，不仅于黄帝在位之时惟始作乱，且始作兵，又受金而制之，以为剑、铠、矛、戟，简言之，蚩尤是有神能之始作者。如蚩尤之伴随黄帝，屈原亦梦见飞廉为之奔属——而据前引《墨子》，蜚廉亦为始作者，铸启之九鼎。由此两种旅行故事可知，蚩尤、蜚廉皆与自然力之神为一体：雷师（《离骚》）、风伯及雨师（《韩非子》），代表某种类似力量；二人既为始作者，当更为火师，而非风伯。[1]

《楚辞·远游》更有数句，述想象之旅，其诗曰："历太皓以右转兮（东方，见《礼记·月令》），前飞廉以启路。阳杲杲其未光兮，凌天地以径度。风伯为余先驱兮，氛埃辟而清凉。凤凰翼其承旂兮，遇蓐收（见前第239页）乎西皇（即少皞）。"注疏家据此以为飞廉即是风伯（"前飞廉以启路""风伯为余先驱"），然屈原既以飞廉、风伯为并驱，可知飞廉、风伯绝非一人，此事甚明：若二人为一人，则此二句即为重复赘述，必非屈原文风，质言之，此处实为列举其奔属之诸神：飞廉—风伯—凤凰—蓐收。

蜚廉，又作飞廉。飞廉之名见于全然不同的背景，为殷商亡国之主的宠臣。《荀子·解蔽篇》云："纣蔽于妲己、飞廉。"《孟子·滕文公上》云："周公相武王……，驱飞廉于海隅而戮之。"（此飞廉故事又见于汉初文献，《史记·秦本纪》《赵世家》《孝武本纪》，见 Chavannes, Mém. Hist. II, pp. 4, 5, 9, 99 etc.），吾人从中可

① 若吾人不愿接受东汉文士以飞廉为风伯之说，当可视之为雷师。

见一种联系：火师或雷师之主题，其为祸乱之恶魔，恶君殷纣之爪
319 牙，终被有德周公戮死。然此是由于强行捏合材料而造成的结果。飞廉最初（同今日）实为有翅昆虫之名，《广雅》作“飞蠊”，早期传说英雄以此虫为名，原系自然之事（兽名为人名乃习见之举，见第 258 页）。二人同名，亦属常见。如舜有臣名伯夷（见前第 256 页），商末亦有王子名伯夷。后世之人亦有袭名于早期英雄者：如周末之时，邹国有公子，名“夏后启”，见《吕氏春秋·知分》。

（四）据《墨子》，陶铸九鼎在昆吾。此昆吾可见于汉前文献。《国语·郑语》云，黎之苗裔祝融（颛顼之子，见第 237 页），其后分八姓；芈姓（荆楚王族）最著，其次为己姓，己姓有昆吾，“昆吾为夏伯”。据《左传·昭公十二年》，楚王曰：“昔我皇祖伯父昆吾，旧许是宅。”——可证楚族、芈姓及己姓乃亲族。《左传·哀公十七年》又载另一昆吾所在：卫有昆吾之虚，其上有（昆吾之）观。唯一可证昆吾之准确时期者，当属《诗经·商颂·长发》，载商汤征伐之事：“韦、顾[1]既伐，昆吾夏桀。”（《左传·昭公十八年》亦言及此事。）

前引《墨子》所载神话，昆吾与折金陶铸之艺有关。《吕氏春秋·君守》举古之始作者及大匠，有“昆吾作陶”之说。“陶”常解作“陶器”，然昆吾既可铸九鼎，当为折金陶铸之所，故“陶”应指化金之“窑”。即在有周之时，昆吾仍冶炼精金；《逸周书·大聚》载：“武王[2]……乃召昆吾，冶而铭之金版。”

---

① 顾亦属《国语·郑语》所言己姓，与昆吾同姓，俱为汤所灭。

② 高本汉引作“文王”，应为“武王”，今据改。——译者

（五）前引《楚辞·天问》载夏初夷羿（或后羿）传说，羿
“射夫河伯，而妻彼雒嫔”。古时，河为大神，奉祀不绝，周时
多有证实。《左传·文公十二年》载：“秦伯以璧祈战于河。”《左 320
传·宣公十二年》：楚子“祀于河”。《左传·襄公三十年》：“（驷
带）与子上盟，用两珪质于河”。《左传·定公十三年》：“君命大
臣，始祸者死，载书在河。”盟誓常以“河”为证。《左传·文公
十三年》：“秦伯曰：‘若背其言，所不归尔帑者，有如河。’”据古
本《竹书纪年》可证，有夏习俗以河为神：帝荒“即位，以玄珪
宾于河”。河并非是抽象的神性，而有实在的人格。《左传·僖公
二十八年》载，“楚子玉自为琼弁玉缨，未之服也。先战，梦河神
谓己曰：‘畀余，余赐女孟诸之麋。’”古本《竹书纪年》载：“夏帝
芬十六年，洛伯用与河伯冯夷斗。”用与冯夷皆是神名；本条显是
时人目睹河、洛（河之支流）相溢，然后因此种灾害而作成之结
果。有颇堪玩味者，此处所言“洛伯、河伯”组合，同于前引《楚
辞·天问》“河伯、雒嫔”组合，亦同于前述“河图、洛书”组合
（见前第273页）。《庄子·大宗师》举古之得道者，“冯夷得之，以
游大川”；《庄子·秋水》云，河伯见大水而“欣然自喜”。另一方
面，《穆天子传》有穆王西征的恢弘描述，“至于阳纡之山，河伯无
夷之所都居，是惟河宗氏”[①]。河伯名为无夷而非冯夷。《楚辞·远
游》曰：“令海若（北海若，见《庄子·秋水》）舞冯夷。”前引河
伯显是水神。然而他书又有记载，以河伯为诸侯。古本据《竹书纪
年》：“殷王子亥，宾于有易而淫焉，有易之君绵臣杀而放之。是故

① 其下继云：“河宗伯夭逆天子燕然之山……”夭，即无夷（冯夷）之名。

殷主甲微（见后第 336 页）假师于河伯，以伐有易，灭之，遂杀其君绵臣也。”该地诸侯或任祭河（神）之主，遂以河伯为名；此事容或有之，然已不可得而知矣。

321　（六）在后文叙述重要传说前，吾人须深入察考直至孔甲以前之夏世系。《左传·昭公二十九年》载：“及有夏孔甲，扰于有帝。帝赐之乘龙，河、汉各二，各有雌雄，孔甲不能食，而未获豢龙氏。有陶唐氏既衰，其后有刘累，学扰龙于豢龙氏（见前第 293 页），以事孔甲，能饮食之。夏后嘉之，赐氏曰御龙，以更豕韦之后。龙一雌死，潜醢以食夏后。夏后飨之，既而使求之。惧而迁于鲁县，范氏其后也。”（最后一句解释此神话何以保存至今，知其原为春秋大族的祖先传说，见《左传》各处）。然孔甲养龙之主题又见于另一传说。孔甲行事昏淫，因《国语·周语下》云：“昔孔甲乱夏，四世而陨。”《国语·郑语》所详述故事，明指养龙之孔甲（司马迁又录于《周本纪》，译文见 Chavannes, MH Ⅰ, 281）：“夏之衰也，褒人之神化为二龙，以同于王庭，而言曰：‘余，褒之二君也。’夏后卜杀之与去之与止之，莫吉。卜请其漦而藏之，吉。乃布币焉而策告之，龙亡而漦在，椟而藏之，传郊之。’及殷、周，莫之发也。及厉王之末，发而观之，漦流于庭，不可除也。王使妇人不帏而噪之，化为玄鼋，以入于王府。府之童妾未既龀而遭之，既笄而孕，当宣王时而生。……有夫妇……逃于道，而见乡者后宫童妾所弃妖子出于路者，闻其夜啼，哀而收之，夫妇遂亡，奔于褒。……弃女子出于褒，是为褒姒。当幽王三年，王之后宫见而爱之。”此传说有其道德寓意焉：幽王贪恶，西周遂亡（公元前 771 年）。此乃孔甲豢龙感生之褒姒祸国。因孔甲昏淫，而致“夏之衰”（四世而陨）——龙实为褒国之龙神（孔甲食之）。——另一孔甲故事见于《吕氏春秋·音初》:“夏后氏孔甲田于东阳萯山。天大风，晦盲，孔甲迷惑，入于民室。主人方乳，或曰:‘后来，是良日也，之子是必大吉。’或曰:‘不胜也，于是必有殃。’后乃取其子以归，曰:‘以为余子，谁敢殃之？’子长成人，幕动坼橑，斧斫斩其足，遂为守门者。”

二 322

（一）如前所述，据汉前之说（古本《竹书纪年》），夏有十七王，而汉前散篇文献仅载十六王名号。司马迁（《史记·夏本纪》）以为，太康、相之间，尚有王曰中康，此种手法容易理解：既有太康、少康，则必有中康，乃自然之事[1]。然而此种手法委实难言妥当；关于有夏前六王的汉前传统说法，《左传》（见前）已有充分叙述，太康与相之间实不能容有中康。司马迁欲在其间寻一个位置，方可安顿中康其人。《书经》有《胤征篇》（已佚，《书经》所载版本为伪书；清本有避“胤”而作“允征”者）。《书序》曰:“羲、和（见第262页）湎淫，废时乱日，胤[2]往征之，作《胤征》。”司马迁以为此事当在中康之时，实则无据可依[3]。迨至更晚，伪中康才取得了成功：伪《书·胤征》（作于公元前三世纪）将一次日食

① 此或受惑于一种不严肃的理由：传说有太皞、少皞，而无中皞之名。

② 郑玄释云:“臣名。”伪《孔传》则释为“胤国之君。”

③ 马伯乐（J. As. 1924, p. 46）云,《书序》以此事在中康之时，而司马迁仍之。然马氏之说难以成立，盖《书序》根本不曾言及中康。

置于中康在位时，西方早期汉学家[①]与中国学者皆有许多讨论，而皆是徒劳之功，因将日食关联于某王在位（即“中康”）本是伪造的结果。《左传·昭公十七年》曾引《胤征》轶文（简称《夏书》），亦提及一次日食，然而绝未言是“中康”在位之事。故其无非是夏朝某地发生的一次日食，对于重建中国早期历史之编年史实则无用。而后来学者多步司马迁及伪书作者之后尘，大肆渲染伪“中康”，遂有后出之伪《竹书纪年》，多载“中康”条目。司马迁所记有夏诸王名单，尚有多处异于汉前文献，如“杼”作“予”，
323 “芬”作“槐”。至于与夏初王有关的羿传说，已见于前文，汉初民间传说作家将之移于尧时，且牵混于十日神话。

司马迁所记夏朝诸王，除名字外，所知甚少。而皇甫谧（公元三世纪）所述则有甚多条目，启一名建，一名余德[②]，在位九年，年八十余而崩；太康在位二十九年；“杼”，一名伃，或曰公孙蔓，在位十七年；芬，一名祖武，在位二十六年；芒，一名和；泄，一名世，或曰泄宗，在位十六年；不降，一名降，或曰北成；扃，一名禺，或名高阳，在位二十一年；廑，一名项，或曰董江，在位二十年；皋，一曰皋苟。且又以为不降之后，又有两王：不降弟帝乔，乔子帝广，皆不见于早期文献。

（二）与启或太康有关的五（武）观之乱，在整饬文献、汉初文献之所载，早已破坏殆尽。《书序》曰：“太康失国，昆弟五人，

---

① 如夏德（Friedrich Hirth）所著《中国古代史》（*The Ancient History of China*, p. 40），且附有书目。

② 《帝王世纪》云：启，一名建，一名余，德教施于四海。故此处“余德”应为断句之误。——译者

须于洛汭，作《五子之歌》。”司马迁知《书经》所载本篇之题，然其文已佚，故不得引片言只语。无论何如，“五子”显系有德之贤人，其《歌》值得收入圣贤集；故至公元三世纪，伪书作者仍然以为《五子之歌》有德教之旨[①]。然而有更古老之说法，在其他学派著述中仍可见蛛丝马迹，是以五子为叛乱之人。如《汉书·地理志》载有地名曰“畔观”，畔者，叛也。[②]

（三）启之九鼎传说，以为鼎是蜚廉或飞廉所铸（《离骚》以
飞廉即火师，作诗人之奔属，遂有想象之旅，或为风伯）。而至
于汉初之传说，蜚廉又变为异兽：司马相如（公元前二世纪）《上 324
林赋》(《史记·司马相如列传》)，以蜚廉与“獬豸”并列（见
第261页），《淮南子·俶真训》亦云“若夫真人……骑蜚廉”。然其前后文不能使吾人知悉其性质及象征意义。迨至东汉，飞廉确与风发生关联。(《汉书·武帝纪》“元封二年”）应劭注“飞廉”云：“飞廉，神禽，能致风气者；郭璞（大约公元300年）云：“飞廉，龙雀也，鸟身鹿头者。”且如前述，《汉书》卷八十七上《扬雄传》应劭注及《离骚》王逸注（皆载公元二世纪），皆以飞廉与风伯为一人——故飞廉为鸟形[③]。然在东汉时，风伯又有另外的形象，

---

① 尤可诧异者，段玉裁竟谓“五子之歌”当为“五子之观”，五子即五观，之歌谓往观地，观（**kwan*）即歌（**ka*）也。

② 伪《竹书纪年》作者据《墨子·非乐》《逸周书·尝麦解》而发挥故事云：“（启）十一年，放王季子武观于西河。十五年，武观以西河叛。彭伯寿帅师征西河，武观来归。”——《山海经·海内南经》又载启之故事云：“夏后启之臣曰孟涂，是司神于巴。人请讼于孟涂之所，其衣有血者乃执之。”此传说于汉前文献无征。

③ 洪兴祖《楚辞》注引《吕氏春秋》：“风师曰飞廉。”然《吕氏春秋》并无是条。(此不过略见中世纪时中国注疏家粗疏之一证耳。)

即《周礼》所载“飌师”，大宗伯职在“以槱祀……飌师、雨师”。郑玄（公元前二世纪）注云，“风师，箕也”，蔡邕《独断》又云，“风伯神，箕星也。其象在天，能兴风”。应劭《风俗通义》以飞廉即是风伯或曰风师：“风师者，箕星也。箕主簸扬，能致风气，故称箕伯。”[①]

（四）又据典籍，启在位之时，蜚廉陶铸九鼎于昆吾，昆吾为夏末侯国（《商颂·长发》）：而整饬文献（《大戴礼记·帝系》）载昆吾一族之世系（司马迁仍之）；其在基本点上与汉前散篇文献有歧异。《帝系》又云：“昆吾者，卫氏也。”此非谓卫氏是昆吾之苗裔（卫氏与周室同为姬姓），仅云昆吾之国在周时属卫氏治下（同《左传·哀公十七年》，见第319页，然不同于《左传·昭公十二年》，见同前页）。与此相反，《列子·汤问》所述昆吾，在周初地位有所不同：“周穆王大征西戎，西戎献锟铻之剑，……用之
325 切玉，如切泥焉。”二字虽增“金”作部首，且在极西之地，昆吾是异术创始人之国（启之九鼎，穆王之剑）的传说主题依然未变。

《山海经·大荒南经》云：“有白水山，白水出焉，而生白渊，昆吾之师所浴也。”然其义不明。《大荒西经》又云，极西之地，“大荒之中，有龙山，日月所入。有三泽水，名曰三淖，昆吾之所食（邑）也。[②]”是以昆吾在极西之地，同于《列子》所载。而《淮南子·坠形训又云“昆吾丘在南方”（“榑桑在东方”，云云）（唐

① 吾人可试调和二说，谓日中既有乌，箕中亦可有神鸟焉，其鸟即是风伯。然此种臆说，其来有据乎？

② 昆吾之所食：此义之“食”，常见于早期文献。故此处故事并无超凡、神异之处，非如葛兰言之臆想（*Danses et legendes*, p. 450）。

《括地志》又云昆吾在北方，属今河北大名府！）。

迨至东汉，应劭（《风俗通义·五伯》）不满昆吾在夏时不明之状况（惟见最后世代：夏桀之时，昆吾为汤所灭），乃取《国语·郑语》“昆吾为夏伯”之说，以“伯”为“霸”（仿《白虎通·号》）（如周时，五伯即五霸）：“昔昆吾氏，霸于夏者也。”应劭云：“谨按《春秋左氏传》：夏后太康，娱于耽乐，不修民事，诸侯僭差。于是昆吾氏乃为盟主，诛不从命，以尊王室。”无须赘言，应劭之说，全不见于《春秋》或《左传》（此乃早期经学家引证粗疏之一例），亦无证据可确定昆吾为霸主的时间。

（五）河伯冯夷多见载于西汉文献。《淮南子·坠形训》曰：“冯夷得道，以潜大川。”《淮南子·原道训》云，冯夷能以“阴阳为御”。《山海经·海内北经》云：“从极之渊，深三百仞，维冰夷恒都焉。冰夷人面，乘两龙。”①

司马相如《大人赋》（《汉书·司马相如传》）曰：“使灵娲 326
（即女娲，见第229页）鼓瑟而舞冯夷。”自东汉及稍前时期开始，河伯寓言故事日渐增多。《淮南子·坠形训》高诱注（公元二世纪）云：“冯夷，河伯也。华阴潼乡堤首里人，服八石得水仙。”《博物志》（晋时？）云：“仙夷乘龙虎，……其行恍惚，万里如室。”《括地图》（亦晋时）亦云：“冯夷恒乘云车，驾二龙。”葛洪（《抱朴子·释鬼篇》）曰：“冯夷以八月上庚日渡河溺死，天帝署为河伯”（此主题多有变化）。《淮南子·原道训》高诱注，又取《楚辞·天

① 《山海经·大荒东经》亦载一段故事，关乎前引《竹书纪年》（第320页）有易之敌河伯，谓河伯名仆牛（或居于仆牛？）。然此处作者以河伯为河神，悯有易，而纵之潜出，“为国于兽方”，兽方之民曰摇民，乃帝舜之苗裔（见前第301页）。

问》“羿射河伯”主题，而更有扩充：“河伯溺杀人，羿射其左目。”[①] 同代王逸又渲染情节云：“河伯化为白龙，游于水旁，羿见射之，眇其左目。河伯上诉天帝，曰：‘为我杀羿。’天帝曰：‘尔何故得见射？’河伯曰：‘我时化为白龙出游。’天帝曰：‘使汝深守神灵，羿何从得犯？汝今为虫兽，当为人所射，固其宜也。羿何罪欤？’”《楚辞·天问》载羿“妻彼雒嫔”（见第313页），王逸注云：“雒嫔，水神，谓宓妃也。”（见第276页）

（六）据吾人所知，孔甲传说在汉代未有实质补充。司马迁（《夏本纪》）不以孔甲为帝廑之子，而为不降之子。

① 宋洪兴祖《楚辞·天问》注引本句：“《淮南子》曰”，是混《淮南子》文与高诱注为一谈也。

第十六章

一

关于夏桀及有夏之亡，汤及同僚所建殷商王朝，所涉神话甚广。

夏桀之为暴王的典型，可谓史不绝书，亦是注定亡夏的主角；其敌商汤则是仁德的典范，溢美之词，在在皆是。

桀之恶行，不乏详述。《大戴礼记·少闲》曰："桀……荒耽于酒，淫泆于乐，德昏政乱，作宫室高台污池土察，以民为虐，粒食之民惛焉几亡。"《管子·轻重》曰："桀者冬不为杠，夏不束柎，以观冻溺。弛牝虎充市，以观其惊骇"；"女乐三万人，端噪晨乐闻于三衢，是无不服文绣衣裳者。伊尹以薄之游女工文绣篹组，一纯得粟百钟于桀之国。"《古本竹书纪年》载："桀作琼宫（或'倾宫'）、瑶台。"诸书所载（《吕氏春秋·功名》《庄子·人间世》《韩非子·十过》《韩非子·人主》《战国策·秦策五》），桀有贤臣关龙逄（《战国策·秦策五》以为"良将"），直言忠谏，被诛身死。《吕氏春秋·先识》曰："夏太史令终古出其图法，执而泣之。夏桀迷惑，暴乱愈甚。太史令终古乃出奔如商。"桀有谀臣干辛、推哆（或作"推移"）、大戏、歧踵戎、尹谐、斯观等（见《墨子·亲士》《墨子·明鬼》;《吕氏春秋·当染》《吕氏春秋·慎大》;《韩非子·说疑》;《荀子·解蔽》《荀子·宥坐》)。《管子·轻重》载:桀有佞臣曲逆,又爱宠姬女华,汤皆赂之以千金(见后)。淫于妇人,尤为夏桀昏乱之道。首先,据《国语·晋语一》:“昔夏桀伐有施(施氏为商殷大族,至周武王时仍为七族之一,见《左传·定公四年》),有施人以妺喜(《竹书纪年》作‘末喜’)女焉,妺喜有宠”,后又叛夏(见后)。《左传》“昭公四年”载,“夏桀为有仍之会”(有仍为大族,见前第312页);然《韩非子·十过》云,“昔者桀为有戎之会,而有缗叛之”(据《左传·昭公十一年》,“桀克有缗”),而《古本竹书纪年》云:“桀伐岷山,岷山女于桀二人,曰琬、曰琰。桀受二女,无子,刻其名于苕华之玉,苕是琬,华是琰。而弃其元妃于洛,曰末喜氏。末喜氏以与伊尹交,遂以间夏。”(见后)。此可证于《吕氏春秋·慎大》:“桀迷惑于末嬉,好彼琬、琰。”[①]

汤是仁德之君,“夷竞而积粟,饥者食之,寒者衣之,不资者振之”(《管子·轻重》);“以庄山之金铸币,而赎民之无(米亶)
328 卖子者”(《管子·山权数》);“见祝网者,置四面,……欲(尽取)从四方来者,……汤收其三面,置其一面,……取其犯命者”(《吕氏春秋·异用》);“汤有司直之士”(《吕氏春秋·自知》);“昔者汤克夏而正天下,天大旱,五年不收,汤乃以身祷[②](上帝)于桑

① 《楚辞·天问》云:“桀伐蒙山,何所得焉?妺嬉何肆,汤何殛(桀)焉?”注疏家认为,桀伐蒙山而得妺嬉(此说以“蒙山”即是前述《左传》之“有施”)。然余更有一说,谓蒙山即前述“岷山”之异写,故本句指桀得妺嬉之敌人。

② 汤之祷辞(《书经》佚篇)完整见于《墨子·兼爱下》;《论语·尧曰》及《国语·周语》所引稍略;《尸子》详述汤祷桑林之礼。

林[①]"（《吕氏春秋·顺民》）。汤时大旱传说，亦多见他书，且有所变化。《墨子·七患》引《殷书》曰，"汤五年旱"；《管子·山权数》及《荀子·富国》曰，"汤七年旱"；《庄子·秋水》曰："汤之时，八年七旱"（又见《韩诗外传》卷三，略有不同）。

《吕氏春秋·制乐》又载一种寓意深刻的故事："成汤之时，有谷生于庭，昏而生，比旦而大拱。其吏请卜其故……（为'妖者'）。（汤）于是早朝晏退，问疾吊丧，务镇抚百姓。三日而谷亡。"

其尤著者，汤善用贤臣，以伊尹（一名伊挚）为最。伊尹相汤，可证于《书经·汤誓》[②]，而托名伊尹之《伊训》《咸有一德》及《太甲》诸篇虽是伪作，其中仍有真实片段在焉，如《礼记·缁衣》引《太甲》，《孟子·万章上》引《伊训》，皆是也。关于伊尹生平的最早细节，见于《墨子·尚贤中》："伊挚，有莘氏[③]女之私臣，亲为庖人。汤得之，举以为己相。"《庄子·庚桑楚》略述伊尹传说云，"汤以庖人笼伊尹"。《战国策·赵策四》亦云，"伊尹负鼎俎而干汤，姓名未著而受三公"。《楚辞·九章》曰："伊尹烹于
庖厨"，《天问》亦提及同一故事。《孟子·万章上》载，万章问于 329
孟子曰："人有言'伊尹以割烹要汤'，有诸？"孟子曰："否，不然。伊尹耕于有莘之野，而乐尧、舜之道焉"，先嚣嚣然而拒汤之聘币，待汤三使往聘，伊尹幡然而悟，遂任汤之相。《吕氏春

① 武王"立成汤之后於宋，以奉桑林"（《吕氏春秋·慎大》）。宋有《桑林》之乐（《左传·襄公十年》）。桑林之神见于卜，故可知桑林之兆仅为宋之事（同上）。

② 高本汉引作《甘誓》，应为《汤誓》，今据改。——译者

③ 前已引整饬文献（第307页）所载之有莘氏：鲧娶于有莘氏之女而产禹。有周之时，莘仍为侯国，如《诗经·大雅·大明》"缵女维莘"。西方学者多从理雅各，读莘如 sin，然当读如 shen（《释文》"所巾反"、《广韵》"所臻切"）。

秋·本味》所载传说为最详:“有侁氏女子采桑,得婴儿于空桑之中,献之其君。其君令烰人养之,察其所以然。曰:‘其母居伊水之上,孕,梦有神告之曰:‘臼出水而东走,毋顾!’明日,视臼出水,告其邻,东走十里而顾,其邑尽为水,身因化为空桑。故命之曰伊尹(以河为姓)。’此伊尹生空桑之故也。长而贤。汤闻伊尹,使人请之有侁氏,有侁氏不可。伊尹亦欲归汤,汤于是请取妇为婚。有侁氏喜,以伊尹媵女。……汤得伊尹,祓之於庙,爝以爟火,衅以牺猳。明日,设朝而见之。”①

此种传说亦见《楚辞·天问》:“成汤东巡,有莘爰极。何乞彼小臣,而吉妃是得?水滨之木,得彼小子。夫何恶之,媵有莘之妇?”关于伊尹在亡夏中之角色,在此略作回顾。

汤又有贤臣仲虺(《大戴礼记·虞戴德》作“仲傀”,《荀子·尧问》作“中蘬”)。如前所述(第260页),《左传》“定公元
330 年”载,“薛之皇祖奚仲(任姓,黄帝之后,见第260页),居薛以为夏车正(《淮南子》载‘尧②之治天下也,……奚仲为工’)。奚仲迁于邳,仲虺居薛,以为汤左相。”③

---

① 此故事有数处可注意者。空桑(或穷桑)之地已见于古“帝”少皞神话(见前208页),其地当得名于某有名之桑树,或本为崇祀中心所在,此种习俗在中国当代亦属常见(汤时大旱,乃以身祷上帝于桑林,故知桑林之为圣林);此处又言空桑乃有侁氏女子变化而成,而商代最伟大人物之出生与之有关。另一方面,吾人亦可推测,其受早期希腊女子化为树之主题(如菲利门和巴乌希斯善待宙斯而得免水灾,死后化作栎树、菩提树;达芙妮逃避阿波罗之追逐,而为河神变作月桂树)影响,亦未可知。

② 高本汉引作“舜”,据《齐俗训》载,其时舜为司徒,与奚仲同为尧臣,尚未登为天子,今据改。——译者

③《左传》“昭公元年”载,姺、邳叛商,然不知有商在位之王。陆德明(《经典释文》)、《广韵》皆读姺为 sien,然《说文》读如 shen(所臻切),实为前引伊尹故事“有莘”“有侁”之异写。故可确定姺、邳两国均与商汤传说有关(一为伊尹故事,一为仲虺故事)。伪《竹书纪年》云“邳人、姺人叛”在外壬之时,然不能证于先前古籍。

《书经》有《仲虺之诰》，今本所载乃是伪作，而其真本片段尚得见于《墨子·非命》（上、中、下）及《左传》“襄公三十年”。《孟子·尽心下》所载汤之贤臣“伊尹、莱朱”，多以莱朱即是仲虺，然无据可依，盖因莱朱不见经籍。

按古圣王的模式，汤亦应让于贤人，此种流行主题见于《庄子·让王》、《吕氏春秋·离俗》：汤将伐桀，谋于卞随、务光（《吕氏春秋》、《庄子·大宗师》亦作如此；《庄子·让王》作“瞀光”；《荀子·成相篇》作“牟光”），皆曰“非吾事”；汤既克桀，欲让位于卞随，卞随辞，自投椆水而死（《吕氏春秋·离俗》作“颍水”）；又让于务光，务光亦辞，负石而自沈于庐水（《吕氏春秋·离俗》作“募水”）。《韩非子·说林上》所载故事，转折尤甚，读来殊觉阴暗：“汤以伐桀，而恐天下言己为贪也，因乃让天下于务光。而恐务光之受之也，乃使人说务光曰：‘汤杀君，而欲传恶声于子，故让天下于子。’务光因自投于河。”

《庄子·子阳》曰：“汤得其司御，门尹登恒为之傅之。”《庄子·逍遥游》又载，“汤问于棘”。最后，《大戴礼记·虞戴德》又有智者“老彭”，见前第 274 页。

汤（卜辞作“唐”）乃尊称，本名履，可证于《论语·尧曰》
及《墨子·兼爱》引《书经》佚文，汤自称“予小子履”，又可证 331
于《大戴礼记·少闲》，“乃有商履代（夏）兴”。《荀子·成相篇》载，帝号曰“天乙”（“天乙是成汤”），司马迁及后来史家皆仍之。而“天”、“大（太）”二字，古之写法相同，故《荀子》“天乙”当为“大乙”之讹写，如卜辞所示，该名常同于大丁、大某等名。[①]

① 如，董作宾，《甲骨文断代研究例》，刊于《庆祝蔡元培先生六十五岁论文集》（历史语言研究所集刊外编），1933 年。

诸书所载，皆云汤始封于亳（旁各切，*b'ak），或作“薄”（旁各切，*b'ak）（如《管子·地数》《逸周书·殷祝》《荀子·议兵》）。《孟子·滕文公下》[①]载：“汤居亳。”（为其征之始）《万章上》引《书经》佚篇《伊训》曰：“天诛造攻（桀）自牧宫，朕（即汤）载自亳。”《左传·昭公四年》曰：“商汤有景亳之命。”《孟子·梁惠王下》又扩展此一主题云：“七十里为政者，汤是也”（《管子·地数》同此；《墨子·非命》及《荀子·王霸》则云“百里”）。《吕氏春秋·慎势》则曰：“（若）汤其无（始封之）郼……”（？，见后），《吕氏春秋·具备》又曰：“汤尝约（受阻之义）于郼薄（郼、薄？）。”《吕氏春秋·慎大》云：“（夏民）亲郼如夏。”高诱注以“郼”当是“殷”之异写，“郼，读如衣。今兖州人谓殷氏，皆曰衣。”（《中庸》郑玄注，谓齐人亦读如是），故高氏以“郼”乃“衣”之音转，谓“殷”之义。《唐韵》从高氏之说，以“郼（*iər/jei/yi）”读如“衣”。然而此说尚不能令人信服。诚然，“衣”（*iər）、“殷（*iən）”二字，乃一音之转（在青铜器铭文常见）。然而“郼”音“韋”（*giwər/jwəi，于鬼切），不合于高诱拟音“衣（*iər，於希切）”。或更有可能，“郼”乃“韋”之扩写形式，为汤始伐之国（见后），且入亳（薄）邑；故《吕氏春秋》以为郼或郼薄乃汤之始封。亳之初封所在，尚有争议（见第210页）。据早期文献可知，亳当在夏都东方之地，因《礼记·缁衣》引《书经》佚篇《尹吉》，伊尹曰“西邑夏”。此亦可证于后引《吕氏春秋·慎大》。据《左传·定公四年》，夏都在晋，即今山西中南部。

① 高本汉引作《滕文公上》，应在《滕文公下》，今据改。——译者

汤始伐方国（《古本竹书纪年》云，“汤有七名而九征”；《孟 332
子·滕文公上》云，汤有“十一征”），而终伐夏桀。《孟子·梁惠王下》引《书》佚篇曰：“汤一征，自葛始。”《滕文公下》又载长篇故事，“汤居亳，与葛为邻，（汤使亳众助祀，然）葛伯放而不祀。”又引佚《书》曰：“葛伯仇饷”（“葛伯率其民，要其有酒食黍稻者夺之”）。葛乃有周中期之侯国，嬴姓，见《左传·僖公十七年》，所载葛嬴，为齐桓公如夫人。然而此葛氏是否为商汤传说之葛，已不可知矣。

据《诗经》可知汤伐之国：《商颂·长发》载，汤先伐韦、顾，又灭昆吾及夏桀。《商颂·殷武》总结曰：“昔有成汤，自彼氐羌，莫敢不来享，莫敢不来王。”郑玄以“韋”即前第293页之“豕韦”，此说殊为武断；此处所言“韋”不见于其他文献，除非如前述，即《吕氏春秋》所载之“鄣”。顾与昆吾，皆为已姓之国（见前第237页）。

郑玄引《书经》佚篇《伊训》（见《书经·尧典》孔颖达疏[①]）云：“（汤）征是三朡。”《逸周书》又载，“昔者有洛氏宫室无常，池囿大，工功日进，以后更前，……成商伐之，有洛以亡”。

《战国策·魏策四》载，当汤之伐桀，“试之弱密须氏，以为武教，得密须氏而汤之服桀矣”。然《吕氏春秋》以密须传说在周文之时：“密须之民，自缚其主而与文王。”注家（高诱及其他）以“密须”即《大雅·皇矣》载文王所伐之“密”，此与前述以韋即鄣同样武断。然《左传·昭公十五年》云：“密须之鼓，与其大路，

① “征是三朡”为《典宝》郑注序引《伊训》。此数语由孔广林辑自《虞书》大题孔颖达《正义》，不见于今本《正义》。作者误作《尧典》。——译者

文所以大蒐也。”若谓文王征伐所获，而非殷商所传重宝，此说当更为合理。故《吕氏春秋》所载密须传说更佳，而《战国策》误归之于汤。

333 然商汤之基本事实是攻桀灭夏，此为无可疑者。有传说夏桀囚汤，有似于商纣囚文王之传说：桀囚汤，又释之。《古本竹书纪年》载（桀末年）：“释商侯履。”《楚辞·天问》曰：“汤出重泉，夫何辠尤？不胜心伐帝，夫谁使（桀）挑之（汤）？”

汤攻桀之战，《书经·汤誓》所载不吝赞美之辞。《汤誓》乃汤戒励士众之辞，《书经》他篇亦多有提及（《多士》：“成汤革夏”；《君奭》：“成汤既受命，时则有若伊尹，格于皇天”）。于此战前，实有不祥之兆：“伊（参见前述伊尹传说）、洛竭而夏亡”（《国语·周语上》）；“其（夏）亡也，回禄（见第246页）信于聆隧”（同上）；“夏桀末年，社坼裂”（《古本竹书纪年》）。《墨子·非攻下》又渲染此主题云：“至乎夏王桀，天有祜命，日月不时，寒暑杂至，五谷焦死，鬼呼国，鹤鸣十夕余。天乃命汤于镳宫……少少有神来告曰：‘夏德大乱，往攻之，予必使汝大堪之。予既受命于天，天命融隆火，于夏之城闲西北之隅。’汤奉桀众以克有。”

《吕氏春秋·慎大》述决战之因果及细节，其文云：“汤乃惕惧，忧天下之不宁，欲令伊尹往视旷夏，恐其不信，汤由亲自射伊尹。伊尹奔夏三年，反报于亳，曰：‘桀迷惑于末嬉，好彼琬琰，不恤其众。众志不堪，上下相疾，民心积怨，皆曰：‘上天弗恤，夏命其卒。’汤谓伊尹曰：‘若告我旷夏尽如诗。’汤与伊尹盟，以示必灭夏。伊尹又复往视旷夏，听于末嬉。末嬉言曰：‘今昔天子梦西方有日，东方有日，两日相与斗，西方日胜，东方日不胜。’

伊尹以告汤。商涸旱，汤犹发师，以信伊尹之盟。故令师从东方
出于国西以进。未接刃而桀走，逐之至大沙。身体离散，为天下 334
戮。”《吕氏春秋·简选》所述又有不同：“殷汤良车七十乘，必死六千人，以戊子战于郕，遂禽推移（推哆）、大牺，登自鸣条，乃入巢门（《淮南子·氾论》作‘焦门’），遂有夏。桀既奔走……”《墨子·明鬼下》：“汤以车九（或为‘九十’之误）两，鸟陈雁行，……故昔夏王桀，……有勇力之人推哆、大戏，生列兕虎，指画杀人，……然不能以此圉鬼神之诛。”《战国策·燕策二》及《荀子·议兵》皆谓汤决战于鸣条。《管子·轻重》则变化汤内谋于夏之主题云：“内则有女华之阴，外则有曲逆之阳。”[1]

前引《吕氏春秋》云，桀走至大沙；《墨子·三辩》又谓“汤放桀于大水”，此则不知何地也。而又有流传更广之说，牵涉另一地名，即南巢。《吕氏春秋·论威》云：“夏桀……死于南巢。”《国语·鲁语上》云：“桀奔南巢。”而《古本竹书纪年》云：“桀逃南巢氏。”《荀子·解蔽》云：“桀死于亭山。”注家以为即“南巢之山”；然《荀子·解蔽》另有抄本，作“历山”，王念孙认为“亭”为“历”字之讹写，因《尸子》曰“桀放之于历山”。注家以南巢在今安徽。有数种文献以为决战之地在南巢，不在鸣条。《尸子》曰：“汤以革车三百乘，伐于南巢，收之夏宫。”（《淮南子·本经训》作“夏台”），《逸周书·殷祝解》载一长篇故事（记有桀、汤问答）：“汤将放桀于中野，士民闻汤在野，皆委货扶老携幼奔，国

① 女华或有“女花”之义，曲逆有“曲意、谋逆”之义，故或一为妹喜之名，一为夏桀佞臣之名。

中虚。……桀与其属五百人南徙千里，止于不齐，……（再）徙于鲁，（再）去居南巢。……汤放桀，而复薄，三千诸侯大会……。汤曰：‘此太子位，有道者可以处之……’汤以此让，三千诸侯莫敢即位，然后汤即天子之位。”（又见于《尚书大传》，有缩写）。

今既已述桀矣，又宜述汤相伊尹之命运。《孟子·万章上》曰：
335 “伊尹相汤以王于天下。汤崩，大丁未立，外丙二年，仲壬四年。大甲颠覆汤之典刑，伊尹放之于桐。三年，大甲悔过，自怨自艾，于桐处仁迁义；三年，以听伊尹之训己也，复归于亳。”在此段叙述，四帝之远近关系，尚不明朗，然据《国语·楚语上》：“尧有丹朱，舜有商均，启有五观，汤有太甲，文王[1]有管、蔡。是五王者，皆有元德也，而有奸子。”（又见《韩非子·说疑》）。故知太甲是汤之子，大丁、外丙及仲壬是太甲之兄弟。《国语·晋语四》亦云，“伊尹放太甲”；《左传·襄公二十一年》则曰，“伊尹放大甲而相之（于太甲复归后）”。然《古本竹书纪年》之叙本事甚酷烈，其文云：“外丙即位，居亳。仲壬即位，居亳，命卿士伊尹。仲壬崩，伊尹放大甲于桐，乃自立。伊尹即位，放太甲七年。太甲潜出自桐，杀伊尹，乃立其子伊陟、伊奋，命复其父之田宅而中分之。”此种编年史叙事甚为干枯，然仍可据以知圣人伊尹之结局也。

最后，吾人当更了解汤的先祖状况。如前述，汤是帝喾子契之苗裔（第211页）。《国语·周语下》曰：“玄王（即契，其母吞玄鸟卵而生契，见《商颂·玄鸟》）勤商，十有四世而兴。”然此说甚为含混，因不能确定“十有四世”是否有契、汤：或为契、

① 高本汉引作“武王”，原作“文王”，今据改。——译者

十二帝及汤；或为契、十三帝及汤；又或为契、十四帝及汤。《荀子·成相篇》曰：“契玄王，生昭明，居于砥石迁于商，十有四世，乃有天乙（‘大乙’之讹写，见前文）是成汤。”若将《国语》之说解为不含契（契以下，又十有四世），《成相篇》之说亦应类推如下：昭明以下，又十有四世！两种文献不相合如此。然而“十有四世”确为基本的谱系事实，同时见诸两种文献，故吾人可作结论如左：两种文献皆非指契或昭明后诸帝之数，而指先祖帝喾后诸帝之数，故契当是第一帝，而汤登天子之位，为第十四帝。故“十有四世”当为：契、十二帝及汤。

于此十二帝之中，有数帝见载于汉前散篇文献。据《荀子》， 336
契以下，乃为昭明；然《国语·鲁语上》云：“自玄王以及主癸，莫若汤。”据此可知，汤之前帝是主癸（其父？）。

相土。《商颂·长发》以相土在契至汤之间。《左传》“襄公九年”曰：“陶唐氏之火正阏伯居商丘，祀大火（见前第243页），而火纪时焉。相土因之。”故相土必为殷商世系中早期之帝，序在昭明以下。《左传·定公四年》又言“相土之东都”，其在有周，为卫之地。卜辞所见“土”，即相土也。

冥。《国语·鲁语上》曰，商人“郊冥而宗汤”。此条堪可玩味。前文（第244页）已探究民俗信仰的水神玄冥，作为“帝”少皞之子而并入祖先英雄的崇祀体系。此处之“冥”（同“玄冥”之名）为汤之传说先祖，“冥勤其官而水死”，显系两组传说交相杂糅的结果。

季、恒及该。《楚辞·天问》曰：“恒秉季德”，“该秉季德，厥父是臧”。卜辞所见早期王族（汤之前；由汤至本朝诸帝皆见记载）有季、王亥及王亘，王国维氏以为亥即《天问》之该、亘即《天问》之恒，此为无可疑者。又可证于《古本竹书纪年》：“殷王子亥，宾于有易而淫焉。有易之君绵臣杀而放之。是故殷主甲微假师于河伯以伐有易，灭之。”（见第320页）。由《天问》措辞可知，恒（亘）及该（亥）乃季之子——王国维氏又进而论之：《世本》云，“冥子核”，若“核”为“亥”及“该”之异写，则“冥”与“季”必是一人。此种推论甚佳，然《世本》乃稍早于《史记》（常取材于《世本》）之整饬文献，两种文献皆有多与汉前散篇文献不相合之材料。若据此立说，当谨慎为是。

上甲微（一名主甲微）。前引《竹书纪年》云，主甲微伐有易而为前王复仇。《国语·鲁语上》曰：“上甲微，能帅契者也，商人报焉。”

337 吾人暂离后世文献，属意于商人甲骨卜辞，即可知在诸帝序列中，最后一帝为癸（汤之前帝），其前后顺序如下（见于数种卜辞）[1]：

口甲—勹乙—报丙—报丁—示壬—示癸。

盖因“口甲“乃甲骨卜辞所载汤前诸帝唯一含“甲”字者，故王国维氏以“口甲”为文献所载“上甲微”，此确无可疑者。殷商早期诸帝，可具列如下：

---

① 董作宾：《甲骨文断代研究例》，刊于《庆祝蔡元培先生六十五岁论文集》（历史语言研究所集刊外编），1933年。

（喾：）
契（文献，卜辞）
昭明（文献）
相土（文献），土（卜辞）　}此列可证
冥（文献）
季（文献，卜辞）　}为一人？
恒（文献），王亘（卜辞）
该，王子亥（文献），王亥（卜辞）　}可证为季之子
上甲微（文献），主甲微（文献），口甲（卜辞）
报乙（卜辞）
报丙（卜辞）
报丁（卜辞）
示壬（卜辞）
主癸（文献），示癸（卜辞）
汤，天乙（文献），唐，大乙（卜辞）　}此列可证

故知帝喾以下，共计有十四帝之名（十二帝可证于卜辞）：契、十二帝及汤，似可合于前引第335页处《国语》及《荀子》所载。然此说恐未为定论，盖因即使“十有四世”含契及汤，此名单亦不可称“十有四世”。据《楚辞·天问》可知，恒、该乃为兄弟（皆“秉季德”），或缺某世之某帝（若冥、季为一人，则缺两世）。

早期商王传说遍载于汉前诸家文献，当归功于周武王下车而封殷之后于宋（见《礼记·月令》《吕氏春秋·慎大》）（宋为子姓，因简狄吞玄鸟卵［子］而生契之神话），嗣后宋在中国政治上实有

重要的地位，且长达数世纪之久。此种早期传说必完整保存于宋国
338 的祖先祟祀。《国语·鲁语上》《礼记·祭法》皆云，“商人祖契”；然《左传·文公二年》又载，“宋祖帝乙”，帝乙为殷商世系之末帝（见《左传·哀公九年》）。

二

汉初整饬文献多有不合于汉前散篇文献者。

司马迁撮取早期经籍资料，而撰桀、汤本纪，其间略有差池，不复逐条赘引，仅举数例足矣。司马迁载：桀名履癸。此说全不合于古书，且如沙畹所言，或为严重讹误。履为汤名，癸为汤之前王（其父？）之名，而司马氏合“履”“癸”二名，以为是汤之敌夏桀之名；察其中讹误之所由起，当始自《世本》，而司马迁仍之。又者，班固（《汉书·古今人表》）从司马迁之说，以桀名为癸（！）。司马迁曰：桀“召汤而囚之夏台”。《淮南子·氾论》亦载此故事（“桀囚于焦门……，而悔不杀汤于夏台”），然此处引“夏台”（而非《楚辞·天问》所载之“重泉”）似混同于《尸子》所记“夏宫”，或《淮南子·本经训》所记“夏台”，夏台是汤放桀之地（见第334页）。司马迁：“桀败于有娀之虚，奔于鸣条。”（《吕氏春秋》及《战国策》皆以为战于鸣条，《尸子》以为战于南巢）；又曰（《史记·秦本纪》），“费昌（不见于汉前文献）当夏桀之时，去夏归商，为汤御，以败桀于鸣条”。其抵牾之处明矣。司马迁又云，太甲为太丁之子、成汤适长孙（而《国语》明确以为汤之子）。此又是从《世本》之说。“成汤之时，有谷生于

庭”的妖祥故事，《书序》及《史记》则移至后世商王太戊，且增改“谷生”为“桑谷共生”(《尚书大传》又记此事在武丁之时)。

诸多不见于汉前散篇文献之条目，司马迁皆从《书序》而仍之，《书序》略早于司马氏之时代，实是一种典型的整饬文献。《书经》诸篇有一清单，其中多篇在汉初已佚，《书序》作者熟知此份清单，又编造故事而解说诸篇名，然而此类故事少见于汉前散篇文献。试举《书序》一例：

自契至汤八迁。汤始居亳，从先王居，作《帝诰》《厘沃》。339
伊尹去亳适夏，既醜有夏，复归于亳。入自北门，乃遇汝鸠、汝方，作《汝鸠》与《汝方》。汤(战于鸣条，)……遂伐三朡，俘厥宝玉，谊伯(《史记·殷本纪》作“义伯”)、仲伯作《典宝》。汤归自夏，至于大坰(《史记·殷本纪》作“泰卷”)，仲虺作《诰》(《仲虺之诰》)。咎单作《明居》。成汤既没，太甲元年，伊尹作《伊训》。后世学者(如《通鉴纲目》)据此条，以为外丙及仲壬皆未即位(《孟子·万章》《古本竹书纪年》皆以二人为商王)；然《书序》之辞，未必有此意也。

女鸠、女房、谊伯、仲伯、咎单，皆为商汤贤臣，然多不见于早期经籍，汉初文献又载另外数人。《列子》有数处，皆云汤问于夏革(如，《列子·汤问》)。注家以为即《庄子·逍遥游》之“棘”(见前第330页)，革，常读古覈切、或各核切(*_kɛk / kɛk / ko_)，而此处应读如棘(纪力切，或居吏切，*_kiək / kiək / ki_)。然而此种猜测甚为随意。《书经·多士》语云：“(天命)成汤革夏。”于是《列子》(以黄老后学之手法)变“革夏”为“夏革”，以为人名，即佐汤革夏命者。《韩诗外传》卷五云：“汤学乎贷子相”，同书卷四又详述关龙逢之死，“桀为酒池，可以运舟，糟丘足以望十里，一鼓而牛饮者三千人。关龙逢进谏，……桀因而杀之”。《韩诗内传》(《太平御览》卷八十三引）曰：“汤为天子十三年，百岁而崩。”

《山海经·大荒西经》载：“有人无首，操戈盾立，名曰夏耕之尸。故成汤伐夏桀于章山（偏离汉前文献），克之，斩耕厥前。耕既立，无首，走厥咎，乃降于巫山。”

东汉学者所记商汤传说，又加入诸种容貌之异相。王充（《论衡·骨相》）云：“汤臂再肘。”王符（《潜夫论·五德论》）载有
340 一种民俗感生故事：“扶都见白气贯月，意感生黑帝子履，其相二肘。”至于公元三世纪，皇甫谧（《帝王世纪》）以一贯手法而撰成长篇、完整的传记，撮取早期作者的诸种主题，于是乃有诸多新见特征——在此仅具列少许例子：

（夏桀）为琼室瑶台，金柱三千，始以瓦为屋，以望云雨，大进侏儒倡优，为烂漫之乐，设奇伟之戏，纵靡靡之声，日夜与妺喜及宫女饮酒，常置妺喜于膝上。妺喜好闻裂缯之声而笑，桀为发缯裂之，以顺适其意。桀为肉山脯林（此袭取商末纣王故事，据《韩非子·喻老》“纣为肉圃”），以酒为池，使可运舟。伊尹举觞造桀，谏曰：“君王不听群臣之言，亡无日矣。”桀闻析然，哑然叹曰：“子又妖言矣。天之有日，犹吾之有民。日亡，吾乃亡也。”[1]桀未战而败绩，与妺喜及诸嬖妾同舟浮海，奔于南巢之山而死。诸侯有不义者，汤从而征之，……凡二十七征。汤命罗者解网三面（见第 328 页)，汉南诸侯闻之，咸曰：“汤之德至矣，泽及禽兽，况于人乎？”一时归者，三十六国。及夏桀无道，汤使人哭之。桀因汤

① 此故事用于解释《书经·汤誓》所载警语：“时日曷丧，予及汝皆亡。”

于夏台，而后释之。诸侯由是咸叛桀附汤，同日贡职者五百国。伊尹乃力牧之后（见第281页），其母曰始，年百岁卒，大雾三日。汤时，有神牵白狼衔钩入殷；乃东观，沈璧于洛，获黄鱼、黑玉之瑞，于是始受命称王。奇肱民能为飞车，从风远行。汤时，西风吹奇肱飞车至于豫州。汤破其车，不以示民。十年，东风至，汤复作车，遣之去。凡此种种，不胜枚举。吾人尚有可补充者，皇甫谧（《庄子·大宗师》注引皇甫谧释文）以为务光是“黄帝时人”，而不在汤之时。

商汤贤臣的传说，亦时遭改写。如伊尹之母故事（如吾人所知，“臼水出而东走”），王逸（《楚辞·天问》注）改作：“臼灶生蛙”，云云。

最后是商王谱系的问题，汤前诸帝皆是帝喾之后。《世本》所
载第一期诸帝如左：（喾：子）契—子昭明—子相土—子昌若—子 341
遭圉（又作“糧圉”）—子根国—子冥。吾人于本章第一部分可知，汉前散篇文献或甲骨卜辞皆未载昌若、遭圉及根国之名。司马迁（《殷本纪》）所载从《世本》，然无“根国”，以冥为遭圉子[①]。其完整名录列如左：

契—子昭明—子相土—子昌若—子遭圉—子冥—子振—子微—子报丁—子报乙—子报丙—子主壬—子主癸—子天乙（“大乙”之误，是为成汤）。

---

① 班固（《汉书·古今人表》）及韦昭（《国语·鲁语上》注）以“根圉”为“冥”之父。此或为《世本》“遭圉”“根国”混而为一之结果。然吾人需注意者，《世本》“遭圉”又作“糧圉”，而“糧”之异写“粮”，又与“根”形近，或受下文“根国”影响，而误作“根圉”。郑玄（《礼记·祭法》注）仍同《世本》，以冥为契后六世孙，而非司马迁所云“五世孙”。

此名录有颇可注意的特典。司马迁知晓报丁、报乙、报丙、主壬，虽四帝从未见诸汉前经籍，且新出土甲骨卜辞已证实司马迁所用资料的可靠性质，“勹丙”诸名显系“报丙”诸帝，“丆壬”显系“主壬”。故知司马迁必曾获睹更早的文献、世系表，或传自周时之宋室，亦未可知也。然而应注意者，察司马迁所记，亦有数处不合于甲骨卜辞所载真实世系。又，司马迁亦有误置诸帝之次序，以报丁误在报乙及报丙前；最后者，司马迁不知有季、季之子该（亥）及恒（亘），而《楚辞·天问》及甲骨卜辞所载，已经证明三帝是真实存在的商王。

本研究终于夏亡商兴之传说，非无关乎此后时代之传说也，实因面对殷商传说，吾人已进入半历史状态。故日后当另行撰述，专门探究商代、周初的传说。

学人多以为，孔子、孟子、墨子、《左传》、《国语》作者及所有汉前数世纪之学者，无不以混合传说之主角（第一部分）为实有的历史人物：古帝王、宰臣、诸侯、乱臣等。然吾人可断言，此种
342 人物皆是虚实参半的形象：诸子不疑其人之真实存在，不疑其人在早期历史中之角色。然亦可断言，诸子未曾仅以帝王、大人视之，如后世之主角（文王、武王、周公、吕望、召伯虎之属），后者虽为圣贤，然亦仅为人类耳。伏羲、神农、黄帝、尧、舜、禹、汤之属，既为“人类”，更为神人，为文化英雄，其所有神能是凡人所不可及者。此是其平生、功业故事何以忠实流传至封建时代结束之时：世家大族皆自陈为早期神人的后代，又各奉守英雄祖先之祟祀，故神人行迹乃可述载于其族而绵延不绝。直至有周最后数百载

间，早期英雄的神威事迹仍得淹留诸家心中而不去，故其人之故事天然有神话的性质。[①]

此种性质充分体现于本卷每章。前引故事皆伴有超凡特征，凡
述奇人异事，皆合于周代晚期流行的民俗信仰，吾人于保留英雄传
说的诸家文献，可略见一斑，无须复行赘述，诸君可自参看每章征
引。在此仅举典型主题，以观其大略：商人始祖契因其母吞玄鸟
卵而感生，周人始祖弃因其母履帝武敏而感生；关乎共工之洪水神
话；有神能之古圣王，如轩辕氏；祝融（火师）、玄冥（水师）等
自然诸神，世家大族多将其认定、人化为本族的早期英雄；穷奇等
凶神亦关联于英雄神话；鲧既为帝殛死，其神又化为黄熊，入于羽
渊；三苗覆亡之妖祥；后稷得生之奇迹；袒日之羲和，历象日月，
御日之行；十日主题；处极西之西王母；“河图”及“洛书”；长寿
之彭祖；黄帝合鬼神于泰山，召诸神而奔属；黄帝修教而出金；蚩 343
尤始作兵，二人争帝大战；颛顼得道，以处“玄宫”。尧在位百岁
而崩，其域至为广大。尧子丹朱之神生周穆王[②]；舜历试诸难，流
放穷奇等四凶。禹救拔世界于洪水，创空前之功业，渡河而退黄

---

① 有周之时，王族与早期神性或半神英雄有谱系关联之观念，并非唯一现象。吾人在诸文化领域皆可见类似观念。如，罗马尤利安族血统可溯至埃涅阿斯之子尤利乌斯、阿尔巴隆加建城者，埃涅阿斯又为安喀赛斯及维纳斯女神之子。恺撒甚自矜于其神性祖先，又在广场造成维纳斯神庙。斯巴达有二王族（亚基亚德族及维纳斯族）亦将族谱溯至于赫拉克勒斯，而据希罗多德之说，马其顿王族亦然。日本皇室至今仍自命为天照大神之后。

② 《国语·周语上》：十五年，有神降于莘，王问于内史过……“今是何神也？”对曰：“昔昭王娶于房，曰房后，实有爽德，协于丹朱，丹朱凭身以仪之，生穆王焉。是实临照周之子孙而祸福之。夫神壹不远徙迁，若由是观之，其丹朱之神乎？”——译者

龙，巡守四方异国，其国之域富有典型神话色彩；禹又致群神于会稽之山，杀巨人防风氏而戮之；启使蜚廉折金铸鼎；羿射河伯。帝降二龙，孔甲豢之；龙漦感女童而生褒姒；商汤宫廷之妖祥；伊尹之感生（空桑）；夏亡之征兆。

吾人需注意者，商前传说亦如东周时代，此类超凡特征固然重要，足以揭示多数人物之神话特征，然而与纯粹“人类”类型的丰富细节相比，依然相当之少：此类英雄固然多有超凡之能（无论善恶），主要仍是圣贤或恶人，功在鼎革运兴，或创立世族。然而，若以此中原因归为周时作者旨在化传说而作历史，有意祛除流行神话的神异特征，变古老英雄而为常人之帝王、宰臣，亦是大谬之论。如《左传》《国语》作者，墨子及吕不韦皆不怀此种愿望——设若如此，诸家定会避免述载所有超凡特征。此中缘由，实全然不同：惟因各大世族纷纷将之关联于本族祖先的崇祀，古老英雄传说方得以广泛流布（亦借此存留至后世）。世族为自身计，而保存本族传统碎片，盖惟有此种传统方可证实祖先之为圣人、诸侯，堪作政治望族的先祖，而相敌者则必为无德作乱，徒然无功，遂致供祀后代之殄灭命运。尤应注意者，即使故事所述“人性”特性，亦类似于有超凡特质之传说的性质——较之传说性质，所谓“人性”并不更有历史的实在性质——凡此类“人性”特征皆可归为诸族传说的常见主题。圣王主题反复见于典籍，试举如左：圣王尊贤为师，寻访贤臣（反之，昏主嬖爱佞臣），尤其是避世圣贤；圣王让位于
344 有德之人；圣王巡狩四方，敷布德泽，或道死于途；圣王平息害民的“作乱”诸侯。圣王功业肇始于侧微（甚或起于“匹夫”），而终立大国、登天子位；圣王封禅泰山，以彰受命于天——此种不断

重现的主题，亦见于商亡、周兴故事，于本卷研究中不复赘述。

此类主题之复见，或有人以为是东周学者的文字游戏，谓其攫取原本仅涉某一英雄的传统故事，而推移于其他上古英雄。然此非正解也，盖有关传统说法皆分别牵涉一组具体的人、事，诸家亦各有确定的述载（如儒家、墨家、楚辞之属），足可证实此类相似主题必然早于有周晚期之文献，实是周初及中期祖先崇祀知识中的公认传统：方当彼时，诸族崇祀者早已确立了英雄纪传撰述的诸多通行模式，惜乎今日已不能得知，某种（如，圣王禅让）观念究竟先起于何处之崇祀中心。吾人在此处所触及的古老观念，或同时见于数个（甚至许多）大族之苗裔。

结　论

吾人在每章中所列材料，已足以表明一些有根本意义的事实，可证实前文观点的正确不误。

首先，汉前散篇文献表明，有一种传说、信仰系统自在其中焉。总言之，即使诸家学派积不相能，然而各家文献所含的系统，则亦趋同如一家。诸家分歧，在所不免，然皆为小异耳，至于基本框架，则趋于大同。

其次，整饬文献、汉初文献实已偏离旧有的传统。诸家作者皆偏离旧文献所见材料，不惟随处改写细部，翻边角而为腹腴，又往往破坏本来的基本结构；某些传说原属不同神话圈，至于此时，竟得转移窜入；后来引入的象征论、宇宙论想象，殊不见于真正的汉前神话；且又不惮于恣肆缘饰，常作巡行轶事或故事，吾人读其载
345 记，即可知是时人有意而为创新；自然神话、民俗信仰流行泛滥于有汉一代，其更早的存在形态虽不能全然征信于古代典籍，却往往得以附丽于汉前的英雄神话。

又次，较之西汉先辈，东汉及汉后学者可谓无远弗届。诸家学者皆争先建立诸种整饬、解释结构，以处理汉前文献所见材料，更不惮于附会种种想象创新，荒诞可笑之笔在在皆是，然亦不为无因也。

对于汉前散篇文献、汉代及汉后整饬文献之歧异，第 199 页至第 203 页已作实质的解释：在有周一代，虽所述资料纷纭驳杂，然此类传统仍大体一致，盖此类传说乃是与王族崇祀有紧密关联的神圣传统，无论诸侯，或相臣，皆信而不疑，故能得到忠实的保留。诸王族血统皆溯至古老的传说英雄，关于此类英雄之知识亦藉此而成为汉前贵族作者的共有财富。今日所见神话多是英雄传说，然亦有相当的部分实为自然神话，而所以见载于文献者，皆因其为大族奉守的英雄崇祀所攫取、勾连。而至周代以后，则截然相反矣，一者，整饬作者、汉代学者之旨趣已经发生断然的变化，雅不欲仅止于复述周时祭主、贵族作者所传的传统，而汲汲然在汉前文献中间搜求、拣选材料，予以有意的加工，于是截断、修改及补写的做法蔚然成风，不可遏止。又者，在汉代以前，古老传统尚活在与封建宫廷祀祖有关之祭主、贵族圈子的时代，而至有汉之时，此种风气已一去不返矣，士人们已然生活于一个割裂过去、消灭封建崇祀中心，且终结鲜活传统的帝国时代；其所从事者，实有似于一种准科学式的重建工作。此种“考古学重建”之特点，去周愈远，则愈显明。又至于东汉、三国，注家必不复有汉前传统的第一手文献，汉自兴而衰，历数百载，活的传统已遭切断，非人力所能挽回。若于民众观念、习俗之中，尚有迹可寻，然亦仅得为变形的残余矣，与封建时代的原初传说，殊无相似之处；故学者不得不以训诂家、考据家身份而处理古代之文献。

有清学者开创了中国古代历史文化的科学研究，然而他们仍未
明白，一为汉前之散篇文献，一为汉代（及汉后）之整饬文献，二 346
者之性质、价值不啻天渊。清人视所有早期历史的现有材料为统

一的整体，于是《史记》、《书经》、《汉书》、《淮南子》、《汉书》、东汉作者、所有典籍注疏家、《帝王世纪》，东汉、六朝及唐代之地志，甚至唐代之经史注疏，皆可取作重建中国早期历史的主要材料，而与汉前文献同为权威、可靠的第一手文献[①]。时至今日，中国多数学者仍持此种态度，如王国维、罗振玉等著名学者之撰述，仍不免有此种特点；惟至于最近，方开始发生以一种批判的态度，考定此类驳杂资料之相对价值的风气。而最可讶异者，批判史学之方法虽已在欧洲科学中得到充分阐述，而西方科学工作者在处理中国材料时，仍采取不加批判的态度，以至于造成今日之形势。惜乎不能在此备述，仅举几种贻害尤烈的例子[②]。

在西方学者中间，走得最远的当属葛兰言，其巨著《古代中国的舞蹈与传说》（*Danses et légendes de la Chine ancienne*, 1926）含有一种极端的原理：对于重建汉前历史的中国社会学而言，汉、六朝及唐宋文献有同等之价值。葛氏广泛讨论了方法论问题，最终有力地提出了纲领：无论古老中国的传说人物及事件之主题见于何种中国文献，皆有根本性的价值；无论碰巧编入今日可用的周代文本，抑或记录于汉、唐注疏，或六朝及后来之民俗论著，不过是记

---

① 他们甚至以《史记》之可靠更胜于周时诸子，以为其地位仅在十三经之后。

② 虽就总体言之，吾人必云葛氏大著为失败之作，因其缺乏批判方法，然而至少可作为一部中国民间文学主题辞典巨著，其以令人钦佩之精神勤加筛选，有相当之价值。令人遗憾者，葛氏对资料来源之忽视，终于使此书沦为一种危险工具。可举一个典型例子，葛兰言（第 352 页）："涿鹿之战，各有战法；黄帝以车战，蚩尤以骑战"；此条之出处，葛兰言记为"《礼记》，顾赛芬译本第 54 页"。读者若出于轻信，自然认为此条载在《礼记》。然查顾赛芬译本可知，与所有早期资料相反，仅有一位宋朝作者（陆佃，公元 1102 年卒）云："按古说，黄帝以车战，蚩尤以骑战。"另一个例子，葛兰言（第 359 页）："共工人面蛇身，参见《淮南子》，第 411 页。"然此条并非《淮南子》原文，而是高诱注（三个世纪之后）。

录的偶然性问题。如，古圣王黄帝的某种说法见载于文献——其年
代则无关紧要——此一事实本身方有决定性之意义：其既言及黄 347
帝，则必属汉前的黄帝传统，无论载于公元前400年之文献，抑或见于公元1000年之文献，皆是无关宏旨之事；若出自后者，不惟此种说法必定存在，且必定已经（以某种方式）流传1500年之久。故葛兰言引《拾遗记》、《搜神记》、《神异经》、伪《书经》（《大禹谟》，葛氏著第243页）、伪《竹书纪年》及唐宋注疏、天马行空的《路史》（宋），一律等同于《左传》、《国语》及《墨子》等汉前文献，皆可视作中国上古民俗的可靠证据。对于此种情况，葛氏又何尝不知，故实是有意地无视此种可能性——前面章节已经表明，此乃无可辩驳的事实：对于汉前中国古代传说人物的基本知识库，汉时及后世作者皆不断篡改、改编、破坏或补充。然后，葛氏依据中国各代文献所载驳杂材料，而构建一种汉前中国信仰与社会的宏大解释系统，质言之，此种系统远较漫画更为拙劣：究其实质，乃是一种怪诞而妄意的玄奥象征论、准哲学式魔术杂烩，全不关乎汉前中国的实际状况，恰如吾人依据唯一有决定性价值的资料及汉前散篇文献所知的那般。

葛兰言的研究工作为祸之烈，在于蛊惑后来学人误入歧途，依据过时而无价值的材料，更行臆测中国神话。今可举亨策（Hentze）为例。亨策著有《月亮神话及象征》，精心构筑一座中国古代月亮神话的巨厦，而以大禹传说作始，且谓此传说载在《前汉书》（第6页）。此一故事已见前引（第310页）：“禹治洪水，通轘山，化为熊，谓涂山氏曰：‘欲饷，闻鼓声乃来。’禹跳石，误中鼓。涂山氏往，见禹方作熊，惭而去，至嵩高山下化为石，方生

启。禹曰：'归我子！'石破北方而启生。”而亨策所述，可谓牵强附会之极，参以北亚及西亚、日本、东印度群岛、澳洲、美洲神话，阐述此故事如何有极深刻的意义。“禹跳石”——显系禹正演一种神奇舞蹈（第7页）；禹持鼓跳舞——鼓乃雷神之特征；所谓“方作熊”，即披熊皮而跳仪式之舞（第8页）；禹妻羞惭，因其目睹男子专属的仪式之舞，而为女子禁观；熊属于入会礼，与性别观念结合，不许女子在场（第13页）；在加利福尼亚故事，熊与月
348 亮神话有关；鼓声促涂山氏携食前来：这很清楚地表明植物与生长之神性（第31页）；禹治洪水，通轩辕山：此即性侵；禹击雷神之鼓，涂山氏随即携食而来，故涂山氏即是月亮，如禹即雷（第36页）。涂山氏转身，意味着月亮渐趋黯淡（第37页）；转身化石，石裂——即雷霆击石（同上）。亨策又补充前引《吕氏春秋》所载传说的一些特点（上文第306页）（“禹……巡省南土，涂山氏之女乃令其妾候禹于涂山之阳”）。禹（日）巡省南土，涂山氏（月）不能相随从，故“等候”禹（而不是传说中的“侍候”禹！），直至禹回归；涂山氏等候于山下——若月亮神话牵涉洪水泛滥，则必有一山；其妾即晨之启明，或暮之长庚——实为一种日、月、昏星三位一体之神话（第37页）。此处所做摘引，仅是亨策所作象征论臆想的一小部分。如前所述，亨策以为这个传说出自《汉书》（公元一世纪），然前文（第310页）已作说明，惟至唐时（颜师古，卒于公元645年）方有今日所见细节（禹化熊，跳石等），又至宋时（洪兴祖）方误归于《淮南子》。此神话的主要特征：女子化作石，不早于公元二世纪（应劭），而汉时更早说法（刘向）则曰，“既生启，涂山独明教训，而致其化。及启长……”，云云。禹妻

睹其夫作熊，深感震惊，实乃希腊神话之普绪克（Psyche）主题[①]的反转，马伯乐已予正确地指出了这一点，或当归功于汉代所受希腊化的强烈影响。由这个传说的叙事观之，不惟情节完整，且至为详细，其见诸记载，殊为晚出，然仍不能阻止亨策断言其为古老故事（第 39 页）：“大禹传说可溯至上古阶段，中国当时的社会组织，差近于原始部落之形貌，已进入定居农耕阶段，然仍保留世代流传的神话及祭祀场景，伴有入会及过渡仪式，故亦是星象、性主题与繁殖（携食）主题之融合……；祀熊舞及相关观念可证明，夏人族源神话必然起于冬季苦寒之地（第 89 页）……吾人又必须考虑一种可能性：中国神话远早于夏，至于后世，则附会于一个可能真实的历史人物：大禹（第 40 页）。”依亨策之见，颜师古（唐时）所述“大禹”传说实为原始的，具有其所推断“月亮神话”的深层象征意旨。亨策又继续阐述道，中国史前陶器及最早青铜艺术之纹 349
饰实是月亮的象征。

若葛兰言（及步其后尘之学人）因其极不严谨之故，不值得吾人严肃对待，另一种诠释早期传说的尝试则更值得重视，因其出自一位史学行家之手，即马伯乐氏所作《〈书经〉之神话》（J. As., 1924）。马伯乐之分析始自《书经》所载尧、舜、禹及其同僚的故事，以及共工、蚩尤故事，皆以历史人物面貌出场：圣王、宰臣或作乱诸侯。马伯乐正确地断言，此乃历史化（euhemeristic）之结果，《书经》写作即是将神话转化为历史：传说及超凡特征悉遭去

① 普绪克是丘比特之妻，然不能看到其夫之相貌，终于在夜间偷窥丘比特，丘比特醒后，愤怒离开。——译者

除，仅剩少许残余以作“历史事实”，遂成为学者目中的中国上古历史。马伯乐相信，学者若能怀有批判精神，应当采取相反做法，尽力了解原始的民俗神话，而“历史化”编年史仅为一具支撑的朽骨，惟此方可真正了解中国人的原始信仰，即为学者撮取润饰为“历史”之前，究竟是何种形貌。

到目前为止，马伯乐所言无疑确当。然而其做法又如何？马伯乐不取材于最古老的资料，即汉前散篇文献（《左传》《国语》《墨子》之类），而选择汉代民俗故事：其主要文献取自《山海经》（马伯乐不可能不知，《山海经》成书不早于汉代）、《淮南子》（误断为汉前所作，见第 204 页）、《归藏》（最早是东汉之作，而马氏误以为即汉前《归藏》，实已佚），及《楚辞》篇章（然又依据东汉及后世注疏而解释简僻文句）。马伯乐取汉代及后世诸家注疏，填补上述文献所载材料，如《史记》、司马相如赋、王粲、扬雄、《风俗通义》、郭璞注、《神异经》等。概言之，马氏所参考的主要材料，不出本卷每章第二节汇集的范围。凭借此种手段，马伯乐成功获得一组高度“神话式”的故事，又饰以诸种超凡特征。此即马伯乐的最终结论：此种有良好民俗风格的故事是中国古代真正的神话和传说，且必定非常之古老，因《书经》所见枯燥记载不过是一种“历史化”的败坏结果：是故，《山海经》十日之母羲和故事是原初神话；《书经》所见帝尧祀日（羲和）之“历史”记载，则是士人歪曲的结果。不止于此，蚩尤，一个“八肱八趾
350 疏首”（《归藏·启筮》）的怪物，一个对抗天神（黄帝）的地下妖魔，是原始洪水主题的变体形式；而《书经》所载蚩尤，“始作乱”，则是士人的重新解释。马伯乐之说，不惟长于诱人，且

有说服力，善则善矣，然又有致命漏洞在焉。设若今日惟有《书经》而别无他书存世，又有汉及后世的民俗故事流传，则前后虽有五百载之错差，若研究者首取后者而不取《书经》，或犹有可说也。然而就今日所见，记载早期时代的汉前文献，存世者非独《书经》一书耳，遑论《书经》故事，仅占其中的少量部分；今日所知汉前传说，皆见于其他早期文献。如本卷每章第一节广泛搜集的资料，见于《左传》《国语》《墨子》《吕氏春秋》《孟子》之属，无不述载。而诸书所载完整、详细之描述，绝不见有《书经》前数章之“历史化”特征，反倒多有神话与民俗性质的故事，富于幻想、“超凡”色彩，殊难一律归为欲变古老神话而为历史的“士人”之作。此类故事的传说性质尤为显著，然大体言之，则不仅为自然神话，而实为英雄神话，尽管如吾人所见，自然神话常悬挂于英雄传说之上。诸书所述载，殊不能判为某家有意以神话作成历史，因其来源本极纷杂，或属儒，或属墨，或属道（庄），况其中尚多有超凡故事（鬼魂、梦兆、预兆、妖怪，诸如此类）。诸书所载传说颇有一致性，因其本立足于周代望族的祖先崇祀。吾人于诸书所见传说，实为周代神话的真正代表，就今日所知，马伯乐所引汉代及后世之民俗故事，勘以汉前诸书之所见载，二者出入甚大，故仅可代表中国民俗传说演变的后起阶段。无论如何，吾人不能承认，这个阶段堪当原始神话的尊位，设若如此，则无异于漠视汉前散篇文献所载传说材料，如前所见，此类材料之性质判然有别于汉代的民俗传说。

马伯乐以史学行家之识见，当其称《山海经》《淮南子》及类似后期资料为中国原始神话时，确给人以如履薄冰之感，然而马氏

依旧甘愿涉险，因其自认有一种有力的论据[①]。马伯乐于印度支那泰人民间传说之中，寻出若干神话故事，乍闻之下，确可令人忆
351 起中国神话及宇宙观，一如其凭借《山海经》《淮南子》重建之形貌。马伯乐虽有所夸张二者的相似性，然而在基本宇宙观方面，汉时中国人的观念与泰人传说的观念，确有不乏类同之处。依马伯乐之见，已可证实，此类神话必是原始类型，乃是汉—泰民族的共有财富。然而，此种论据之谬误，又不难看出。设若汉人与泰人已在史前时代分离、迁徙于不同地域，则此种论据即有成立之理由，即使不能一锤定音（故事可漂流，或可跨越遥远距离），亦可作为有力证据。而众所周知，在中国南方腹地，泰人与汉人比邻而居直至历史时期，惟至相当晚近之时，始徙至印度支那。有汉一代——即《山海经》《淮南子》之时代——在今日的中国土地上，汉人与泰人同居共处，往来不绝，汉人宇宙观与泰人宇宙观之有类同性质，此种长期共居关系自然可作合理解释的理由。此类虽不能证于周代文献而见于汉时文献之主题，汉人或借自南方邻人（《淮南子》即作成于古楚之地［今安徽］），亦是大有可能之事。然而，无论此种可能如何——何况仅为或然之说——马伯乐所引泰人传说决不能证实（通过“族源关系”［Urverwandtschaft］），汉代神话已经存在于《书经》以前之时代。不止于此，就方法而论，当然亦不可允许，如马伯乐《古代中国》（*La Chine antique*, 1927）一书之所为。在研究有史可征的最早朝代商、周前，马伯乐即预先说明“中国的

① 马伯乐所用论据细节殊无价值。试举一例，马氏拆“東”为“日”“木”二字，以此论断扶桑十日神话之早期存在证据。然“東”之写字实为讹形：其最初写法绝非“日”“木”合成，见《汉文典》（*Grammata Serica*），第 435 页。

原始世界”，《山海经》《淮南子》及后出文献所载汉代民俗传说，皆被视为历史王朝以前的中国人之信仰。

此处对于葛兰言（与亨策）及马伯乐著作之批评，已经足以强调，若不能严格分辨不同类别的典籍，即汉前文献与汉时（及汉后）文献；散在、叙述文献与整饬（重建）文献，则势必不能成功地研究早期的传说、信仰。然而吾人结论所及之范围，实则更为广泛，不惟涉及传说、祟祀主题，且涉及汉前整个中国的早期历史领域。本卷考察已可阐明司马迁及东汉学者的“历史”方法，及皇甫谧（《帝王世纪》）与后汉作者的“历史”方法。汉代及后世学者随心所作之改写、增添及注疏修订，已足以使其素材沦为二手材料，而去汉前散篇文献之一手材料远矣。故不独中国旧派学者，即 352
如西方汉学家，至今仍使用的史学方法，已不复有效：若汉前文献有所空白，断不可直接取诸司马迁、班固、汉代和汉后之地志、东汉及后世之早期文献注疏，而擅加填补。最不可引据者，当为《帝王世纪》之属，此书是皇甫谧有意之作，中国后世史家、西方汉学家皆推崇有加，然如每章第二节所见，实是一种拙劣汇编。[①]

---

① 自有清至民国，中国学者始终援引、笃信《帝王世纪》之野“史”，殊为可怪，然细思之，或亦不无可理解处。原始古老资料仅能描述早期著名人物之大概情状。而皇甫谧作《帝王世纪》，其意在详列所有事实：举凡古帝王主生在何处，其母姓氏，登基之年，在位年数，在世生平，崩、葬何处，无不毕载。质言之，此种书写恰如一部现代“名人录”；然而《帝王世纪》作成于公元三世纪，若论其为文献之“古”，只可较之唐宋时人所作经典、王朝史注解而言。皇甫谧之书，事无巨细皆有详载，中国学者或不无忧虑之感：其所详叙之事，全不见于早期经籍，皇甫谧于何处得之？然此种疑虑不过在一念之间耳，又必寻出理由以自慰：“皇甫谧必有所据”，故可接受皇甫谧之奇谈而为真理也。西方著述家亦经常自信地援引皇甫谧。沙畹作《史记》诠注（Mém. Hist.），即取《帝王世纪》为日用利器。

凡涉汉前之历史问题处，汉代及后世学者皆偏离汉前散篇文献，本卷诸章所引条目无不如此，究竟该作如何看待？质言之，对于此类问题所应采取的明确立场，今日已成迫切之事，不得不为耳。有几种原则，可做简略归纳：

1. 若汉后作者（六朝、唐、宋、明，如《帝王世家》《水经注》《括地志》：郭璞、颜师古、司马贞、张守节、孔颖达及其他诸家注疏，《资治通鉴》，《路史》）有歧异于汉前、汉时作者（或改变材料，或引入周、汉文献未知之内容），应予以断然否定。若谓后世作书者获有汉前文献，且为汉代学界一无所知者，必是断无可能之事。[1]

2. 东汉学者，无论单独作书者（王粲、应劭等），还是早期文献注疏家（服虔、贾逵、马融、郑玄、许慎等），抑或正统史家（班固），若有偏离于汉前文献、汉代早期文献所见材料（如《史
353 记》《淮南子》《书经》《毛诗》《韩诗外传》《春秋繁露》等），亦不可不倍加警惕，应作如上同样看待。倘谓若辈独获司马迁及同代士人未睹之汉前典籍，而此种典籍之范围、重要性，又足以修正、补充存世之周代及汉初典籍所见的汉前历史，虽不无可能，亦属罕见之事（参见前第231页）。虽有偶见的例外，东汉学者或可别有所获，然在总体而言，此种可能性几近微不足道，若辈之新说通常不过是重建性臆测的结果，而绝非得之于特别的汉前文献。

3. 至若整饬文献，或汉初文献，如《大戴礼记·帝系》（用

① 仅有极少数为可靠文献，如《竹书纪年》，出土于公元三世纪，然又佚散。《穆天子传》亦是如此。

《五帝德》)、《世本》、《书序》、《史记》之类，若有所偏离、或增补汉前散篇文献，其事则更为可知矣。作书者生活之年代，尚能及于封建时代终结之时，或因口传心授（通过前辈隔代之先师），或由今已失传之汉前著述，而别有所获，此事容或可能。故吾人可遵循如下原则：

若作书者所述有异于保存良好的汉前文献所载确定内容，此或出于一己之见，而有意窜改，则吾人应予以忽视，如《帝系》《史记》略“帝少皞”而不载，即属此例，盖因少皞不合于五行相替之说；然或亦别有缘故。若后者之属，其究竟出于误解、疏漏甚至有意窜改，抑或其获有今已失传的早期文献，皆不可得而知矣。无论如何，吾人皆须优先考虑今见汉前散篇文献的证据，盖因整饬作者获有殊异的汉前材料之可能性（亦仅为莫须有之可能），不能超过汉前实存文献所载内容之确定性。兹举一例以作说明，《世本》《史记》皆以太甲为外丁[①]之子（不能征信于汉前散篇文献），考之《国语·楚语上》，则明确以太甲为汤之子；故须优先考虑《国语》之证辞。最后，作书者所述内容，于先秦散篇文献未有直接抵牾，然考诸存世文献，又不见载，亦当以慎重为要。盖其中仍有莫大风险在焉，或为作书者出于一己想象而有意编造，谓其借鉴今已失传的汉前典籍，仍仅为莫须有之可能。无论如何，若此类资料未经慎重讨论，切不可轻易取以填补早期文献之空白。若不得已而征用，亦应持清醒意识，其作为源出文献之可信性质，较之作成于封

① “外丁”原文作“外丙”，《世本》诸辑本均以太甲为外丁之子，太史公从《世本》(见《史记·殷本纪》)，且前文亦引作“外丁”，当为误引，今据改。——译者

建时代的著述，二者高下之别，实有似于天渊，因封建时代之崇祀及传统仍为活的现实，而于彼时之作书者是为亲身之经见；故凡有征引，应予以清楚说明，此类资料取自二手文献，当为存疑耳。

354 就司马迁《史记》述汉前中国之诸篇而论，吾人所持之态度，亦当秉承上述原则。公元前722年伊始，即有丰富的汉前文献述载中国历史，如《左传》《国语》《战国策》之属，皆可取用而与《史记》对勘。然而若论更前时代，即上古之世、夏、商及周初，汉前文献既少且陋，学者往往为之束手，亦是无可奈何之事，惟因如此，无论中、西学者，乃欲藉《史记》填补空白，确实是一种绝大的诱惑。而若论司马迁对于早期时代之处置，则殊难充任良史之向导，前文已逐章详述之矣。凡涉早期时代的知识，司马迁（大多遵从早期整饬作者、《帝系》、《世本》及《书序》）一向不惮于改写、窜改、误释且恣意润饰汉前文献所载材料，不能不令人扼腕。作为早期中国之史学家，司马迁委实难以胜任向导之职，不得不谓名过其实。

以上第1—3点所述简单、初级的原则，于史学行家皆为显而易见之事，然而中国史学家、西方汉学家从未以之为探究古代中国的指导原则。反之，周、汉初、东汉、六朝及唐宋材料常不加分别，皆用于建立中国古代“历史”的结构。在此不预评判诸多中国通史，如《资治通鉴》（及《通鉴纲目》）、《通鉴辑览》（如沙畹《史记》译注特为重视），仅举西方学者所作的数例研究。

夏德著有《中国古代史》（*The Ancient History of China*, 1908[①]），

① 1923年重印。

即是此种毫无批判力的史学的典型产物。其中篇章凡论及早期历史（公元前722年前），几乎全然依据司马迁《史记》、汉代及汉代以后文献，甚至宋人所编诸书。若论1908年之情状，或犹有可说之托辞，然在奥托·福兰阁（Otto Franke）所撰巨著《中国通史》（*Geschichte Des Chinesischen Reiches*），则难于申辩矣[①]，其书在运用汉前文献外，又不能分别后世文献，往往杂以司马迁、汉代及后世学者所作之窜改、新说、曲解和重建臆测。

马伯乐著《古代中国》所做尝试工作，颇有值得称道之处，多 355
以汉前文献自陈其事，凡涉周前中国之诸说，皆果断判为传说[②]。而一旦至于周初之时代，马伯乐亦不能免于诱惑，多取材《史记》、伪《竹书纪年》而作陈述。如描述周代官制，马伯乐主要借重于《周礼》，而不知本书乃是一种典型的整理、想象之作，质言之，《周礼》是周末学者怀有的周初政制理想，而非可知的真实形态。不止于此，马伯乐又广泛、详尽描述中国宗族在殷商、周初的地理分布状况，最终作成一种系统，然而此种地名系统，几乎全然依据东汉及后世文献（地理志及其注疏）所作古地名与后世地名之考订，如前所见（第208—209页），此种考订仅能在非常狭

① 若欲据福兰阁之巨著去粗取精，需专门撰成一部详实著作。仅举一例。福兰阁郑重论及（I, 99）夏之仲康（如吾人所知，仲康于汉前文献全然无征，而司马迁始有之）及其在位时之日食。福兰阁承认，载仲康及其日食之两书（伪《书经》及伪《竹书纪年》）——唯一言及日食之汉前文献（《左传》）未说在“仲康“之时，亦未归于何王——实为伪书，然仍然据此论断，后世中国学者重建之夏代年表至周代可信年表之“桥”，虽为独木之桥，然安全无虞，其所坐落之两大基座（Hauptpfeile）之一，即是（伪）文献所言日食！

② 尽管如上文所述，马伯乐以汉代知识代替真实的汉前知识（如吾人在上文所拼凑之形貌），必然曲解早期之神话。

窄的范围内方可接受。

早期中国“通史”，此处所举事例足矣，至于特殊主题之论文，亦略作补充。

魏德曼著《公元前2000—1000年中国历史之场景与事件》（*Schauplätze und Vorgänge der chinesischen Geschichte gegen Ausgang des dritten und im zweiten Jahrtausend vor Christus* (*Asia Major*, lntrod. vol. 1922).），其中花费长篇、精心研究，由尧、舜、禹传说而作成一部历史。本书尤有不可思议之处，作者竟可详知上古帝王的生平事迹，及其作为彼时代圣王的行事，彼时代的完整地理，以及详尽无遗的年表——噫，即使尊贵如路易十四或伊丽莎白女王，亦不能奢望有如是详实、完美之纪传矣！盖因作者不惟信赖《史记》及东汉学者之说，亦汲汲于从《帝王世纪》（作者最为钟爱的典籍）、《水经注》、宋时虚构之作《路史》，及六朝、唐、宋、明、清之数十种“文献”中穷搜资料。然而，惟此上古之时代，在背离汉前史料方面，若论虚构与散漫，其恣意、荒诞之甚，更无出皇甫谧诸人之右者，可不惕哉！

夏伦（G. Haloun）所著《中国族姓的分布史》（*Beiträge zur Siedlungsgeschichte chinesischer Clans* (*Asia Major*, Introd. vol.
356 1922).），广泛研究早期中国的政治地理。首先，夏伦未加考订，即遵从（东汉学者所作）伏羲即太皞之说，着手研究其苗裔之分支居住地问题。在此过程中，他详细研究地理、历史资料，如《帝王世纪》、《水经注》、《三皇本纪》（唐）、《文献通考》《路史》（宋）及《古今图书集成》所引历朝作者。毋庸置疑，若论作者之博学多识，委实令人赞叹。

然而，此处所举二书，皆属于无益之功，因其所据实为无证据意义的材料。唯一可得证实者，即是中古投机学者穷智竭力，极尽想象之能事，借助无价值的汉代及后世材料，再造、缘饰中国之早期历史。凡皇甫谧、罗泌（《路史》作者）关于夏前、夏、商及周初帝王之历史、处所之说，若其引自汉前史料，则吾人当径引原著；若其有异于汉前文献，或不为人知之说，则以猎奇视之，可矣，殊无其他意义—— 一言以蔽之，其本无关乎早期中国的历史，而仅关乎中国的中古学术史。

索　　引

（索引页码为原文页码，即本书边码）

附　录

周代的祭礼*

前作《中国古代的传说与崇祀》（BMFEA 18, 1946, pp. 199-356）察考有汉以前特别是有周时代的宗教信仰及崇祀，意欲于新说之造成而有所贡献耳。此项工作的研究，有赖于建立严格的应手之法，方可有效甄别、估定诸种文献。首要之事，在于甄别不同年代的文献性质：安全地证明究竟属于周代作成的文献，还是汉、六朝及唐代作成之文献。其次者，又有一种区分同样重要，必得严格遵守，此即“散篇文献”与“整饬文献”之别。姑由前作（《传说与崇祀》第201页）挪用一段文字，庶几可说明此种区分的目的：

> 一为《书经》及《诗经》、《左传》及《国语》、《战国策》、《论语》及《孟子》、《墨子》及《庄子》、《离骚》及《天问》诸种文献——此即我所称的汉前时代之“散篇文献”（free texts）。此种文献仅顺带述及古人、事件与祭礼，或于

---

* 据瑞典《远东文物博物馆馆刊》第40卷（1968年）译出。（B. Kalgren, “Some Sacrifices in Chou China”, *Bulletin of the Museum of Far Eastern Antiquities*, No. 40, pp. 1-31, Stockholm, 1968.）中译者收入作为本书附录。

纪事中偶有所录，或杂见于政客及哲人之说辞，于铺衍道德或政治主题时，偶然语及当日之传统。一即所谓“整饬文献”（systematizing texts）之作，其性质则全然相异，或出自文士之手，意在制订法度，或梳理古说及礼制思想。此种文献旨意在爬梳、汇编散见驳杂之材料，而创成一种系统。可归于此类者，首推《礼记》之大部，及《仪礼》《周礼》之全部。察诸书范围之所及，不惟记录古说与习俗，亦代表儒家学派之决心，依据儒家哲学与原则，确定信仰与仪式之应然形貌。至于《左传》《战国策》所记说辞，显然颇有教义风格；然而又与前类典籍有根本区别，皆因场合而发议论，若提及某种传统或祭礼，其意在训导某位王侯在具体情况下应持的合礼举止，并非为整个礼仪生活领域制订总体教义。《礼记》或《周礼》[①]学说不能如《国语》说辞那般，教给吾人了解实际活着的传统与礼仪，因其所述礼仪已经铺于儒家士人的普罗克鲁斯忒之床。士人一向不惮于改写、缘饰，以使之合乎儒家礼制，此处证据在在皆是。

司马迁撰《史记》，凡涉汉前之诸篇，亦有相当的整饬性质。司马迁既为史家，博采汉前文献，旨在调和众说，故多取不相抵牾

① 《古代中国的传说与崇祀》第202页：“无人确信《周礼》准确描述了周官制度。它的特点是重建，以显示它应该是怎样的，这是非常明显的。然吾人亦无须怀疑《周礼》为汉前文献。若比较其所规定之官员制度与散篇文献，尤其是《书经》《诗经》及《国语》所见职官制度，我们就可以看出这一点。其间差别甚大，以至于没有汉代伪造者敢如此广泛地偏离神圣典籍。”此外，《周礼》的语言如此古老、丰富，绝无仅有而又言辞隐晦，对于汉代的语言几乎是外语，这难以想象一个汉代的学者可以做到如此程度的伪造。《周礼》也许是公元前三世纪或公元前四世纪的产物。

之事实，或舍弃其余而不取，或参以己意而订改，俾使合于其他文献。《书经》(《书序》）及《世本》……亦属此类，盖无可疑者。

据儒家学说、早期史家的整饬文献，已可窥见对古老传统与习俗之原材料的刻意编纂状况，而东汉、六朝及唐代注疏家又尤有过之。至其人所处时代，不惟关于原始材料的第一手知识荡然无存，即如师徒迭代传承的第二、三手知识，亦丧失太半，严重扭曲。

迨至此时，封建侯国之传统及崇祀早已非复活的现实，已成惘然之追忆，窜入及散乱状况，比比皆是。至此一时代，崇祀实是一种新造的混合体，秉承帝国之命的新创成分甚多。郑玄（公元200年辞世）乃后世文士景仰之钜儒宿学，遍注群经，尤以《诗经》《礼记》为著，然吾人可举出者，无虑数百条，可见郑氏如何参合己意，而曲解汉前文献（见拙作《〈诗经〉诠注》《〈尚书〉诠注》，载BMFEA 14, 16-18, 20, 21，及《汉朝以前文献中的假借字》，同上，第35—39页）。东汉、六朝诸家经师亦无不如此，如郑众、服虔、许慎、贾逵、马融、高诱、韦昭、杜预、何休、赵岐，众说纷纭，自不能以汉前知识之“文献”视之。

前作《传说与崇拜》梳理十六种周代传说及崇祀圈，逐一证实东汉及后来整理者不惟曲解传说及崇祀圈，又以更为详尽“事实”及细节特加润饰，而全不见于汉前经籍。

然吾人当警惕者，一为汉初作成的整饬文献（其中一些可能在汉初以今日所见形式写成），一为东汉、六朝的整饬文士之作。此二者又有分别也。汉初文士或曾见识某些纳入其“体系”之祀礼，在秦汉巨变前的公元前三世纪，或有留存见世者。故吾人之研究自应考虑此类文献，留有一定余地即可，然而东汉、六朝时人的著作，实属可疑、危险的“材料”。此项研究意在凭借散篇文献，厘清周代的宗教现象，亦可知晓早期整理者用意之所在，故仅在必要时偶引东汉及后世的诸家注疏。

或曰，若如是之举，亦已过矣。东汉文士或可有幸获睹周时佚篇，其间所见条目，虽不能求证于今日存留的汉前文献，亦足可珍视。今有一种有趣的例子，足可说明，凡属此种情况者，殊不能证明其价值之所有。汉前文献载有数十古“帝”及其他传说英雄。班固著《汉书·古今人表》，旨在整饬当日所知早期文献所载诸帝王及英雄。班氏首列九“帝”主栏（“上上圣人”），于九帝之下，又分设次栏（“上中仁人”），前二帝之次栏共列二十三人——两栏共计三十二人。此三十二位“可得而闻”之“先民”，有三十一人之名号，见于今日尚存的汉前文献。于其余七栏，班氏又具列百余人物，皆见载于今日尚存的早期文献，或在汉前之文献，或在《史记》《列子》《淮南子》诸书（详见《传说与崇祀》第230—231页）。此点至为重要，因（尽管有刘向所撰著录）本表可证，班固当日所能获得的汉前文献，实未曾越出我们今日仍可获睹的范围。故吾人当严肃警醒，不应轻于相信，诸种忽然见于东汉及汉后文献的最早时代之材料是基于今已失传的汉前经籍：汉时学者所能获有的汉前文献，实不能多过吾人今日之所能目睹，仅有绝少的例外。故较晚述载的“传统”，乃是许多学者凭空臆造的结果，或出自汉末及六朝之知识，往往未经考订，即作为真正的古老传统加以利用。

《传说与崇祀》所探究的崇祀圈多与吾人熟知的祖先崇祀有关。

在此种宗教体系中，最有兴味的特点是，这种崇祀不止于祭祀父、祖及以上数代先祖。在王室及贵族阶层，总会溯至家族之始源，且祭拜传说中之古“帝”或英雄。举凡此种传说人物，无不以自己之“德”、能及名望，而为其后代苗裔创立宗族。

又者，周代诸族之世系传统亦有相当的统一性质。无论贵族世家是如何复杂，又如何分大、小宗，其谱系皆可整齐不乱，诸族彼此并无窜杂，一种庞大、公认且流行的系统早已将诸族各安其位。兹举一例。

汉前之散篇文献，虽归旨各别，已经显示一种上古圣王世系之传统的统一体系：1. 伏羲，2. 神农，3. 炎帝，4. 黄帝，5. 少皞，6. 颛顼，7. 喾，8. 尧，9. 舜，10. 禹（全部细节可见《传说与崇祀》，第206—213页[①]）。诸种文献皆有胪列，或较为完备，或仅举序列中之显著部分：

《易·系辞》及《战国策》：1、2、4、8、9

《管子》：1、2、3、4、6、7、8、9、10

《吕氏春秋》：2、4、6、7、8、9、10

《国语》：4、5、6、7、8、9、10

《庄子》：1、2、4

据此可见一种重要事实，其先后次序相当一致；无论何种文献，虽归旨各别，且出自不同时期及学派，7皆不得列在5或6前。此间之一致性，在于诸贵族世家皆有一种强大而完善的崇祀系统，

---

① 如无特别标注，附录中此类括注均指《古代中国的传说与崇祀》原文页码，即本书正文边码。——编者

且一直奉守至中晚时期。故无论作书者彼此有何种分别，无不熟知此种崇祀，于是可指向同一种“上上圣人”的传说系统。此种“圣人”知识乃是周代所有高等贵族阶级的共同财富。

试述几例，可为此种事实作一验证。

1. 黄帝。在周前之时，夏后禹之后裔大族皆禘黄帝（《传说与崇祀》，第 214 页）。周武王未及下车，封黄帝之后于蓟或铸（第 216 页）。在周代，黄帝十二子之后裔皆有封（第 278 页）。而任姓尤为显著，盖因任氏之女大任，乃是周文王之母。在周之时，十二子中之其余苗裔，尚有薛之诸侯（第 278 页）。

2. 少皞。少昊有裔子曰昧，至于周时，有沈、姒、蓐、黄四族，实守少皞之祀（第 243 页）。郯子之族亦祀少皞为始祖（第 286 页）。少皞之弟重是楚子（芈姓）的祖先之一（第 217 页）。此外，周中期之时，程伯休父亦祀重为始祖（第 236 页）。

3. 颛顼。在周前时代，舜、禹（夏）二族皆祀颛顼（第 214 页）。颛顼有子曰黎，黎传八姓，故颛顼是八姓之始祖，有周之时，芈姓尤著（楚、夔、越之诸侯）（第 237 页）。

4. 喾。殷（王朝，子姓）、周（姬姓）皆禘喾（第 214 页）。喾既是殷人始祖契（第 216 页）之合法父亲，亦是周人始祖弃（一名后稷）之父。殷人郊冥（契之后）；周初，封殷之后于宋，改禘喾为帝乙[①]（第 338 页）。周人郊弃（第 214 页）。周室同族之封建贵族为数众多，皆奉守同样的祖先崇祀。

---

① 据《礼记·祭法》“商人禘喾而祖契”，《国语》作“商人禘舜而祖契”，虽两书记载，“禘”有不同，而“祖”则一致。不同于二书者，当为《左传·文公二年》所载，“宋祖帝乙”。故高本汉在此处混淆了“禘”与“祖”。——译者

5. 尧。在周前时代，有虞氏郊尧。武王封帝尧之后于黎（第216页）。晋侯又曾立黎侯[①]。晋国范氏为大族，祀尧为远祖（第293页）。

6. 舜。帝舜之后，初封于遂，而周武王封舜之后于陈，又赐以妫姓。

7. 禹。夏后氏郊鲧（禹之父）（第214页）。周初，武王封禹之后在杞、鄫（姒姓）（第307页）。东周之时，晋之董伯主夏祭，故系禹之后。

8. 太皞。另一位古圣王太皞（由于缺乏文献记载，很难将其归入古帝王体系），亦为大族之始祖。在周，有四国之诸侯（风姓）实祀太皞为始祖[②]（第218页）。

9. 其他上古人物，虽非圣王，亦是闻人与某姓之始祖。其中一个例子是士师皋陶，六及廖（公元前622年为楚所灭）是两小侯国，皆祀皋陶为先祖（第257页）。

以上所举例证足矣。重要的是，即使至于有周之时，仍有封建世族始终崇祀上古圣王，尊为本族的直系先祖。惟有借重于本族之谱系，早期帝王的传说方得存留于后世，且广为世人所知。

祖灵之崇祀是周代（及更早）宗教的两大主流之一。另一个是对自然神灵（诸神）之崇祀。两类崇祀彼此时有混淆，乃是不可避免之事；《传说与崇祀》（见第220、222、235、239、241、243页）已经描述此类现象，然而毕竟仅见于相当有限的范围。在周人宗教

---

① 参见《左传·宣公十五年》。——译者

② 《左传·僖公二十一年》载："任、宿、须句、颛臾，风姓，实司太皞与有济之祀。"——译者

中，自然神灵之崇祀及其他仪式自成一种大类，本文意在按照前述原则加以探究。

一

天是周代万神殿的最高主宰，关于此神的崇祀，可证于诸种散篇文献。然尚有一种复杂的问题，即“天”有数名。

1. 天。天不止是自然之力，亦是一种独立的神灵，可见于诸书所记文字。如，《尚书·高宗肜日》：“天监下民。”《论语·宪问》：“知我者其天乎？”《墨子·尚贤中》：“以上事天，则天乡其德。”《庄子·知北游》：“天知予僻陋谩诞。”《墨子·天志上》：“故天意曰：‘此之我所爱，兼而爱之。’”《逸周书·商誓》：“在昔后稷，惟天之言。”《左传·襄公二十三年》：“死将讼女于天。”《左传·宣公十五年》：“天夺其魄。”《左传·成公五年》：“婴梦天使谓己。”

2. 上天。《大雅·文王》：“上天之载。”《荀子·礼论》：“郊者，并百王于上天而祭祀之也。”

3. 皇天。《国语·越语下》：“皇天后土、四乡地主正之。”《左传·僖公十五年》：“君履后土而戴皇天，皇天后土实闻君之言。”

4. 昊天（大天）。《诗经·小雅·节南山》：“不吊（善）昊天。”

5. 上帝。事实上，吾人无法确定，“上帝”二字究竟是“天上的帝（神）”，还是“最高（上）的帝（神）”。此种用法极为普遍，从《书经》首篇《尧典》（《舜典》）开始：“肆类于上帝。”此处之上帝即是天，这种用法清楚地见于其他典籍。如《诗经·大雅·文王》曰："假哉天命[1]……，上帝既命……"《书经·皋陶谟》(《益稷》)："傒志以昭受上帝，天其申命用休。"《书经·大诰》曰："亦惟十人，迪知上帝命，越天棐忱（因天命靡常）。"[2]《墨子·天志上》曰："(洁为粢盛酒醴，)以祭祀上帝鬼神，而求祈福于天。"此处所引文句，再次证明了人格化神灵的特征。《诗经·大雅·生民》曰："(卬盛于豆，于豆于登)，其香始升。上帝居歆，胡臭亶时。"《书经·康诰》曰："闻于上帝。"《左传·襄公二十四年》："上帝临女。"《墨子·节葬下》："上帝鬼神，始得从上抚之。"

6. 皇天上帝。此处所见，并非二神，而是一神，兼有三（皇天）、五（上帝）两号，此种结合见于多种典籍。《书经·召诰》曰："皇天上帝，改厥元子兹大国殷之命。"又曰："王来绍上帝，……其自时配皇天。"

7. 昊天上帝。此处所见，亦非二神，而是一神，兼有四（皇天）、五（上帝）二号。《诗经·大雅·云汉》曰："昊天上帝，则不我虞。"《左传·成公十三年》载："秦背令狐之盟，而来求盟于我：'昭告昊天上帝。'"

8. 帝。帝，显然是"上帝"的简称。如《诗经·大雅·生民》曰："(姜嫄)履帝武敏歆（而有娠）。"此句"帝"即是"上帝"。《诗经·大雅·文王》约："在帝左右。"《大雅·皇矣》曰："帝谓文王"，又云："帝度其心。"《左传·僖公十年》载：死者大子之鬼

---

① 《汉书·刘向传》引孔子读此诗而释之曰："大哉天命！"——译者

② "越天棐忱"，作者解为"天不可信"，当是从孙诒让《尚书骈枝》之说，近代学者多有从者。——译者

魂曰，“余得请于帝矣”，又云，“帝许我罚有罪矣”。《左传·昭公元年》曰：“梦帝谓己。”《荀子·强国篇》曰：“百姓贵之如帝。”

讫至目前，一切尚好。然而仍有问题在焉，在最早的整饬作者之一即礼学家笔下，天与帝诸说愈加繁复。

对于整个礼仪及崇祀体系，《周礼》有最完整的描述。本书作成于公元前三或四世纪之时；《冬官司空》已佚，然因司空职掌官方营造诸事，或少涉祭祀方面的材料，故于本文论题并无太大的影响。察《周礼》所载体系，祭祀之礼仪多归在“天”之下。

一者，吾人于《周礼》所见有关条目，多同于前引。如《周礼·大宗伯》载：“以禋祀祀昊天上帝。”（继云：“以实柴祀日、月、星、辰。”）昊天上帝显是一神，如散篇文献所载。

又者，《春官宗伯·典瑞》载：“四圭有邸，以祀天、旅上帝。”此处，《周礼》作者似是分别天、上帝为二神。惟有一种文献可支持此说。《孝经》曰：“昔者周公郊祀后稷以配天，宗祀文王于明堂以配上帝。”然《孝经》实是一种可疑文献，本为周末、甚或汉初儒士所作的德教之书，有似于《礼记》某些篇章，其类型又颇似汉时的德教著作，如《说苑》之属。且《孝经》之说又不合于散篇文献《国语·鲁语上》：周人宗祀武王，而非文王（《礼记·祭法》亦同）。故《孝经》所载，不能不令人生疑。

然在经典注疏家观之，《典瑞》条有决定意义，于是郑玄另造新说，谓有两种上帝。

《周礼·天官冢宰·掌次》云：“王大旅上帝。”郑玄注云：“‘大旅上帝’，祭天于圆丘。”（散篇文献以天即上帝。）

《周礼·大宗伯》又云："国有大故，则旅上帝。"郑注云，"上帝，五帝也"（前引《典瑞》条，郑注"上帝"，亦同），则此处"上帝"应是多个。清末硕儒孙诒让以为郑注有牵强处，而解作："凡云'上帝'者，并指南郊所祭受命帝。"

郑氏之误说，殊不合于《周礼》之文。《周礼·司服》："王之吉服，祀昊天上帝……；祀五帝，亦如之。"《周礼·掌次》亦先言"大旅上帝"，继云"祀五帝"。故知"上帝"绝非"五帝"中之一帝，昊天上帝亦不可分为二神，明矣。

然则前引《典瑞》之条，又当作何解？答案至为简单。天（神）之崇祀移接于王室之祖先崇祀，盖"天"为原始的创世者、王族的祖先；故王称"天子"（此称已多见于《诗经》《书经》）。既为自然神之"天"，故可受"祀"，又为王族祖先之上帝，故可受"旅"。可注意者，"天"既为至高之神，据《周礼》，除可受前述祭祀外，又可受他种祭祀，如禋祀（《大宗伯》）、类（《大祝》）、类造（《肆师》）。

然而，在《周礼》的崇祀体系中，五帝实有举足轻重的地位，故五帝之祀职在多官（《大宰》《掌次》《大司徒》《宗人》《小宗伯》《司服》《大司寇》《小司寇》《士师》）。今有必要厘清，五帝之祀可否证于散篇文献，若是，则究竟为祖先崇祀耶，抑自然神崇祀耶？

五帝之为祖先崇祀，明确见于散篇文献《庄子·天运》："余语汝三皇五帝之治天下"，同篇又云："三皇五帝之礼义法度。"而较不明确者，可见于《楚辞·惜诵》："令五帝以折中兮"，及散篇文献《吕氏春秋·贵重》所载"三皇五帝"。其余散篇文献，则多未载“五帝”。《易经·系辞下》虽未云“五帝”，而具列上古时之五圣王：庖牺氏、神农氏、黄帝、尧、舜，或合于“五帝”，然未为后世之整理者接受。无论如何，五帝当在祖先崇祀的范畴。《左传·昭公十七年》（仍未使用“五帝”一词）又载另一组上古之五帝：太皞、共工、炎帝、黄帝、少皞，而亦未能引起整理者的兴趣。

然而，有一种散篇文献（同在《左传·昭公十七年》），其所载上古帝王，或具有某些宇宙论特征：“（宋，大辰之虚也）；陈，太皞之虚也；郑，祝融之虚也；皆火房也。……卫，颛顼之虚也，……其星为大水。”尚有《左传·僖公二十一年》[①]：“任、宿……，实司太皞与有济之祀。”（济水在山东，属东方。）

另一种颇值关注的散篇文献是《庄子·应帝王》：“南海之帝为儵，北海之帝为忽，中央之帝为浑沌。”是庄子所作之寓言也，而或能揭示其所知帝主宰方位的宇宙论传说。

今视早期整理者（即礼学家）之书，则其所作之文仅指祖先崇拜的思想。如《周礼·外史》：“外史……掌三皇五帝之书。”显系上古帝王，而在祖先崇祀之列者。

《大戴礼记·五帝德》详述五帝历史，据其系统，五帝为黄帝、颛顼、帝喾、帝尧、帝舜。在这个广泛的文本中，并不牵涉自然神之崇祀。

另一方面，礼学家虽致力于叙述上古之“帝”，然而有时亦将宇宙论观念加于其体系之上。

---

① 原引作“僖公二十二年”，应在“二十一年”，今据改。——译者

在《吕氏春秋·十二纪》（公元前三世纪；又见《礼记·月令》），上古帝王各应四时，亦隐约应于四方：太皞——春（东），赤帝——夏（南），黄帝——季夏（中），少皞——秋（西），颛顼——冬（北）（亦见《淮南子·时则训》，其文有所扩充、润饰，然五帝之名则同）。

据《周礼·春官宗伯》："小宗伯之职，……兆五帝于四郊（东、南、西、北）。"本篇未言"五帝"与"四郊"之关系，然据本旨推论，当有类于前引《吕氏春秋·十二纪》。

惟至汉初之时，方有独立的"五帝"宇宙论图式，当然得脱离于上古始祖人物，一变而为自然神观念。司马迁（《史记·天官书》篇末）载有苍帝（东方）、赤帝（南方）、黄帝（中央）、白帝（西方）及黑帝（北方）。

早期注疏家臆造之说，各有分歧。郑众（《周礼·掌次》注）仅云："五帝，五色之帝。"（同于《史记·天官书》之说）郑玄（《周礼·春官宗伯》注）则曰："五帝，苍曰灵威仰，太皞食焉；赤曰赤熛怒，炎帝食焉；黄曰含枢纽，黄帝食焉；白曰白招拒，少皞食焉；黑曰汁光纪，颛顼食焉。黄帝亦于南郊。"至于此时，郑玄实现《史记》之自然神系统与《吕氏春秋·十二纪》之祀祖系统的不稳定融合（无疑是因《吕氏春秋·十二纪》祀祖原理中加入宇宙论内容，亦因前引《左传》及《庄子·应帝王》之宇宙论暗示）。然而郑玄亦因此不得已而放弃《大戴礼记·五帝德》方案。

而其他注家又多有不同于郑玄之说。《书序》云，"伏羲、神农、黄帝之书，谓之三坟"，"少皞、颛顼、高辛、唐、虞之书，谓之五典”——显然合于《庄子》《周礼》所谓“三皇五帝”，且以之为上古圣王、德教之始，并无自然神之特征。《汉书·魏相传》所言五帝，为太皞、炎帝、少皞、颛顼、黄帝——同于《吕氏春秋·十二纪》所载，然而其次序已有所变化。五帝亦见于《谷梁传·隐公八年》，范宁（公元四世纪）以为即是黄帝、颛顼、帝喾、尧、舜，同于前引《大戴礼记·五帝德》，而异于《吕氏春秋·十二纪》（及《礼记·月令》所载）。应劭《风俗通义》亦是如此。然令人殊觉好奇者，《吕氏春秋》他篇所载五帝有异于前引《十二纪》之名录，高诱作注，如应劭、范宁，复从《大戴礼记·五帝德》，而弃前篇之说于不顾也。《淮南子·本经训》，高诱作注，亦复如此。

暂作总结。五帝作为四方之天神，以五色为象征的主题，至汉初时，已得完全确立为自然神的主题。当此之前，早期整饬作者之文献（《周礼》《礼记》），甚至两种散篇文献（《左传》《庄子》）已有隐约暗示，在汉前最后数世纪间，吾人或可识见此种思想之存在迹象。然而吾人不能假定，此种信仰已流行于周初或鼎盛之时——此种结论不能证于目前所见之存世文献。

同样明显的是，在世家大族之祖先崇祀范围内，确有将某些上古英雄或创世帝王组合为“五帝”（散篇文献《庄子·应帝王》、整饬文献《大戴礼记》）的信仰。然而，此种信仰是否造成五帝群体的特别祭祀，则不可得而知矣；散篇文献不能贡献线索（前引《左传·僖公二十一年》之暗示，不足以为证据），而整饬文献《周礼》虽多载五帝之祀，其性质仍然不明。后世经学家之“五帝”考订，可谓歧见纷出，殊无价值可言。

二

文献以天、地对举，天、地二字，凡在汉前文献，可谓无处不有。“地”亦是神，然而祭地之礼固不如祭天之礼隆重。祭地之礼，最早证据见于《诗经·大雅·云汉》曰：“上下奠瘗。”奠、瘗分别祭祀上、下。瘗者，谓以埋而祭地之法也，见载于《礼记·祭法》《仪礼·觐礼》及《尔雅·释天》诸篇。散篇文献《吕氏春秋·任地》云：“有年瘗土。”《诗经·大雅·绵》又云：“迺立冢土”。冢土，大社也，显然是地、土之祀。此种祭地之常规注解，余者只见于早期整理者的著述。《周礼·典瑞》曰：“两圭有邸，以祀地”。《周礼·春官宗伯·大宗伯》曰：“以玉作六器，以礼天地四方；……以黄琮礼地。”《礼记·曲礼》曰：“天子祭天地，祭四方”；《礼记·祭法》曰：“（燔柴于泰坛，祭天也。）瘗埋于泰折，祭地也。”

然吾人若知晓此神亦可称“土”，则可更充分获有地神之文献。而此处须留意者，“土”并非等同于“社”，姑留待后文以作叙述。“地”即是“土”（实为同义词），不难取证于诸家文献。《公羊传·僖公三十一年》：“天子祭天，诸侯祭土”；前段已引《吕氏春秋·任地》：“有年瘗土。”（《礼记·祭法》、《仪礼·觐礼》皆曰：“瘗，祭地。”）“土”之为神，多加“后”字以尊称之，所谓“后土”。前文已引《国语·越语下》：“皇天后土，……正（‘征讨’）之（背盟者）。”更具决定意义者，当属《左传·僖公十五年》所载之事，与前引语同。秦伯获晋侯以归，与晋大夫诺，不杀晋侯。晋大夫乃三拜稽首曰：“君履后土而戴皇天，皇天后土实闻君之言。”（你必须遵守你的承诺）。后文又载，秦大夫请秦伯戮晋侯，而秦伯曰：“天地以要我，……我食吾言，背天地也。”故知后土与地显系同一种神力。

《楚辞·招魂》载有一种有趣的细节，表明在民俗信仰中，土神具有人之形象：“魂兮归来！君无下此幽都些。土伯九约，其角觺觺些。”（关于“土伯”，参见下文“河伯”。）

早期整理者经常语及土地之神。《周礼·春官宗伯·大司乐》亦以为，“地”神即是“土”神：先言“地示”，及稍后，又以“土示”称之。《周礼·春官宗伯·大宗伯》曰：“王大封，则先告后土。”《周礼·大祝》云：“建邦国，先告后土。”《礼记·檀弓上》则云：“（国亡大县邑，……或曰：）君举而哭于后土。”《吕氏春秋·十二纪》（见前引，又，《礼记·月令》同）云：“季夏之月，……其神后土。”

后土故事较为复杂，因其早已嫁接于构成某些祖先崇祀之基础的传说。《传说与崇祀》第239—242页已有充分描述、分析（另见第247页，可知诸家对这一主题所作注解，亦十分混乱），兹不赘述。然而此神尚有另一个奇怪问题，可略作探究。

后，读如*g'u*（胡口切），上声，音同侯，侯读如*g'u*（胡沟切），平声，“诸侯”之“侯”，然而“后”义颇含混，因可指男子，亦可指妇人。在最古老的文献中，后是男子之称。检《诗经》诸篇，（除“后稷”之名）可见者尚有九例（《大雅·下武》《大雅·文王有声》《大雅·荡》《大雅·昊天有成命》《大雅·时迈》《大雅·武》《大雅·玄鸟》），而见诸《书经》者，则有十三例（《尧［舜］典》、《皋陶谟》［《益稷》］、《汤誓》、《盘庚》、《梓材》、《立政》、《顾命》、《吕刑》）。在以上诸篇，“后”皆指君主，未有妇人之谓。然在《左传》，后或指天子、诸侯，亦可指天子之后、或诸侯之妃，因其常见于祭祀之事。故今宜乎有此疑问：“后土”究竟为“王之土”（男子），抑或“后之土”（妇人）？换言之，“地”（一名“土”，又名“后土”）既与“天”对举，然则其为男神乎，抑女神乎？

《易经》第一卦为“乾”，即天；第二卦为坤，即地。在坤卦下，其辞曰：“……《坤》：利牝马之贞。”《彖》曰：“牝马地类。”《象》曰：“地势坤。”《易·系辞上》曰：“乾道成男，坤道成女。”毋庸置疑，对于《易·系辞》作者，“地”是女性力量。此又见于《国语·晋语四》：“坤，母也。”《管子·轻重己》曰：“天子，……出祭王母。”（唐尹知章注，以为王母即是土神。）

显然，在周代后半期，土神乃是女性之力量，然而吾人不能证明，此种观念已经形成于周代的初期。

三

“五祀”，多见载于早期整理者即礼学家的著作，而少见于散篇文献。其所指为何，则殊无意义。

前引散篇文献《左传·昭公二十九年》为一种基本文献，其中述载的故事足可表明，祖先崇祀与自然神崇祀彼此如何牵混一处。少皞、颛顼、共工皆有才子，职在“五官”，即五行之官，“封为上公，祀为贵神。社稷（见下）五祀，是尊是奉。木正曰句芒，火正曰祝融，金正曰蓐收，水正曰玄冥，土正曰后土”。（此处，讲述者羼入前第二节之后土崇祀，又云“后土为社稷，田正也”，此神之研究见下文——此种有趣的整合手法，又见于《国语·鲁语上》。）

五个自然神如何嫁接于世族的祖先崇祀，不难看出其中奥秘所在。

另一种应予考虑的散篇文献是《国语·鲁语上》，其主旨全然不同，有禘、郊、祖、宗、报五种祭祀，“此五者，国之典祀也”。虽未冠以“五祀”之名，然“典祀”与“五祀”，实则为一也。此处所言五祀，全在祖先崇祀的范畴之内。

然而又有一种散篇文献《荀子·正论》，据其述载，“智惠甚明”之天子的食饮，“《雍》而彻乎五祀”。如刘台拱引以为证，此即《周礼·天官冢宰·膳夫》所云“卒食，以乐彻于造”；造者，灶也，造之为假借字，可见著者《汉朝以前文献中的假借字》一文（Karlgren, Loan Characters in pre-Han Texts, par., 1761）。而在《淮南子·主术训》，此一主题又有更充分的表达：“鼛鼓而食，奏《雍》而彻，已饭而祭灶。”故《荀子·正论》之语，当解作：“在撤（彻）食而转用于祭五祀（之一，即灶）时，奏《雍》乐。”在《荀子》所载版本，五祀既非前引《左传》所谓自然之神，亦非《国语·鲁语》所谓祖先祭祀，而是五种场所神祇之祭祀（灶乃其一）。

是故，“五祀”有三种不同的可能。整理者如何处理此种难题？诸家皆未采用《国语》所言之五祀，然《左传》《荀子》主题皆有体现。

《礼记·祭法》载：“王为群姓立七祀：曰司命，曰中霤，曰国门，曰国行，曰泰厉，曰户，曰灶。诸侯为国立五祀，曰司命，曰中霤，曰国门，曰国行，曰公厉。”可注意者，天子“七祀”之中，有祀灶在焉，而诸侯“五祀”之中，没有祀灶。

《吕氏春秋·十二纪》(《礼记·月令》同）所列神祇，前文“一”已加引用，乃是将此二种基本观念强行撮合的结果，然亦不得不窜改《左传》方案中之一半祖先崇祀，于是将共工剔除在外，而借助于前“一”处所述“五帝”：

东方，春：其帝太皞，其神句芒，其祀户。

南方，夏：其帝炎帝，其神祝融，其祀灶。

中央，夏：其帝黄帝，其神后土，其祀中霤。

西方，秋：其帝少皞，其神蓐收，其祀门。

北方，冬：其帝颛顼，其神玄冥，其祀行。

据此名录可知，《左传》所载五位自然神祇皆在其中，然而并未结合于《吕氏春秋》所列同一些古圣王，实有重要差异在焉：在《左传》所载，自然崇祀与祖先崇祀相合为一，故祖先崇祀中的某些人物必得转化为自然之神；而在《吕氏春秋》，自然崇祀与祖先崇祀并未合一，仅为平行之关系，且在这个系统之中，又增添第三种要素，即五祀。此处“五祀”并非《礼记·祭法》所载诸侯之“五祀”，而是天子“七祀”中之“五祀”。

若读汉代学者所作著述，又可见其中有更多的不确定性及差异性。

《周礼·春官宗伯·大宗伯》所载“五祀”，郑众仅注云：“五祀，五色之帝。”（见前“一”引《史记》）而郑玄则重拾《左传》主题，然而又牵混于郑氏自己的五帝观念：祭五帝（据郑玄之说，五帝即太皞、炎帝、黄帝、少皞、颛顼，同前引《吕氏春秋·十二纪》）之时，亦同祭“五官之神”，即句芒、祝融、蓐收、玄冥、后土。然而，《周礼·春官宗伯·小祝》注，郑玄则另为立说：此处所谓“五祀”，郑玄取《礼记·祭法》“王七祀”之“五者”，即中霤、国门、国行、户、灶是也。至于《礼记·曲礼》所云“天子五祀”，郑玄亦复以此处之“五祀”注解其文。

班固《白虎通》、王充《论衡》所列五祀，又略有不同：门、户、井、灶、中霤。此种差异或因写法所致：“井”“行”二字，古形相近，故“井”或即“行”字之讹写。

诸家学者猜度的例证，无需列举更多。然在前述羼杂混淆之中，自有真相在焉，或本有两组祭礼（在某种程度上可证实郑玄之说），皆可名之曰“五祀”。

若暂置注疏不论，而以《周礼》经文为据，吾人或可断定，两组祭礼皆不关乎五帝。《周礼·司服》备载王“用事（即祭祀）”之“衣服”：一为祀“昊天上帝”及“五帝”之服，一为享祖先（“先王”及“先公”）之服，一为祀“四望山川”之服，一为祭“社稷、五祀”之服。故据此处所载，“五帝”“五祀”别为两类。

又者，如前所述，散篇文献《左传·昭公二十九年》记载，世家大族如何为抬举本族之宗教威望，而以一种显然的人为方法，将少昊、颛顼及共工三位上古圣王关联于句芒等五位自然神祇。

于此五神之中，有四神无疑是自然神祇，而在周代大族的民俗信仰中有举足轻重之地位，可证于诸种文献。

据《墨子·明鬼》所述，秦穆公[①]入宗庙，“有神入门而左，鸟身，素服三绝，面状正方”，自云为帝使，“使予锡女寿十年有九”。穆公问神名，曰：“予为句芒。”

《墨子·非攻下》载：汤攻夏，有神来告汤曰：“……，予必使汝大堪之。予既受命于天，天命融（即祝融）隆火于夏之城间西北之隅。”

此神“融”又见于《国语·楚语上》：“昔夏之兴也，融降于崇山（夏禹之父鲧为‘崇伯’）；其亡也，回禄信于聆隧。”回禄显然亦是火神，参见下文“玄冥”。

《国语·晋语二》云：“虢公（周初）梦在庙，有神人面白毛虎爪，执钺立于西阿。”此神警告虢公曰：“晋袭于尔门。”虢公觉，乃“召史嚚占之，对曰：‘……则蓐收也，天之刑神也”。

《左传·昭公十八年》载，公元前 524 年，郑国大火，“禳火于玄冥、回禄”。玄冥，水神也，故可禳火。

四神皆见于《楚辞·远游》。然而一般以为此诗乃屈原所作，甚或有以为出自汉代中期屈原后学之手，故应是晚出的作品（D. Hawkes, *Ch'u Ts'i*, p. 81）。

汉代学者，尤其注疏家对诸神神话所作注解，可见《传说》第 244—246 页处详细描述。

《周礼·大宗伯》曰：“以血祭祭社稷、五祀（之神）、五岳，以狸沈祭山林川泽（之神），以疈辜祭四方百物。”作者显然视

---

① 《墨子·明鬼》原文作“郑穆公”，误，应是“秦穆公”。——译者

"五祀"为自然神祇，而与门、中霤或灶之属不在同类。这位伟大整理者所作证词的价值颇令人怀疑，然其人或曾亲历某些祭仪，亦未可知也。

另一方面，另一组受祭之神亦不乏文献证据。

前文已引《荀子·正论》之说，"五祀"［之一］即灶（神）。关于灶神，《论语·八佾》所记，尤有意味："王孙贾问［孔子］曰：'［俗云，］与其媚于奥（祖灵），宁媚于灶（神），何谓也？'"

五祀之"门"，见于《春秋·庄公二十五年》："秋，大水。鼓，用牲于社、于门。"《左传·昭公十九年》载："郑大水，龙斗于时门之外洧渊。国人请为禜焉。"（禜，见《左传·昭公元年》[①]）。类似祭祀亦见于《左传·襄公九年》："宋灾，……二师令……祝宗用马于四墉，祀盘庚（宋之先祖）于西门之外。"郑国大火（见前引"玄冥"条，《左传·昭公十八年》），［子产使人］"祈于四鄘"。

如整饬文献《礼记·月令》所载祀门，整饬文献《周礼·地官司徒·司门》条，有"岁时之门"[②]，亦受祭祀，《春官宗伯·鬯人》条，又载有"禜门"之祀，"禜门用瓢赍"（禜，参见前引《左传·昭公十九年》）。

据整饬文献《吕氏春秋·十二纪》（《礼记·月令》同），五祀之中既有祀"灶"、祀"门"，又有祀"行"，《礼记·祭法》作

---

① 《左传·昭公元年》："山川之神，则水旱疠疫之灾，于是乎禜之。日月星辰之神，则雪霜风雨之不时，于是乎禜之。"——译者

② 高本汉原引作《大司马》，误，案"四时之门"在《地官司徒·司门》，今据改。——译者

“国行”。而据汉前散篇文献，则“行”不必为“国行”也，举凡行道，皆可有祭祀。

祀“行”在散篇文献，可检得最早的例证，当属《诗经》，《大雅·烝民》之诗曰：“仲山甫出祖[①]”；《大雅·韩奕》亦云：“韩侯出祖。”《左传·昭公七年》载：“（鲁昭）公将往，梦襄公祖。”祖，通常谓“先祖”之义，此则是路祭之专字也，可证于其字之演变。祖（读若 tso，则古切），本字作“且”，后加“示”为“祖”。且，又可作“徂”（读若 *dz'o*，昨胡切）的假借字，表示“往、行”之义，加“彳”即为“徂”字，故“徂”是常见写法（见《诗经》《书经》各处）。若指行路（之祭），“徂”确是最合适之字。然因其牵涉宗教仪式，故古代作者不用“彳”，而用有“宗教”之义的“示”。若此说正确，则当读作：仲山甫“出徂”，而非“出祖”。故读《礼记·曾子问》所载，可知礼学家亦在同样的意义上用“道”字：（诸侯……行，）“道而出”，谓先祭道路之神，然后出行也。

道路之祭，又名“軷”。《诗经·大雅·生民》之诗曰，“取羝以軷”，谓取公羊而祭道路之神也。軷之祭，亦见于《周礼·夏官司马·大驭》。

在整饬文献《周礼》，尚有另一种专名，或亦为行道之祭。《周礼·地官司徒·族师》云，“春秋祭辅[②]（音 *b'wo*，扶雨切）”，

---

① 郑笺云：“祖者，将行犯軷之祭也。”《正义》疏：“言仲山甫既受王命，将欲適齐，出於国门，而为祖道之祭。”——译者

② 《周礼·族师》原文作“春秋祭酺”，不知高氏据何版本而作“辅”字，或因辅、酺形近而混淆所致。下文高氏所引，一仍其旧。——译者

郑玄注又云，“故书辅或为步（音 *b'o*，薄故切）”[①]。“校人”条（《夏官司马》），又谓“冬祭马步”。“春秋”所祭之“辅”，郑注云，“酺者，为人物灾害之神也”，而“冬祭马步”，郑注又云“彼是与马为害”之神[②]。郑氏之臆说，缺乏依据，不能取证于他书，无论散篇文献，抑或整饬文献，均未有见载者。清代学者之说纷纭，而终得解决于孙诒让氏。“步”当为正读（辅为假借之字）。步，“一步”之谓也，然亦有“行步”之义，《左传·襄公二十六年》曰：“左师见夫人之步马者。”“步马”，犹今人所谓“遛马”。故“马步”当是“遛马之路道”，而“马步”当是“马道之神”。孙诒让氏又引《史记·封禅书》“祠马行”之说，即“祭马道（之神）”，或为此种古老祭礼在汉时之余绪。孙氏之说是也。

户、中霤之祭，今惟存留礼学家之说法。《礼记·祭法》载“七祀”之“厉”祭，亦是如此。

然而对于《祭法》之“七祀”，吾人需注意“司命”之祭。唯一言及“司命”的散篇文献，当是《庄子·至乐》：“吾使司命复生子形。”《楚辞·九歌》有二篇，《大司命》《少司命》，然仅止为题名耳，必不如其诗之古老，盖诗中未有“司命”之语。

《周礼·大宗伯》载：“以禋祀祀昊天上帝，以实柴祀日、月、星、辰，以槱祀司中、司命、飌师、雨师。”《史记·天官书》载：

---

① 高氏于此处特为指出，郑玄提到有“故书”。然察本条郑玄注，实未有所谓“古本”之语，而仅云“玄谓校人职又有冬祭马步”，“校人”条在《周礼·夏官》，无关乎所谓“古本”，高氏下文亦引。——译者

② 以“马步”为马害之神，为孙诒让发挥郑玄之说，而非郑注本文。郑注云：“则未知此世所云蝝螟之酺与？人鬼之步与？盖亦为坛位如雩禜云。”高本汉时有诬栽古人之笔，此正可作例证。——译者

“斗魁戴匡六星曰文昌宫：……四曰司命，五曰司中。”据《周礼》条可知，以天象命名之法，已行于汉前数世纪间。然《周礼》作者先言“星、辰”，继云“司中、司命”，此是不可解处，也许是出于星辰对于人间有特别影响的缘故。

问题是，司命之星何以列在《礼记·祭法》之“七祀”（中霤、门、行、户、灶、泰厉）。殊有不合常理处，故唐时孔颖达疏云，司命非星辰也，而是“宫中（所祭）小神。”孙诒让氏欲证此说，以《楚辞》“大司命”为天上之星神，而“少司命”为宫中之小神；然而此不过是一种有趣的学术把戏。“命”字之义，为天命，或为上天规定之寿命。如其他自然神祇可以作为“天使”（如前引句芒、蓐收之属），此一星辰之神“司命”显然有传达，或代行天命的特别职责，故在家宅生活中有一种突出的地位，此说或可解释何以其与灶神、户神、中霤神同等受祭之现象。

四

前文已涉及天象之神的崇祀，考诸史籍，日、月、星、辰之祀尤为整全，亦更为重要，而以日、月之祀最为突出。据《书经·尧典》，尧“分命羲仲，……寅宾出日”，而未言所行之祭祀如何。《国语·周语上》载有“日祭、月祀”。《谷梁传·庄公十八年》亦云：“王者朝日。”《管子·轻重己》载：“祭日，牺牲以鱼”；“祭月，牺牲以彘”。《左传·昭公元年》云：“日、月、星、辰之神，则雪、霜、风、雨之不时，于是乎禜之。”日之为浩然之力，故可用于誓约，如《左传·襄公十八年》记一种实际的例子：州绰为私誓曰：

“有如日！”据《庄子·大宗师》之说，诸种神鬼神帝皆是“有情有信”之生命，庄子又胪列神话英雄、上古圣人，如伏戏氏等，谓其皆“得道”，而日、月亦“得之（道）”。

星辰之祀，可见于汉前散篇文献。《左传·昭公元年》《左传·襄公九年》，述载一种早期主题：“昔高辛氏（帝喾）有二子，伯曰阏伯，季曰实沈。陶唐氏（尧）以阏伯为火正，居商丘，主辰”，辰，又名“大火”（参见 Chavannes, Mém. Hist. Ⅲ, p. 443），“商人是因，故辰为商星”，“商主大火”；“又迁次子实沈于大夏，主参；唐人（尧之后）是因”，直到周初之时，“及成王灭唐而封大叔焉，故参为晋星。”此一主题，亦见于《国语·晋语四》。

以上所列皆直接陈述星辰之祀，下面尚需讨论其他一些案例，或亦多属于此类。前文已论两种祭祀：司中、司命，在有汉之前，二神或已被认作文昌宫之二星。

《韩非子·十过》曰：“昔者黄帝合鬼神于泰山之，……风伯（在车前）进扫，雨师洒道。”而在《楚辞·离骚》之诗，诗人亦想象一种同样的队列，“后飞廉使奔属”。

风伯、雨师二神的真实面目，皆不得考见于散篇文献。整饬礼学家常述载日、月、星、辰之祀，关于风伯、雨师，前引《周礼·春官宗伯·大宗伯》所载之说，很有意思：“以实柴祀日、月、星、辰，以槱祀司中、司命、飌师、雨师。”在有汉一代（见《史记·天官书》），司中、司命乃文昌宫之二星，在礼学家之时代，亦必如此。故诸家亦以风伯、雨师为星辰。汉时学者（郑众、郑玄《周礼》注，应劭《风俗通义》，蔡邕《独断》）皆以风伯为“箕星”，雨师为“毕星”（参见著者《〈诗经〉诠注》“《大东》”，Karlgren, Gloss 634）。此说无征于汉前散篇文献，然据《周礼》语意而断，作者或亦以为是星辰之神。不止于此，早期学者（如《离骚》王逸注，张揖《广雅》，应劭《风俗通义》）皆以为，《离骚》之“飞廉”，即是《韩非子》之“风伯”，以及《周礼》之“风师”。鉴于三种文献所载之相似关系，此说当可成立，且《周礼》文句可证，相关星辰母题原本早于流行于汉前时代之晚期。

《周礼·春官宗伯·天府》又载：“祭天之司民、司禄。”因《史记·天官书》以司禄为文昌宫之星，如司中、司命，故郑众、郑玄皆以为司民亦是星辰，即轩辕之角（轩辕，见《史记·天官书》）。此类宇宙论主题，亦不能考信于汉前散篇文献。据《国语·周语上》之说，“司民”是“料民”之官[①]，而司民之职官挪用于星辰之神，则始自《周礼》。

五

前文既已探究天神，现在转向地神，且由最重要的地土之神“社”开始。前文第二部分已检讨地神、土神。地神为天之对应，而土神为丰产之神，二神实有微妙的分别，故往往不免于彼此混淆：上文第三部分（“五祀”）已揭橥，主地之后土如何既牵混于

---

① 《国语·周语上》载周宣王“料民”事（《史记·周本纪》同）：“宣王既丧南国之师，乃料民于太原。仲山父谏曰：‘民不可料也！夫古者不料民而知其少多，司民协孤终，司商协民姓，司徒协旅，司寇协奸……’”云云。而司民“料民”之说，又载在《周礼·秋官·司民》：“司民，掌登万民之数。”——译者

自然神祇（句芒等），且与一些祖先崇祀传说发生关联，又牵混于社神。然而此类例证殊不多见；概言之，地、土是分开的。

沙畹已经撰成一部社神研究的名作：《中国古代的社神》（《泰山志》附文）[①]，尽力搜集社的所有材料，不仅有礼乐家著述（《礼记》《周礼》），还有汉代作者（《史记》《汉书》《白虎通》《独断》等）及诸多后世学者的著述，断代史，直至唐代作者的注疏及类书。依据上述材料，沙畹总结出一种令人赞叹的结构。现在暂且离开诸家之整理者、注疏家，直接研究汉前散篇文献中所见材料。

吾人面临一种很大的困难，即“社”有四义：

1. 社神，如《左传》“庄公六年[②]”云：“社稷实不血食。”

2. 社坛，即社之圣所（坛壝），如《左传·闵公二年》载：“（友，在公之右，）间于两社”。《春秋·哀公四年》载：“亳社灾。”

3. 社祭，如《诗经·小雅·甫田》曰：“（以我齐明，与我牺羊，）以社以方。”《荀子·礼论》曰：“郊止乎天子，而社止于（天子及）诸侯。”《国语·鲁语上》曰：“土发（春季）而社（即祭社）”

4. 社主[③]，即社坛所设木主，为社神之凭依，如《左传·襄公二十五年》载，“陈侯免，拥社”，表示归降之义。《左传·定公四年》载：“君以军行，祓社衅鼓，祝奉以从，于是乎出竟。”

---

① Ed. Chavannes, “Le dieu du sol dans la Chine antique” (appendix to *Le T'ai-chan*, 1910).——译者

② 原文引作“庄公七年”，误，今据改。——译者

③ 《论语·八佾》邢昺疏：“谓用其木以为社主。”——译者

"社"有多义，遂造成一种奇怪的不确定性。社既为土神，则其为单一之神乎，如天、地（土）、日、祝融、风师之属，而遍行于天下？设若如此，则侯国之诸社仅得为"社坛"，故诸侯在本国之"坛"祭社，亦如天子在王室之"坛"祭社，所祭对象乃同一"社神"，而在此种庞大的地方宗教系统中，诸坛亦接受同样一种普遍神力。抑或为相反之状况，各地皆各有其社，从天子、诸侯之大社，直至更简、更小之社，即地方、村庄之社，而（在这种情况下，无数的）地方社神之祭祀仅为相似，质言之，其神既然为丰产之神，故诸社之祭礼亦得彼此相似？

后来之学人多接受后一种可能，然而再未有如沙畹之勤苦者。下述例证，庶几可以支持此说。《左传·僖公十九年》载："宋公使邾文公用鄫子于次雎之社。"《左传·昭公十一年》又载："（二女）盟于清丘之社。"若前引《荀子·礼论》之说正确，即"社止于（天子及）诸侯"，则《左传》所载二例，谓诸侯既有国之社，又有邑之社，必是不可能之事。然而此非实情也，因立社绝非鲜见之事，如"次雎之社""清丘之社"皆是此类。又如《左传·昭公十八年》载："七月，郑子产为火故，大为社，祓禳于四方，振除火灾。"若吾人不从荀子之说（《礼记·祭法》《月令》同），所谓社是天子、诸侯之专权，而承认次雎、清丘之官亦可立社，则吾人亦可承认，二邑自有本地之社坛（而非社神），而其所祀与天子、诸侯之所祀，实是同一社神。

另有一种重要文献《吕氏春秋·慎大篇》：武王入殷，"诸大夫赏以书社"。高诱注云，"二十五家为社"，据此，则每个团体皆应有社，可驳荀子之说。然抑或有可能者，二十五家之团体并非各有社神，而是各有祀社之坛。故在一般意义上，“书社”仅为一个“社区”（community）。

《孟子·尽心》曰：“牺牲既成，粢盛既洁，祭祀以时，然而旱干水溢，则变置社稷。”孟子在此处的说法，殊为模棱两可，或指社稷之神无效而废毁，而代之以更好的新神。然亦可能如赵岐[①]、朱熹[②]注云，此是更置社稷之坛壝，而有更新祀社之效验。

事实上，尽管见载于汉前文献者有数十条之多，然而无论散篇文献，抑或礼学文献，均不能证实，千百之地各有不同的社神。

至此可暂作总结。因“社”义不明（有四义：社神、社主、社坛、社祭），在周代信仰，究竟是有一个“率土”之“社”，抑或有地方之“社”，仍是一个悬而未决的问题。

此外，尚有一种奇怪的现象，即亳社，一般解为“亳之社”。亳是为周征服的殷商之都（如，见《孟子·滕文公下》）。据载，周王于雉门（即宫门）外，右立社稷（而左立宗庙），其坛面南，又于宗庙前立社坛，名曰“亳社”。《吕氏春秋·贵直》载：“其（殷商）社盖于周之屏。……亡国之社，不得见于天。”此事在《公羊传》《谷梁传》（《春秋·哀公四年》）皆有述载。《谷梁传》曰：“亡国之社，以为庙屏，戒也。其屋，亡国之社不得上达也。”

然而周人定都于雒邑，去商都亳邑遥远，且如果前说成立，周人应在新都另立新社，名之为“亳社”，作亡国殷商之警，使不得上达见于天，而以为“戒”。此外，在遥远的山东之地，鲁国宫廷亦有作“戒”之亳社（《春秋·哀公四年》）。最后，宋是殷人之

① 赵岐注：“其国有旱乾水溢之灾，则毁社稷而更置之。”——译者

② 朱熹注：“毁其坛壝而更置之”，《孟子集注·尽心下》。——译者

后，亦有“亳社”在焉（见《左传·襄公二十八年》），故宋室亦立“戒”之亳社，而使其商殷先祖蒙羞。故吾人可断定，此种亳社之解释，不过是学究之说耳。亳社的存在不能证实，殷商本来亦祀社神，今则为周人之社神废毁而代之。社有一种全然不同的含义。社坛实是两种相反的崇祀表演之场所。

一者，大社是丰产之神所以凭依者，故为“吉”事上演之所，前引《诗经》及其他典籍皆有证实。如《墨子·明鬼》曰：“于古曰：‘吉日丁卯，周代祝社、方’。”《书经·召诰》载：周人既立新都雒邑，“越三日丁巳，用牲于郊，牛二。越翼日戊午，乃社于新邑，牛一，羊一，豕一。”《左传·成公十三年》载：“成子受脤于社。”脤者，天子祭社之胙肉也。《左传·闵公二年》曰：“帅师者受命于庙，受脤于社。”《国语·晋语五》亦云：“受命于庙，受脤于社。”若有灾难，则祀于社以求福。如《春秋·庄公二十五年》载：“大水，鼓，用牲于社。”《春秋·庄公十五年》曰：“日有食之。鼓，用牲于社。”

又者，社（尤其是亳社）亦是“凶”事上演之所。如《书经·甘誓》，其文曰：“（汝）用命，赏于祖；弗用命，戮于社，予则孥戮汝。”《墨子·明鬼》亦载有同样故事：“故圣王其赏也必于祖，其僇也必于社。”《左传·昭公十年》载：“始用人于亳社。”谓鲁首次以人作牺牲而祭于亳社也。前引《左传·僖公十九年》载“用鄫子于次睢之社”事，亦属此类。

简言之，凡在天子、诸侯之廷，皆立有两社，一为光明而敞开之社，“以达天地之气”，用于吉事之表演，一为幽暗而屏蔽之社，用于凶事之表演。是故，如前引（《左传·闵公二年》），有贵人

“在公之右，间于两社”，即是说，其在两社，参与两种祭事[①]。

然则次社亦称“亳社”，何也？今可作一种相当有趣的解释。《礼记·郊特牲》称“薄社”，《谷梁传》“哀公四年”另一版本亦作“薄社”（《公羊传》则作“蒲社”，“蒲”当是《郊特牲》“薄”字上截之形）。亳、薄二字，皆读*b’ak*（旁各切），乃一音之转。《荀子·议兵篇》载，殷商都“薄”，为“亳”之假借字。反之亦然，“凶”社（《郊特牲》《谷梁传》同）作“薄社”，此为正确写法，而《春秋》之“亳社”乃是“薄社”之假借字。故“薄”字主要指“屋、屏”之义，而薄社即“屋社”（杀戮、血祭之所）。惟因亳、薄二字又为地名（b’ak），亦给学者提供一种契机，藉以编造一个亡国“屋”社的故事，然而实是一种子虚乌有的故事。

社祀之根本，在于其为丛林、丰产的崇祀，最能求证于以下事实：在社坛及“柱”外，又必有社树在焉，尤以大树为佳（如，《庄子·人间世》[②]），或为圣林（《墨子·明鬼》：葴社）。社之在宋，称“桑林”；在楚，称“云梦”（《墨子·明鬼》）。《吕氏春秋·慎大》载，周武王“立成汤之后于宋，以奉桑林。”在鲁，称“社圃[③]”；《左传·隐公十一年》载，隐公“齐于社圃”。齐者，祭

① 高氏解说此条有误。本条载鲁桓公子季友出生之事（即铲除庆父、叔牙之成季），其文曰：“成季之将生也，桓公使卜楚丘之父卜之。曰：‘男也。其名曰友，在公之右，间于两社，为公室辅。季氏亡则鲁不昌。’”故引文为卜者之语，而非已经发生之事。——译者

② 《庄子·人间世》：“匠石之齐，至于曲辕，见栎社树。其大蔽数千牛，絜之百围，其高临山，十仞而后有枝，其可以为舟者旁十数。”——译者

③ 高氏原文作“社圃”，而据《左传》本文，当作“社圃”，盖圃、圃二字形近，当为误引；《史记·鲁周公世家》亦作“社圃”。案：圃，或即“薄”之异写。——译者

祀前之斋戒也。或为斋戒之故，乃特于林中而立“社宫”（见《左传·哀公七年》[①]）。

社为丛林、丰产之神的性质，可由其与稷（谷神）之密切关联，而得到更多的说明。社、稷之对举，犹如卡斯托耳之于波吕丢克斯。天子、诸侯于雉门（即宫门）外，右立社稷，史籍所载，在在皆是，如《孟子·离娄上》曰：“诸侯不仁，不保社稷。”社稷者，国家之谓也。若说每座稷坛皆各祀稷神，且在宇内有无数稷神，必是难以置信之事。相反，有一率土之稷，凡宇内之所供奉，皆是同一稷神。此说显然是早期宗教领袖造成的结果，可知其在有周之初，已将祖先崇祀牵连于自然神崇祀。稷是姬姓（周室、鲁、郑、晋等）之始祖，《诗经·大雅·生民》颂扬稷之德业，尊为“后稷”，于是受祭在坛，而并列于社坛。

因祖先崇祀与自然神崇祀之合一，稷之双重性质于是最终造成一种效果，不仅与社同祀，又在郊祀而受祭，上达于天。然而，即使在郊祀之中，稷作丰产神的特征仍然十分突出。如《左传·襄公七年》曰：“夫郊，祀后稷以祈农事也。”

在祭法之专名（禋、类、旅、造、祭、祀、禜、瘗），有一种专用于社祀者：宜。“宜”之为祭名，仅见于礼学家之著述：《周礼·大祝》《礼记·王制》。在《王制》（其说至汉代方得形成），其文云：“天子将出，类乎上帝，宜乎社。”《周礼·大祝》云：“大师，宜于社。”大师者，兴师远征也。“宜”字之古写（见著者《汉文典》，Grammata Serica Recensa，第 26 页）象社柱悬挂之肉，亦

① 高氏引作“哀公十二年”，原在“哀公七年”，误，今据改。——译者

是饶有趣味之事。

宜作祭名，不见于散篇文献。《书经·泰誓》语云："类于上帝，宜于冢土。"注疏家以为冢土是"社"之一名。然而《泰誓》是《书经》伪篇之一，此说恰可揭橥公元三世纪作伪者之想法耳。质言之，冢土者，土神也（《诗经·大雅·绵》，见前第二节）。

然而，以冢土与社为一神，有一种有趣的背景。《诗经·小雅·甫田》之诗云："以我齐明，与我牺羊，以社以方。我田既臧，农夫之庆。琴瑟击鼓，以御田祖。以祈甘雨，以介我稷黍。"《小雅·大田》又云："去其螟螣，及其蟊贼，无害我田稚。田祖有神，秉畀炎火。"《周礼·春官宗伯·籥章》既云，"凡国祈年于田祖"，而前引（《左传·襄公七年》）又云，"祀后稷以祈农事"，则田祖与后稷更似是一神也。王莽上书（《汉书·郊祀志》）言："社者，土也。……稷者，百谷之主。"且王莽又引《诗经·大雅·绵》之说，"乃立冢土"，继引《诗经·小雅·甫田》之句，"以御田祖，以祈甘雨"。显然，王莽以冢土、社、田祖及稷皆是同一神祇。然而，此是断断不可能之事。《小雅·甫田》先祀社、方，又以乐迎田祖。若田祖即是稷，则必当依稳定的传统而组合一处（如社-稷），而与社同祀。故注家谓《周礼》"田祖"是"始耕田者"（之神），此为的论。田祖显然是民俗信仰的形象，而无关乎官方"社""稷"之祭礼。

又有田畯，《诗经·豳风·七月》曰："田畯至喜。"（《小雅·大田》亦有此句）注家或以为"田畯"即是前引"田祖"，然而此说不合于文意，因本句之语义可谓直白无隐："司啬之田官十分高兴。"

最后，有所谓蜡祭、腊祭，也许关乎丰产之崇祀。蜡祭，见载于两种散篇文献，即《礼记·礼运》及《杂记》；而整饬文献则多有述载，如《周礼·春官宗伯·籥章》,《礼记·郊特牲》。《郊特牲》之文云："天子大蜡八。……蜡也者，索也。岁十二月，合聚万物而索飨之也。"换言之，于岁末之时，行感恩之祭。又者，"腊"，注家或以为即"蜡"，或以为"蜡"之减省形式，又或以秦时之"腊"，即周时之"蜡"。最后一说实谬。腊祭，已见载于汉前散篇文献《左传·僖公五年》，及整饬文献《吕氏春秋·孟冬纪》(《礼记·月令》同)。《左传·僖公五年》，贤大夫宫之奇谏虞公而不从，叹曰："虞不腊矣。"(谓虞将亡于年终之时。)据《吕氏春秋·孟冬》，孟冬之月，天子"腊[1]先祖五祀，劳农夫以休息之"。(见上第三节，故是祖先崇祀与自然神崇祀之合一)，并奖励农夫之勤苦劳作(故必是飨宴，或为丰收之祭)。惟因文献不足征，吾人对汉前时期"蜡""腊"之性质，仍不能确切得知。

六

自然神之祭祀，共有三组，显然皆是合祀：山川之祀、望祀及四方(或方)之祀。

山川之祀与望祀的关联，可考信于《书经》,《尧(舜)典》曰："(舜)望于山川。"而在其他典籍所载，望与山川则分而祀之，如《墨子·迎敌祠》曰："祝、史乃告于四望、山川、社稷，先于

① 本条实为《礼记·月令》之语,《吕氏春秋·孟冬纪》作"飨先祖五祀"。《吕氏春秋·孟冬纪》与《礼记·月令》虽基本相同，然仍有差异，本条即为一例。——译者

戎。”汉前之散篇文献，亦未载有以四望与其他二者合祀者。

A. 山川之为神祇，除前引《书经》《墨子》二书，又遍见于群书。如《论语·雍也》云：“犁牛之子骍且角，虽欲勿用，山川其舍诸？”《左传·僖公十九年》载：“卫大旱，卜有事于山川。”《左传·成公五年》曰：“国主山川。”《左传·昭公元年》曰：“山川之神，则水旱疠疫之灾，于是乎禜之。”

B. 望，亦是常见于史籍之神（除前引《书经》《墨子》二书）。《春秋·僖公三十一年》《左传·宣公三年》皆载：“犹三望。”《左传·昭公七年》载晋君之事曰：“（晋君寝疾，已三月，）并走群望。”《左传·昭公十三年》载共王之事曰：“（周）共王无冢適，有宠子五人，无適立焉。乃大有事于群望，而祈曰：‘请神择于五人者，使主社稷。’”《左传·昭公十八年》又记郑、晋之事云：“郑国有灾，晋君大夫不敢宁居，卜筮走望，不爱牲玉。”《国语·晋语八》有“设望表”之语，谓立木为表而举行望祭。《左传·哀公六年》载楚昭王之事：“（楚）昭王有疾。卜曰：‘河为祟。’王弗祭。……王曰：‘三代命祀，祭不越望。江、汉、睢、漳，楚之望也。’”《公羊传·僖公三十一年》曰：“天子有方望之事，无所不通。……（鲁之）三望者何？望祭也。然则曷祭？祭泰山、河、海。”《尸子》（《北堂书钞》卷第八十八“礼仪部九”引）云：“天子祭四极，诸侯祭山川。”此处所言“四极”，系“四望”无疑。

C. 四方（或简称“方”）之神，见载于汉前散篇文献者殊少。前已略举《公羊传·僖公三十一年》一例，又可引《诗经·小雅·甫田》之诗：“以我齐明，与我牺羊，以社以方。”此处所谓

“方”，当即四方。《小雅·大田》云：“来方禋祀”，谓以禋、祀而祭四方之神也。《大雅·云汉》云：“方社不莫。”莫者，暮也，谓（四）方、社之祭，未尝迟缓也。《墨子·明鬼》云：“周代祝社、方。”《左传·昭公十八年》载：“郑子产为火故，大为社，祓禳于四方。”

由散篇文献所见，仅止于此耳。关于三组祭祀，整理者、注疏诸家可谓众说纷纭，即如郑玄，彼以专精礼学而闻名古今，然就其注解所见，则尤其不能统一。

a. 四方。《周礼·地官·舞师》载：“舞师，掌教兵舞，帅而舞山川之祭祀。”郑玄仅注云：“四方之祭祀，谓四望也。”而在《周礼·大宗伯》，郑玄又作相反的注解，谓四方是“四时”之神：（1）太昊、句芒；（2）炎帝、祝融；（3）少昊、蓐收；（4）颛顼、玄冥。而在《大宗伯》另条，郑玄又注四方之神是：（1）句芒；（2）祝融、后土；（3）蓐收；（4）玄冥，而刻意将后土植入其中，此说又见于《礼记·曲礼》。《礼记·祭法》“四方”条，郑氏注又谓：“山林、川谷、丘陵之神也。”

b. 四望。《周礼·地官·舞师》郑氏注，既以“四方”为“望”，则亦当以“望”为前引某组群神。然而“望”之所指，郑玄又多出异说。《周礼·春官宗伯·大宗伯》郑注[①]，谓四望是五岳、四镇、四渎。据《尔雅》之说，五岳则是泰山、华山、霍山、恒山、嵩高，而《周礼·春官宗伯·大宗伯》郑注，则舍霍山，代以衡山，因其于四镇系列之中，需植入霍山之故，故郑玄谓“四

① 高氏引郑注此条，在《天官·幕人》，而据《周礼》，当在《春官宗伯·大宗伯》，今据改。——译者

镇”为会稽、沂山、医无闾、霍山；此四镇乃择取于《周礼·夏官·职方氏》所载“九镇”。“四渎”同于《尔雅》，谓江、淮、河、济也。

郑玄之说，不惟自相抵牾，且大相径庭于诸家。郑众（《周礼·春官宗伯·大宗伯》注）云：“四望，日、月、星、海”（同《汉书·郊祀志》载王莽之说）。马融（《周礼·春官宗伯·大祝》注）谓四望即日、月、星、辰、山、川。何休（《公羊传·僖公三十一年》注）谓“方望”即“日、月、星、辰、风伯、雨师、五岳、四渎及余山川”。

C. 四望四渎之说止于此。然则鲁地有“三望”，又当如何？《公羊传》谓“三望”为祭泰山、河、海。郑玄则“改”为泰山、济、淮[①]（故据郑说，不同于前述之四望）。服虔、贾逵则谓：“三望，（鲁）分野之星，国中山川。”

凡此处所引例证，皆可说明诸家注疏之质量及价值。

若回到散篇文献，则可知晓，望（如《尧典》所载）既可为山，亦可为川，其神即是方国守护之神——故楚有四川（前引《左传·哀公六年》，“江、汉、雎、漳”），鲁则有一山、一川、一海（前引《公羊传·僖公三十一年》，“泰山、河、海”）。

---

① 高本汉此处所引郑玄注，谓郑玄以“泰山、济、淮”为三望，不知何据，或有误。据《春秋左传正义》“僖公三十一年”引郑玄之说，“望者，祭山川之名。诸侯之祭山川，在其地则祭之，非其地则不祭，且鲁竟不及于河。《禹贡》‘海岱及淮惟徐州’，徐即鲁地。三望，谓淮、海、岱也。”《春秋穀梁传注疏》“僖公三十一年”引郑玄亦同：“望者，祭山川之名也，谓海也、岱也、淮也。非其疆界则不祭。《禹贡》曰：海、岱及淮惟徐州。徐，鲁地。”据此可知，郑玄改“泰山、河、海”为“淮、海、岱”，是因河去鲁甚远、而徐淮则属鲁地。——译者

“四方（或方）”之祀，受祭之神的确切性质仍无法确定，因汉前文献殊不足征。而“山川”所指之自然神祇，或可多可少，并无定规。

然而在诸家散篇文献，多有自行确定山川之数量者。

《书经·尧（舜）典》载：“（舜）至于岱宗，柴。……至于南岳，如岱礼。……至于西岳，如初。……至于北岳，如西礼。……封十有二山。”《左传·隐公八年》语及“泰山之祀”。《论语·八佾》云：“季氏旅于泰山。”《墨子·兼爱中》载：“昔者武王将事泰山。”《管子·地数》云：“封于泰山，禅于梁父。”《诗经·周颂·时迈》所载“乔岳”，或即泰山之谓：“怀柔百神，及河、乔岳。”而《大雅·崧高》之诗曰：“崧高维岳，骏极于天。维岳降神，生甫及申。”这涉及中岳的问题，它以“嵩高”[①]为名很可能源自这首古老的颂诗。其他关于山神的例子尚有：《论语·季氏》：“夫颛臾，昔者先王以为东蒙（祭祀之）主。”《左传·昭公十七年》：“（晋侯使屠蒯如周，）请有事于雒（河之神）与三涂（山）。”《左传·昭公十六年》[②]：“郑大旱，使屠击、祝款、竖柎有事于桑山。”《左传·昭公十一年》：“楚子灭蔡，用隐大子于冈山（之神）。”《管子·小匡》载：“（齐）望文山。”

诸水神之中，惟（黄）河神为大。《左传·僖公二十四年》载：晋公子重耳与子犯盟约，以河为证，乃“投其璧于河”。《左传·僖公二十八年》载，“楚子玉自为琼弁玉缨，未之服也。先战，梦河神谓己曰：‘畀余。……。’（子玉）弗致也”，而卒致大败。《左

① 中岳名“嵩高”，与“崧高”音同；又名“崇高”。——译者

② 高本汉原引作“昭公十七年”，误，今据改。——译者

传·文公十二年》:“秦伯以璧祈战于河(神)。”《左传·宣公十二年》载:“楚子,……祀于河(神)。”《左传·襄公十八年》载:“晋侯伐齐,将济河,献子以朱丝系玉二瑴,而祷曰……,沈玉而济。”《左传·昭公二十四年》载:“王子朝用成周之宝珪于河。”《左传·定公十三年》载:立约之后,“载书在河。”《左传·哀公六年》载:“昭王有疾,卜曰:‘河为祟。’王弗祭。”《国语·晋语四》述载晋公子重耳“投其璧于河”之故事,同前引《左传·僖公二十四年》。河神有时又称“河伯”。《韩非子·内储说上》载:“齐人有谓齐王曰:‘河伯,大神也。’”河伯之形象,在《庄子·秋水》有更详细描述,而《楚辞·天问》又载有羿射河伯的古老传说。

其他河流亦有类似祭仪。如前引,雒河见载于《左传·昭公十七年》。在《左传·定公三年》:“蔡侯,……及汉(水),执玉而沈,曰:‘余所有济汉而南者,有若大川。’”《左传·昭公元年》述载台骀(少皞之后裔,而列在晋人的祖先崇祀,事见《传说与崇祀》,第243页)如何之为汾神。

七

散篇文献《左传·昭公四年》述载藏冰,“朝之禄位,宾食丧祭,于是乎用之”:“其藏之也,黑牲、秬黍,以享司寒。其出之也,桃弧、棘矢,以除其灾。……祭寒而藏之,献羔而启之。”与之对举的司暑,则仅可于整饬文献中,检得一些材料。《周礼·春官·龠章》载:“中春,昼击土鼓,吹《豳》诗,以逆暑。中秋夜,迎寒,亦如之。”《礼记·祭法》曰:“……相近于坎、坛,祭寒、暑也”（关于此说及前引数个语义不明之词，见著者《汉朝以前文献中的假借字》一文，Karlgren, Loan Characters par. 1333）。《逸周书·尝麦》（一个典型的整饬篇章）：“士师乃命太宗……祠大暑；乃命少宗，祠风雨百享。”——不过，是在孟夏之月。

在于祀典，“雩”有更重要的地位。雩是真正的求雨之祭，可证于《公羊传·桓公五年》：“大雩者何？旱祭也。”雩多见于散篇文献。如，《论语·先进》云：“风乎舞雩。”《荀子·天论》曰：“雩而雨，何也？”雩之祭，又遍见于《春秋》各处（见后引）。雩祭之基本内容是由巫师（据礼学家之说，男女皆可任巫觋，故有前引《论语·先进》所谓男子之“舞雩”）所行通灵之舞，可证于祭仪。《周礼·地官·舞师》载：“舞师，……教皇舞，帅而舞旱暵之事。”《地官·稻人》载：“旱暵，共其雩敛。”[①]《春官·司巫》条曰：“司巫，……若国大旱，则帅巫而舞雩。”《春官·女巫》：“女巫，……旱暵，则舞雩。”《礼记·祭法》曰：“雩宗，祭水、旱也。”《吕氏春秋·仲夏》（又见《礼记·月令》）：曰：“命有司为民祈祀山川百原，大雩帝。”

散篇文献《春秋·桓公五年》载：“秋，大雩。”然而《左传》以为，大雩应在夏季。[②]至于雩祭时间，注家之说纷纭，历来难决，或有以为大雩乃常规而定时之祭礼，又有临时之雩，偶有是事，天旱而雩。然而此说不能求证于散篇文献。《春秋》载秋之“大雩”，

---

① 郑玄注引郑司农曰：“雩事所发敛。”孙诒让（《周礼正义》）曰：“郑司农云‘雩事所发敛’者，修雩所需财用，官不能尽共，则敛之民，故曰‘雩敛’。”——译者

② 《左传·桓公五年》：“书不时也。凡祀，……，龙见而雩。”杜预注云：“建巳之月，苍龙宿之体昏见东方，万物始盛，待雨而大，故祭天，远为百谷祈膏雨也。”建巳之月，即孟夏四月。——译者

计十八例（“桓公五年”；“僖公十一年”“十三年”；“成公三年”；“襄公五年”“八年”“十六年”“十七年”“二十八年”；“昭公三年”“六年”“八年”“十六年”“二十四年”“二十五年”；“定公元年”“七年”“十二年”），尚有冬之大雩一例[①]。迨至农季结束，而于秋季行求雨之祭，委实令人费解，而典籍之实录如此！

然而，最令人好奇者，吾人仍不能知雩祭呼求何神。据前文可知，古时祭于雨师，然未有何种文献，无论散篇文献，或整饬文献，甚至经学家之注疏，曾将雩祭系于雨师。散篇文献未见线索，而整饬文献《周礼》亦未见蛛丝马迹。前引《吕氏春秋·仲夏》（《礼记·月令》同）所谓“大雩帝”，注疏家以为或有所指。郑玄《月令》注）[②]、高诱（《吕氏春秋》注）[③]皆认为，“帝”谓“五帝”，即四方与中央之“帝”（见前第一部分）。而许慎（《说文》）以为当是五帝之一，即南方之“赤帝”[④]。然杜预注（《左传》“桓公五年”）仅云，此处之“帝”，即是“天”，杜氏之说或更为有理，因据前文所引（第一节）可知，“上帝”常略写作“帝”。

八

前文简略分析通常自然神的祭祀。而在散篇文献与礼学文献，又随处可见他种祭祀之痕迹，其情形究竟如何，尚不得而

① 见《左传·成公七年》。——译者

② 郑注：“雩帝，谓为坛南郊之旁，雩五精之帝，配以先帝也。”——译者

③ 高诱注曰：“雩，旱祭也。帝，五帝也。”——译者

④ “夏祭，乐于赤帝，以祈甘雨也。”——译者

知。如，《诗经·大雅·皇矣》有“祃”[①]（音 *må*）之祭（“师行所止，恐有慢其神，下而祀之曰“祃”[②]），诸家经师往往牵混于《小雅·吉日》之“伯”（音 *păk*）（“祭马祖”）[③]，及《周礼·春官·肆师》《夏官·大司马》《春官·甸祝》诸篇之“貉”[④]，即“貊”（音 *măg*）之异写，“于所立表之处，为师祭，祭造军法者，祷气势之增倍也”[⑤]。详见《〈诗经〉诠注》（Gloss, 473）和《汉朝以前文献中的假借字》（Loan Characters par. 1094 和 1256）。《吕氏春秋·仲春纪》（《礼记·月令》同）载，仲春之月，祀高禖[⑥]。《左传·襄公十一年》载有祷于“司慎”、“司盟”二神之盟约文献，然未有更多消息。

《左传·隐公十一年》：鲁隐公“祭钟巫，齐于社圃。”

《左传·文公二年》：臧文仲使人“祀爰居”，鸟形之神[⑦]。《国语·鲁语上》亦载同一故事，且云为“海鸟”，止于路东门之外。

《左传·庄公三十二年》载：“有神降于莘”，莘在虢地。有人劝周惠王祭之，于是惠王遣内使“以其物享焉”。

行文至此，可作一结论，在官方、常规的崇祀外，仍有一个完整的世界，其间充满了诸种民俗信仰和原始崇祀。

---

① “是类是祃，是致是附。”——译者

② 高氏在此处取许慎《说文》义。——译者

③ 《小雅·吉日》：“吉日雄戍，既伯既祷。”《毛传》：“伯，马祖也。”后人多从毛说。——译者

④ 《周礼·春官宗伯》：“禂牲禂马”。——译者

⑤ 郑玄注。——译者

⑥ “是月也，玄鸟至。至之日，以太牢祀于高禖。”——译者

⑦ 杜预注：“海鸟曰爰居。”

图书在版编目（CIP）数据

古代中国的传说与崇祀 / (瑞典) 高本汉著 ; 赵丙祥译 . -- 北京 : 商务印书馆, 2025（2026.3 重印）. -- (大地译丛).ISBN 978-7-100-25152-5

I. B929.2

中国国家版本馆 CIP 数据核字第 20258RQ821 号

大地译丛

古代中国的传说与崇祀

〔瑞典〕高本汉 著

赵丙祥 译

商 务 印 书 馆 出 版

（北京王府井大街 36 号 邮政编码 100710）

商 务 印 书 馆 发 行

北京虎彩文化传播有限公司印刷

ISBN 978-7-100-25152-5

2025 年 8 月第 1 版　　　开本 880×1240 1/32

2026 年 3 月第 2 次印刷　　印张 8¼

定价：62.00 元